胎教40周
完美方案

四川科学技术出版社

HAPPY

幸福40周，胎教优生备忘录

怀孕早期（1～3个月）			怀孕中期	
1月	**2月**	**3月**	**4月**	**5月**
1～4周	5～8周	9～12周	13～16周	17～20周
1 2 3 4	5 6 7 8	9 10 11 12	13 14 15 16	17 18 19 20
❋ 计算好排卵日期，本月中旬受孕。 ❋ 避免X射线、药物、风疹等容易致畸的因素 ❋ 补充叶酸 ❋ 戒烟、禁酒 ❋ 远离小动物 ❋ 保持良好的情绪	❋ 确认怀孕，去医院初诊 ❋ 合理饮食，调理早孕反应 ❋ 预防早期流产 ❋ 选择听一些舒缓、促进食欲等类型的音乐 ❋ 抚摸胎教，让胎宝宝感觉到安全 ❋ 准爸爸要参与到胎教中来	❋ 孕12周做第一次正式产检 ❋ 孕期饮食调味需清淡 ❋ 阴部分泌物增多，要注意清洁 ❋ 避免性生活 ❋ 宜选择轻缓的运动 ❋ 可进行呼唤胎教	❋ 进入安定期，可外出旅行 ❋ 流产危险性减小，享受"性福" ❋ 胃口大开，补充营养要全面 ❋ 适度运动、散步，保持体力 ❋ 提前预防妊娠纹 ❋ 给胎宝宝讲胎教故事	❋ 可感觉到胎动，掌握数胎动的方法 ❋ 进行乳房和乳头的养护 ❋ 注意皮肤保养 ❋ "踢肚游戏"开始了 ❋ 多和胎宝宝说话

（4~7个月）		怀孕晚期（8~10个月）		
6月	**7月**	**8月**	**9月**	**10月**
21~24周	25~28周	29~32周	33~36周	37~40周
21 22 23 24	25 26 27 28	29 30 31 32	33 34 35 36	37 38 39 40
✹坚持数胎动，监护胎宝宝健康 ✹体重增长迅速，要合理饮食 ✹注意补铁，预防妊娠贫血 ✹开始穿孕妇装，睡眠宜选左侧卧 ✹语言胎教全面展开 ✹音乐胎教进入黄金期	✹胎儿大脑发育的高峰期，宜多摄入健脑营养素及食物 ✹不适症状增多，应加强日常保健 ✹开始准备宝宝用品 ✹努力保持良好的心态 ✹可以教胎宝宝数字和文字 ✹光照胎教可以进行了	✹肚子大，下楼梯和走路要小心 ✹注意胎位情况 ✹胎动强烈，要注意休息 ✹小心早产 ✹提前练习分娩助产操 ✹可对胎儿进行综合胎教，比如一边抚摸胎儿，一边进行音乐胎教	✹准备待产包，随时入院待产 ✹认识分娩疼痛，克服分娩恐惧 ✹学习拉玛泽呼吸法 ✹练习有助顺产的产前运动 ✹坚持胎教一直到分娩	✹充分休息，避免远行 ✹严禁性生活 ✹关注临产饮食 ✹注意生产前兆，及时入院 ✹了解分娩过程，顺利迎来宝宝 ✹做好胎教与早教的衔接工作

HAPPY 孕妈妈胎教内容计划表

孕0～6个月一日胎教安排

时间	生活内容	最佳胎教方法
上午		
6：30	早上醒来，抚摸腹中胎儿，并和胎宝宝问好	抚摸胎教、呼唤胎教
7：30	洗漱，和准爸爸共进早餐	情绪胎教、营养胎教
8：00	听听音乐，和宝宝聊天	音乐胎教、语言胎教
9：00	读一些自己喜欢看的书，或者让自己静心的小文章	阅读胎教、情绪胎教
10：00	和胎宝宝说说话，包括所有听到的、看到的、想到的事物	语言胎教
11：30	午餐时间	营养胎教
12：00	休息、午睡	意念胎教
下午		
13：00	做做手工、动动大脑，或欣赏名画，或者看一些富有创意的儿童画等	美育胎教
14：00	看书、听音乐	阅读胎教、音乐胎教
15：00	活动一下身体，出去散散步或做做孕妇体操	环境胎教、运动胎教
16：00	加餐，补点营养	营养胎教
17：00	休息、准备晚饭	音乐胎教、情绪胎教
晚上		
18：00	和准爸爸共进晚餐	营养胎教
18：30	做家务，活动筋骨，或和准爸爸出去散步	运动胎教
19：30	看书，听音乐	阅读胎教、音乐胎教
21：00	准爸爸抚摸胎宝宝，并和胎宝宝说说话	抚摸胎教、语言胎教
22：00	休息、睡觉	意念胎教

孕7～10个月一日胎教安排

时间	生活内容	最佳胎教方法
6：30	早上醒来，抚摸腹中胎儿，并和胎宝宝问好	抚摸胎教、呼唤胎教
7：30	洗漱，和准爸爸共进早餐	情绪胎教、营养胎教
8：00	听听音乐，给宝宝讲故事	音乐胎教、语言胎教
9：00	给宝宝读儿歌，教胎宝宝学习汉字以及拼写英文字母	阅读胎教、知识胎教
10：00	和胎宝宝说说话，包括所有听到的、看到的、想到的事物	语言胎教
11：30	午餐时间	营养胎教
12：00	休息、午睡	意念胎教
13：00	做做手工、动动大脑，或欣赏名画，或者看一些富有创意的儿童画等	美育胎教
14：00	听音乐，给胎宝宝讲自然、社会、科学等百科知识	音乐胎教、知识胎教
15：00	活动一下身体，出去散散步或做做孕妇体操	环境胎教、运动胎教
16：00	加餐，补点营养	营养胎教
17：00	休息、准备晚饭	音乐胎教、情绪胎教
18：00	和准爸爸共进晚餐	营养胎教
18：30	做家务，活动筋骨，或和准爸爸出去散步	情绪胎教、运动胎教
19：30	看书，给宝宝听音乐	阅读胎教、音乐胎教
21：00	准爸爸抚摸胎宝宝，并和胎宝宝说说话	抚摸胎教、语言胎教、光照胎教
22：00	休息、睡觉	意念胎教

上午

下午

晚上

前 言 FOREWORD

当今，胎教已为越来越多的人所重视，成为不少孕妈妈孕育宝宝过程中最想做的首要大事。但现实生活中，人们还是经常会有"到底什么是胎教？怎样进行胎教才有效果？"这样的困惑。

为了揭开胎教的神秘面纱，我们精心编写了本书。本书立足当前，不仅吸收了我国古代胎教的精华，还借鉴了国外胎教非常成功的实例，详细指导孕妈妈科学胎教、孕育优秀宝宝。

本书把孕期40周细分到每一周，根据每周胎儿的发育情况，为孕妈妈提供了全面、准确、科学、系统的胎教知识，给予孕妈妈详细的优生指导。

通过本书，孕妈妈能掌握抚摸胎教、音乐胎教、语言胎教、光照胎教等国内外最流行的胎教方法。与一般胎教书不同的是，本书摒弃了泛泛的理论说教，侧重于理论指导与具体的操作方法相结合，把胎教的益处最大限度地发挥出来，同时也指出了一些错误的胎教方法、认识误区，以避免胎教不当反而害了宝宝的悲剧发生。

本书胎教素材生动、简单实用，一段优美的文章、一篇短小的故事、一首熟悉的童谣、一个简单的手工制作等，让孕妈妈不会再为"拿什么来进行胎教"而苦恼。

本书语言轻松亲切，图文并茂，为孕妈妈营造温馨的胎教氛围，帮助胎儿健康快乐地成长。

相信在本书的陪伴下，孕妈妈会发现胎教原来会这样简单而有趣，孕期生活也会因此轻松而多彩。

目 录 CONTEN

1

Part 2

孕1月（1~4周）：
天使降临了

Part 3

孕2月（5~8周）：从"苹果籽"到"葡萄"

3

Part 4
孕3月（9~12周）：已经有"人"样儿了

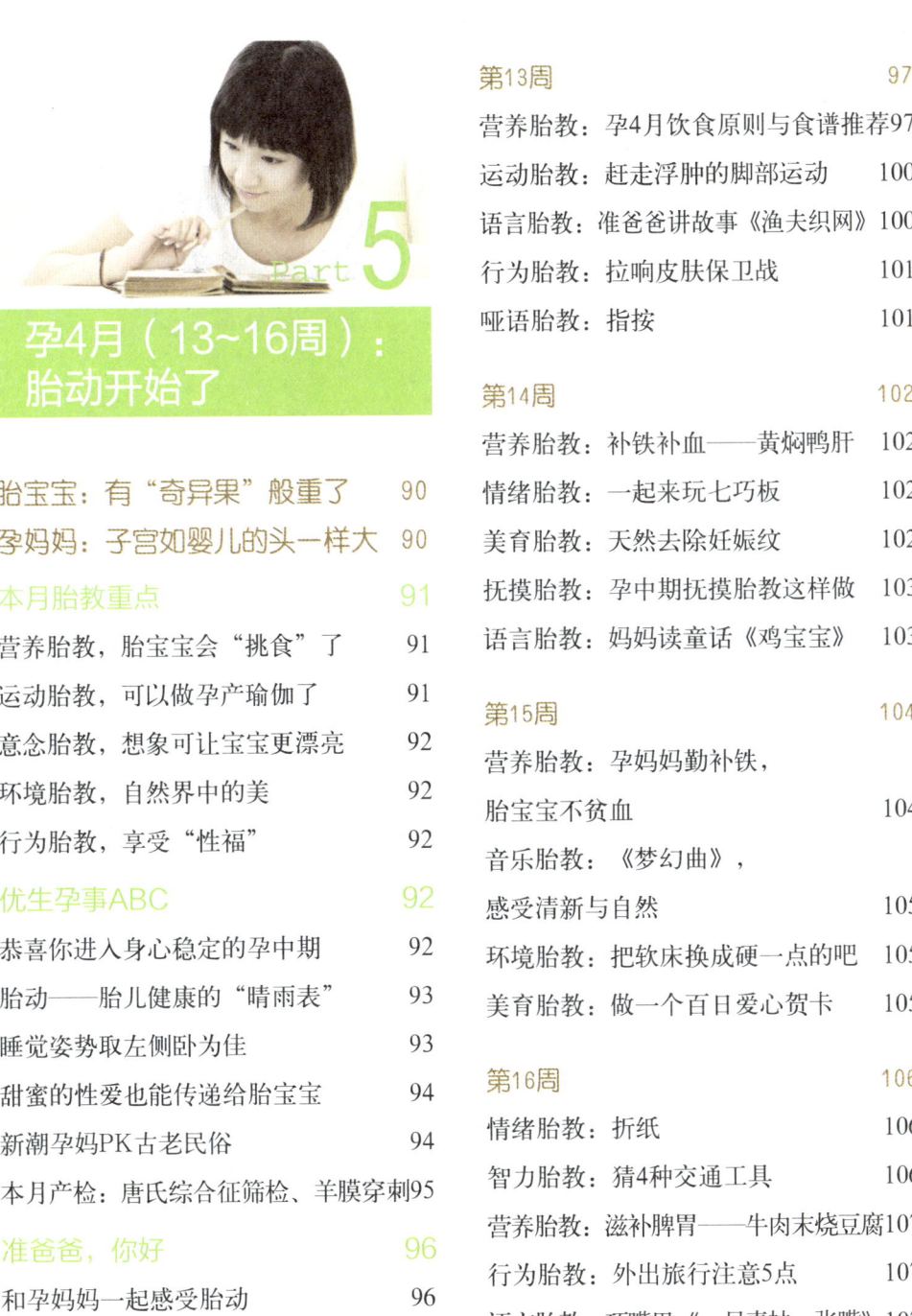

Part 5

孕4月（13~16周）：
胎动开始了

胎宝宝：有"奇异果"般重了　　90
孕妈妈：子宫如婴儿的头一样大　90

本月胎教重点　　　　　　　91
营养胎教，胎宝宝会"挑食"了　　91
运动胎教，可以做孕产瑜伽了　　91
意念胎教，想象可让宝宝更漂亮　92
环境胎教，自然界中的美　　　　92
行为胎教，享受"性福"　　　　　92

优生孕事ABC　　　　　　　92
恭喜你进入身心稳定的孕中期　　92
胎动——胎儿健康的"晴雨表"　　93
睡觉姿势取左侧卧为佳　　　　　93
甜蜜的性爱也能传递给胎宝宝　　94
新潮孕妈PK古老民俗　　　　　94
本月产检：唐氏综合征筛检、羊膜穿刺95

准爸爸，你好　　　　　　　96
和孕妈妈一起感受胎动　　　　　96
准爸爸做好运动教练　　　　　　96
与胎宝宝拉拉家常　　　　　　　96

5

Part **6**

孕5月（17~20周）：
小小"窃听者"

Part 7

孕6月（21~24周）：美妙的世界在眼前

Part 8
孕7月（25~28周）：大脑发育高峰期

Part 9

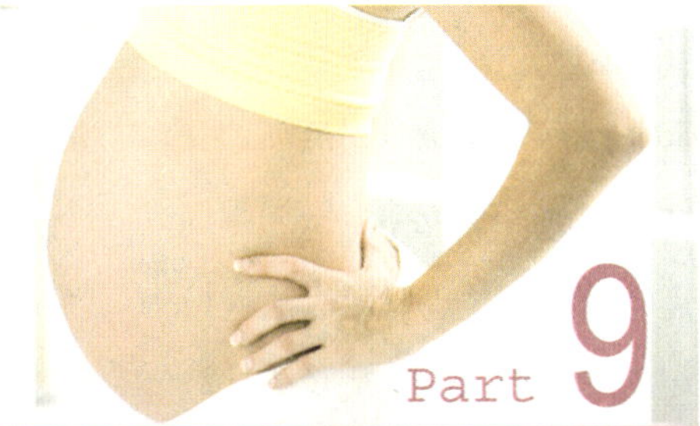

孕8月（29~32周）：开始耳聪目明

9

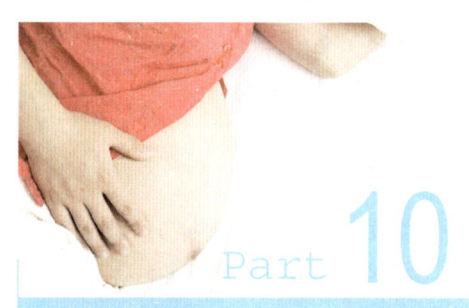

Part **10**

孕9月（33~36周）：
妈妈的情绪我知道

10

Part11

孕10月（37~40周）：
瓜熟蒂落的感动

11

Part **12**

坐好月子：秀出女人第二春

12

Part 13

新生儿期：
早教是胎教的延续

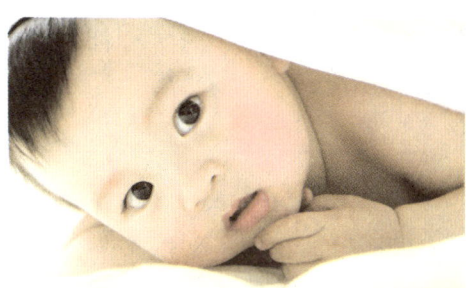

附　录

13

小宝贝诞生之前：

有备而孕

从古到今话胎教

什么是胎教

什么是胎教？是人们常说的"听一听轻柔的音乐、和腹中的胎宝宝说话"？是"保持愉快心情，多看美的事物"？还是像古籍中说的"目不视恶色，耳不听淫声，口不出秽言，食不进异味"？

胎儿具有惊人的能力，为开发这一能力而施行胎儿教育，近年愈来愈引起人们的关注。胎教，一方面是胎，一方面是教，胎儿是受体，与父母外界的施教结合就是胎教。这是从表层的理解，而今天的胎教观念，是指集人类优生、优育、优教等多项理论和实践活动为一体的一门学问，包括优生、优养、优教等几个方面的内容。

胎教是临床优生学与环境优生学相结合的实际具体措施。

广义胎教和狭义胎教

广义胎教

广义胎教指为了促进胎儿生理上和心理上的健康发育成长，同时确保孕产妇能够顺利地度过孕产期所采取的精神、饮食、环境、劳逸等各方面的保健措施，因为没有健康的母亲，亦不会出生强壮的胎儿。有人也将广义胎教称为"间接胎教"。

狭义胎教

狭义胎教就是在胎儿发育生长的各时间段，科学地提供视觉、听觉、触觉等方面的刺激，如光照、音乐、对话、拍打、抚摸等，使胎儿大脑神经细胞不断增殖，神经系统和各个器官的功能得到合理的开发和训练，以最大限度地发掘胎儿的智力潜能，达到提高人类素质的目的。从这个意义上讲，狭义胎教亦可称为"直接胎教"。

古人的胎育智慧

胎教，起源于我国古代，是一门古老而时尚的科学。在古人的思维中胎教是胎儿在母体中能感受孕妇情绪、言行的感化，所以孕妇必须谨守礼仪，给胎儿以良好的影响。从许多古典史书中可以看到有关于对胎教的实践和理论的详细记载。

2

西汉刘向——《列女传·周室三母》

"古者妇人妊子，寝不侧，坐不边，立不跛，不食邪味。割不正不食，席不正不坐，目不视于邪色，耳不听于淫声。夜则令瞽诵诗书，道正色。如此则生子形容端正，才德过人矣。故妊子之时必慎所感，感于善则善，感于恶则恶。"

中医养生疗疾名典——《医心方——求子》

"凡女子怀孕之后，须行善事，勿视恶声，勿听恶语，省淫欲，勿咒诅，勿骂詈，勿惊恐，勿劳倦，勿妄语，勿忧愁，勿食生冷醋滑热食，勿乘车马，勿登高，勿临深，勿下坂，勿急行，勿服饵，勿针灸。皆须端心正念，常听经书，遂令男女如是，聪明智慧，忠真贞良，所谓胎教者也。"

这些传统的胎教法是古人的经验，虽然略有偏颇，并在此基础上提出了孕期有关行为、摄养、起居各方面得注意事项，以达到保证孕妇和胎宝宝健康的目的。而当今的胎教以胎儿为主，通过"视、听、触摸"等良性刺激来达到开发胎儿潜能的目的。古代胎教和现代胎教各有所长，应将古代胎教与现代胎教结合起来，才能真正达到胎教的根本目的。

3

国外胎教经典案例

日本系统化胎教课程

在日本，有人将胎教的方法加以统合，做成系统化的课程，指导孕妇来进行胎教。他们将接受胎教的孕妈妈们，分为怀孕五至八个的前段班，以及怀孕八个月以后的后段班。

胎教课程四大要素包括：

要素 1 Relaxation放松——是指自律训练。

它是在开始所有的课程前，所进行的一种预备动作。

孕妈妈在一间灯光柔和的房间里，尽量放松自己。这是为了促进副交感神经系统，使身体和精神达到稳定的状态。包括"庭园式盆景制作"和"纸黏土制作"这些具体方式。

要素 2 Creativity创造力——是以促进与情绪、感觉、空间感、绘画感有关的右脑的脑开发为目的的课程。

包括"庭园式盆景制作"和"纸黏土制作"这些具体方式。

要素 3 Conversation对话——是指对腹中的胎儿说话。

这种称之为"胎谈"方式，可以从打招呼开始，也可以说说花和鸟的名字，教一些数字、字母等。

要素 4 Music音乐——是胎教中最常被运用的。

所选用的曲子除了古典音乐和童谣之外，也可以配合母亲的喜好，听摇滚乐或流行音乐。

4

美国的"胎儿大学"

1979年，美国加利福尼亚州希活市妇产科专家尼·凡德卡创办了一所"胎儿大学"，在这所学校里，从妊娠第5个月开始，每天两节课，每次5分钟，分别对胎儿进行运动课、音乐课、语言课，要求准爸爸和孕妈妈一起参与胎教活动，以利于加深夫妻感情，影响胎儿的发展。这些受过胎儿教育的学生一出生，便可获得一张文凭和一顶学士帽。这所学校已经培养了数千名学生，在接受调查后表明，经过指导后出生的宝宝普遍更加聪明，理解语言、数学能力强，认识父母快，在听、讲语言方面都相当出色，甚至有新生儿刚刚出生，就会伸手拍妈妈的脸。

斯瑟蒂克的奇迹：胎儿都是天才

美国的斯瑟蒂克夫妇，是一对智商120左右的普通父母，用"子宫对话"的方法，把爱传递给胎儿，先后培养出4个天才的儿女：大女儿5岁时，便从幼儿园一下子升到高中一年级，10岁便成为当时美国最年轻的大学生；二女儿12岁进入曼达雷茵大学；三女儿11岁时已是高中三年级的学生；最小的女儿在4岁时便已在家中学习小学高年级的课程……四个宝宝的智商均在160以上，被列入了仅美国5%的高智商人士的行列。

斯瑟蒂克夫妇认为，"母亲在妊娠中，把听到的、看到的、想到的事情，通过自己的声音、身体变化、心理状态等传递给胎儿，而接受了这一切的胎儿，在出生时就会具有某种素质，这就是'天才儿童'诞生于寻常百姓家的全部谜底。"

5

10种最流行的胎教方法

情绪胎教，只要快乐不要忧虑

保持心情愉悦，是整个孕期随时随地需要做好的事。心情舒畅，身心放松，让自己处在松快的境界下，身体舒适，观察力敏捷，在40周孕期中，就可以随时随地把自己看到的、听到的、想到的东西，说给腹中的胎宝宝听，让胎儿分享妈妈的幸福安详感受。

对许多孕妈妈来说，忧虑是比较常见的一种心理状态，她们常常担心自己和胎宝宝的健康，也会因此而浮想联翩，特别是对身患疾病的孕妈妈来说，忧虑的程度更深，她们常担心胎宝宝受身体的影响或服药的影响而发育不良，尤其是患有高血压、糖尿病、心脏病等疾病的孕妈妈。其实，这种忧虑是大可不必的，孕妈妈只要积极地进行产检，并听从医嘱服药，胎宝宝就能健康发育。

营养胎教，"食"现健康宝宝

饮食规律，调整饮食习惯，是怀孕以后必做的首要功课。

为了给胎儿提供更加健康的外环境和营养，要尽量把自己的饮食习惯调整到规律、"绿色"状态，一定要吃好早餐，三餐要定时定量，并且可以在上午和下午分别加餐，以保证充足的营养需要。"三餐两点"好习惯的养成，是平安健康度孕的营养胎教基本要点，也能为将来的育儿习惯打下良好的基础。

多吃豆制品、鱼类、蛋类、新鲜绿叶蔬菜、粗粮、杂粮，通过食物的自然摄取，为自己和胎儿补充全面、多样的必需营养。

优境胎教，内外兼修

胎教的现代理论是来源于优境学。所谓优境胎教，就是要为胎宝宝营造一个内、外都很好的生活环境，让胎宝宝能够愉快地生长，主要内容有：

1. 孕妈妈保持身心健康愉悦，养成良好的生活习惯，保证合理的营养。

2. 孕妈妈让准爸爸为胎宝宝创造舒适柔软的环境，室内颜色要柔和，四周保持整洁，最好摆设有花卉、盆景，墙上挂上活泼可爱的宝宝照片等。

3. 孕妈妈和准爸爸一起提高对音乐、语言、思想情操各方面的修养，避免外界环境不良因素的刺激。

6

音乐胎教，抚摸幸福的乐章

有人做过试验，给8个月的胎儿听大管乐曲《彼埃尔和狼》，胎儿听后有活动。当孩子降生后，只要一听到大管乐曲就立即停止叫喊和骚动，并露出笑容来，由此看来，优美的音乐能够给胎儿留下比较深刻的印象。可以说，利用音乐直接对胎儿进行刺激，是孕中后期的一项重要工作。

音乐胎教不仅能促进胎儿的身心发育，还能培养儿童对音乐的兴趣。据听力学家米歇尔·克米莱门斯的调查发现，胎儿喜听维伐尔地和莫扎特的乐曲，这些轻松愉快的乐曲，可以解除胎儿的烦躁情绪，使胎儿的心律趋于稳定；反之，听勃拉斯姆的乐曲或摇摆乐舞曲，胎儿会躁动不安。

实验还表明，如果孕妇戴着耳机听音乐，那么胎儿的心律、动作等不发生较大的变化，但如果将耳机放在离腹2~5厘米的地方，则测出胎儿有明显的反应。这说明孕妇听音乐和给胎儿听音乐是两种不同的效果。给胎儿听音乐的时间不宜过长，一般每次以5~10分钟为宜。

语言胎教，聊你想聊的一切

到了孕20周时，胎儿的听觉功能已经完全建立。这时，母亲的说话声不但可以传递给胎儿，而且胸腔的震动对胎儿也有一定影响。因此，孕妇要特别注意自己说话的音调、语气、用词，以便给胎儿一个良好的刺激印记。语言胎教要求父母双方共同参与，因为准爸爸的男性低音是比较容易传到子宫内的，久而久之，也不失为一种良性的音波刺激。父母可以给胎儿起一个中性的乳名，如"果果"、"宁宁"等，经常呼唤之，使胎儿牢牢记住。如此，婴儿出生后哭闹时再呼之乳名，便会感到来到子宫外的崭新环境并不陌生，而有一种安全感，很快地安静下来。

运动胎教，健康的体魄

运动胎教是指孕妈妈适时、适当地进行体育锻炼和帮助胎儿活动，以促进胎儿大脑及肌肉的健康发育。运动胎教可以控制孕妈妈体重过快增长，减轻孕妈妈身体的不适感，增强自然分娩的自信心，促进胎宝宝正常生长发育，促使孕妈妈、胎宝宝吸收钙，防止胎宝宝长成肥胖儿，帮助胎宝宝形成良好的个性，为顺利分娩创造良好条件。但需要注意的是孕早期不宜过度运动，以免造成流产。

孕妇可以做一些胎儿小体操，在感觉到胎动时仰卧、全身放松，用双手从上到下、从左到右，反复轻柔地抚摸腹部，有时，也可以用手指轻压胎儿，并感觉胎儿随着指压轻轻地蠕动。除此之外，准妈咪每天做适量的运动，有助于顺产，并减少生产时会阴肌肉受损。

抚摸胎教，和宝宝的亲密接触

抚摸胎教可以在妊娠20周后开始，与胎动出现的时间吻合，并注意胎儿的反应类型和反应速度。如果胎儿对抚摸的刺激不高兴，就会用力挣脱或者用蹬腿来反应。这时，父母应该停止抚摸。如果胎儿受到抚摸后，过了一会儿才以轻轻蠕动做出反应，这种情况可以继续抚摸。抚摸应该从胎儿头部开始，然后沿背部到臀部至肢体，轻柔有序。每晚临睡前进行，每次抚摸以5~10分钟为宜。抚摸可与数胎动及语言胎教结合进行，这样既落实了围产期的保健，又使父母及胎儿的生活妙趣横生。

光照胎教，促进宝宝视力发育

胎儿的视觉较其他感觉功能发育缓慢。孕27周以后，胎儿的大脑才能感知外界的视觉刺激；孕30周以前，胎儿还不能凝视光源，直到孕36周，胎儿对光照刺激才能产生应答反应。因此，从孕24周开始，每天定时在胎儿觉醒时用手电筒（弱光）作为光源，照射孕妇腹壁胎头方向，每次5分钟左右，结束前可以连续关闭、开启手电筒数次，以利胎儿的视觉健康发育。但切忌强光照射，同时照射时间也不能过长。

美育胎教，将"美"传递给宝宝

美育胎教就是指用视觉、听觉上的感受来陶冶孕妇的情操，调节孕妇的情绪，用自己的思维将看到的美景和听到的优美声音潜移默化地传递给胎儿，使其在早期就对这些内容产生好感的记忆。

知识胎教，伴随宝宝一起学习

知识胎教包括数字训练、图形训练、颜色训练、文字训练、拼音训练、英语训练，以及一些百科知识的讲解等等，这些简单的训练内容可以在胎宝宝的大脑中留下记忆，在出生后的学习过程中会逐步显现出来，这也是为宝宝出生后的学习奠定了基础。系统的知识胎教可以从怀孕第5个月开始，从最简单的数数字和认图形、颜色开始，逐步提升。进行知识胎教之前要采用轻拍、按摸或者语言的方式和胎宝宝打招呼，并且选在固定的时间进行，方便胎宝宝形成一定的规律，更好地提升训练效果。

准爸爸也是胎教主力军

胎宝宝天生爱听准爸爸的声音

英国科学家曾做过胎儿听觉功能的实验，结论是：胎儿更容易接受低频率的声音。他们给一组8个月的胎儿听低音大管乐曲后，胎动大大加强。这组胎儿出生后只要一听到类似男子声音的乐曲，便停止哭闹，露出笑容。而准爸爸特有的男性低沉、深厚、粗犷的声音更适合胎儿的听觉功能。这下知道了吧，宝宝天生就喜欢准爸爸的声音呢。胎教的目的不仅仅是塑造一个快乐、幸福的宝宝，同时也是一种表达，向你的爱人，你的孩子表达你对他们的爱和关怀，还有什么比家人的笑容更能让人满足的呢？所以，准爸爸们行动起来吧，把你对妻子和孩子的爱和祝福用实际行动来表达。

9

学习胎教知识

夫妻一起学习必要的孕期常识和分娩知识，通过共同学习、"同学"式交流，既能扩充自己的知识，又能遇事不乱、胸中有数，同时还能给孕妈妈提供很强的心理支持。

夫妻可以一起选择一些关于孕产知识的书刊，一起参研、讨论、探讨，必要的时候，诵读来给孕妈妈听，共同理解，共同应对妊娠过程中的生理、心理现象。

很多医院和妇幼保健机构都开设了"孕妇学校"或培训中心，全面、系统地教授给育儿家庭以妊娠期和育儿的知识，陪着孕期一起参加学习，共同实施胎教，有利于加深夫妻感情，更是有利于强化胎教效果的好事。

准备"身兼数职"

胎宝宝犹如一粒生长发芽的种子，孕妈妈则是提供养分和土壤，作为准爸爸，需要撑起一片辅以雨露阳光的天空，参与胎教，承担起自己的责任。

"后勤保障"：孕期需要安静、舒适的生活环境，搞好家庭环境建设，防止污染、戒烟戒酒、节制性爱，预防疾病感染，提醒和呵护妻子注重劳逸结合，适当做一些家务和必要活动——后勤保障工作，无疑是做丈夫的职责。

此外，孕妻要负担"两个人"的营养和正常生活，如果营养不足或体力不佳、食欲不振，都会影响到母胎健康。准爸爸下厨做可口的饭菜，对爱妻的关爱尽在不言中。

"心理医生"：妊娠后因为体内激素分泌变化较大，会有种种不适和妊娠反应，情绪不稳定是自然现象，倾向于找妈妈、闺蜜诉说。而做丈夫的，风趣、幽默、体贴和宽慰，是朝夕相处的最佳心理医生，能根治孕期的抑郁情绪，有利于缓和心理因素带来的不快。

胎教"搭档"：积极支持妻子为胎教而做的努力，主动积极参与，陪同一起欣赏音乐、艺术、讲故事、诵读，让胎宝宝在母腹中就熟悉爸爸低沉、有力的声音频率，产生安全感和信赖感，将来宝宝出生后，很快就能够在父亲的抚慰声中安静下来。

10

受过胎教的宝宝更聪明

胎教宝宝的优秀表现

我国著名的育儿专家戴淑凤教授对受过胎教的新生儿进行行为评测，她发现胎教组在以下几方面表现能力优秀于对照组：

- 情绪稳定，知道哄逗，容易安慰
- 视听、注视能力优秀，眼睛亮亮的，有神采
- 小手的抓握力及四肢运动能力强
- 对音乐敏感
- 扶坐时颈部肌肉张力好，抬头、吮手指能力强

经过胎教的婴儿更聪明、活泼

经过胎教后的宝宝，如果在出生后继续坚持系统的感觉教育，这些宝宝的进步也更加迅速：

- 表现出音乐天赋。一听见他在胎儿期听过的音乐，则表现得非常高兴，并随韵律和节奏扭动身体。
- 心理行为健康，情绪稳定，总是笑盈盈地，夜里能睡大觉，很少哭闹。
- 语言发展快，说话早，有的宝宝2~3个月就能发"a、u、ba、ma"等音，半岁时会发"爸、妈、爷、奶、姨"等音，1岁时会说2~4个字的词句。
- 大运动能力发展优秀，宝宝抬头、翻身、坐、爬、站等动作都早，动作敏捷、协调，走路也较早。
- 手的精细运动能力发展良好，手抓握、拿、取、拍、打、摇、对击、捏、扣、穿、套、绘画等能力强。
- 学习兴趣高，喜欢听儿歌、故事，喜欢看书、看字，不少孩子还不会说话，就拿书要妈妈讲，学习汉字的能力惊人，智能得到超常发展。

11

胎教，这些误区你闯了吗

误区一：胎教越早开始越好

有的夫妻当知道自己做父母后，立刻就说要为胎宝宝做胎教，但其实这么早做胎教不仅没有作用，而且可能会影响宝宝的生长发育。

胎儿绝大部分时间都是在睡眠中度过，而睡眠也是让胎儿迅速生长发育的方式，准父母们在宝宝还没有足够的认知、记忆能力的时候就进行胎教，既没有意义，更可能骚扰到胎儿睡眠，也影响到他们的生长发育。

误区二：将扬声器放肚皮上

胎宝宝在妈妈肚子里长到4个月大时就有了听力，长到6个月时，胎宝宝的听力就发育得接近成人了。这时进行胎教，确实能刺激胎宝宝的听觉器官成长，促进宝宝大脑发育。正确的音乐胎教方式应该是孕妈妈经常听音乐，间接让胎宝宝听音乐。此时

胎宝宝的耳蜗虽说发育趋于成熟，但还是很稚嫩，尤其是内耳基底膜上面的短纤维极为娇嫩，如果受到高频声音的刺激，很容易遭到不可逆性损伤。因此，进行音乐胎教时传声器最好离肚皮2厘米左右，不要直接放在肚皮上；声音不要超过85分贝。另外对孕妈妈来说，最好不要听摇滚乐，也不要听一些低沉的音乐，多听一些优美舒缓的音乐，对孕妈妈、对胎宝宝才都有好处。

误区三：一人吃两人饭

很多孕妈妈在怀孕后加大饭量，希望以此来满足胎儿的营养需要，只要自己能吃的就使劲吃，渴望以后宝宝更加聪明，更加健康。其实，胎儿不可能全部吸收孕妈妈多吃的那些食物的全部营养，既然不可能全部吸收，那去哪儿了呢，变成了孕妈妈身上的肥肉。胎儿的营养是否充足，与孕妈妈科学选择食物关系紧密。

胎教始于优生

推算你的排卵期

如果在排卵日当天或提前一天同房，那么受孕的概率最高，精子的寿命是2~3天，而卵子在排出约6小时候就开始老化。

推算排卵期的方法：

方法一：观察宫颈黏液

接近排卵日的阴道黏液变得清凉，滑润而富有弹性，如同鸡蛋清状，拉丝度高，不易拉断，出现这种黏液的最后一天±48小时之间是排卵日。

方法二：测量基础体温

每天清晨睡醒后，不翻身、不讲话、不起床、不活动，在固定的时间取体温表放在舌下测量5分钟，连测3个月，将测得的温度数记录画成曲线。排卵一般发生在基础体温上升前由低到高上升的过程中，在基础体温处于升高水平的三天内即为排卵期。理论依据是，女性体温在月经周期的前半期会保持相对的低温，称作低温期（36.5℃以下），然后中途过渡到高温期（36.5℃~36.8℃）后，再返回低温期，然后下次月经开始。

方法三：经期推算法

月经周期规律计算方法：下次月经来潮的第1天算起，倒数14天或减去14天就是排卵日，排卵日前5天和后4天加在一起称为排卵期。

月经不规律排卵期计算公式：

排卵期第一天 = 最短一次月经周期天数 – 18天
排卵期最后一天 = 最长一次月经周期天数 – 11天

最佳妊娠时机

受孕时的年龄、季节、环境、营养、心情等许多外部环境和主观因素决定着精子和卵子的质量，在一个良好环境下，备孕爸妈以最佳的心情来"创造"宝宝，宝宝会更加聪明健康。

年龄优生

一般在女性24~29岁、男性在25～35岁期间生育最合适。这个年龄段夫妻双方身体发育成熟，激素分泌旺盛，胎宝宝发育环境好，有利于胎宝宝成长。

季节优生——8~9月份

最佳受孕季节可以选在每年立秋后的8~9月份，气候凉爽宜人，有利于精卵结合发育；妊娠3个月后，正是胎宝宝大脑及神经系统形成的时期，而此时正是金秋收获季节，有充足的蔬菜、水果和日照，此时孕妈妈的早期妊娠症状基本消失，食欲增加，可以有计划地补充营养，调整饮食。

日期优生——排卵日当日及前3天或后1天

理想的受孕日，一般应安排在下次月经来前的第14天左右，大约就是月经周期的中间。

避开"黑色"受孕期

建议备孕爸妈避免在以下"黑色"受孕期受孕：

蜜月旅行中： 新婚后性生活频繁，精子质量不高，对胎儿的健康发育不利。另外，蜜月旅游，一路劳乏，如果此时受孕不利于优生。

Tips 采用药物或工具避孕，如携带安全套和短期避孕药。

早产或流产后： 发生早产或流产的女性，体内的内分泌功能暂时还未完全恢复，子宫等生殖器官也尚未康复，特别是做过刮宫手术的女性。如果身体很快受孕，不能为胎宝宝提供一个良好的生长环境，同时也不利于子宫恢复正常。

Tips 只有子宫等生殖器官得到充分恢复，才能为再次受孕提供良好的生长发育环境。因此，早产或流产后的女性半年后受孕较为适宜。

使用避孕药时： 无论是口服避孕药还是外用的药膜，一旦受孕都会对受精卵造成不利的影响，宝宝发生先天畸形的概率增大，出生时的成熟度、体重、生长发育速度等，也都与正常受孕的宝宝有明显差别。

Tips 孕前6个月停止服用避孕药，待体内存留的药物完全排出体外后再怀孕。在计划怀孕时，最好咨询妇科医生后再确定具体的怀孕时间。

14

精子与卵子的美丽邂逅

胎宝宝是由受精卵发育而来的，受精卵的来源与精子和卵子有关，精子和卵子结合的过程叫做受精或受孕，这也就是怀孕开始。

夫妻过性生活时，男方每次排出越2亿~4亿个精子，其中大部分会随着精液从阴道内排出，小部分则依靠尾部的摆动前进，精子沿途要经历层层"艰难险阻"，比如子宫腔内白细胞的吞噬等，最后到达输卵管的仅有数十条至一二百条。女方卵巢每月排出一个成熟的卵子，它会在输卵管内等待精子的到来。最终只有一条精子能获得最后的胜利，进入卵子，然后形成一个新的细胞——受精卵，也叫孕卵。

就这样，卵子和精子在准爸爸和孕妈妈的甜美时刻，有了一次美丽的邂逅，于是这也成为生命孕育的基础。

像爸爸还是像妈妈

你是不是已经开始好奇，宝宝会像谁呢？从遗传学的角度来讲，父母外貌的哪些"精华"将留给宝宝？

高挑的个儿?

孩子的身高受父母遗传的影响很大。爸爸妈妈各决定35%左右。父母双方中，有一个个头高，孩子将来也会较高。推测宝宝未来的身高，有一个公式：

男孩身高（厘米）=（父亲身高+母亲身高）x1.08÷2

女孩身高（厘米）=（父亲身高+母亲身高）x0.923÷2

白皙皮肤or健康肤色?

如果你们俩都是白皮肤，那么宝宝肯定也会是超漂亮的白皮肤。如果你们俩有一个人皮肤偏黑，那么宝宝的肤色将会是性感的小麦色或是蜜色，如果你们俩都是黝黑的健康肤色，那么宝宝肯定也会这样。

大大的下巴?

父母的遗传因子，对孩子的下巴影响很大，只要父母中有一个人下巴突出较为明显，那么宝宝的下巴必然会突出。

青春痘?

青春痘和遗传关系密切，只要父母任何一方出过青春痘，子女长痘痘的可能性会增加20倍左右。

秃顶?

虽然有"聪明绝顶"一说，然而，真正有秃顶的男士却大都为此而苦恼。这种现象也基于遗传，而且只传男不传女，并且隔代遗传的可能性很大。如果父母自己和亲属没有秃顶，就尽管放

心，当然，如果生的是女孩儿，就干脆省下这份心了。

双眼皮大眼睛?

如果你们俩有一个是双眼皮、大眼睛，那么宝宝也会拥有一双大眼睛，即使生下来不是双眼皮，但没准长大之后也会变。如果你们刚好都是单眼皮小眼睛，那么宝宝肯定是单眼皮小眼睛，这也很不错，现在很流行单眼皮！

清脆或浑厚的声音?

一般男孩子的声音会像父亲，女孩子的声音则遗传于母亲。但是，声音具备可塑性，通过后天的训练和调教，能发生较为明显的变化。

宝宝血型可预知

宝宝的血型与父母的关系可要比外貌、性格上的遗传紧密的多。父母的血型决定了宝宝的血型，这也就是我们为什么习惯上将这种亲情关系称之为"血缘关系"的原因。

人的血型分为A型、B型、O型和AB

15

型四种。依照血型的遗传规律，可以形成一个固定的遗传模式，已知父母的血型，就可以推测出宝宝可能是什么血型，不可能是什么血型。

父母血型	宝宝可能的血型	宝宝不可能的血型
O和O	O	A、B、AB
A和O	A、O	B、AB
A和A	A、O	B、AB
B和O	B、O	A、AB
B和B	B、O	A、AB
A和B	A、B、AB、O	——
AB和O	A、B	O、AB
AB和B	A、B、AB	O
AB和A	A、B、AB	O
AB和AB	A、B、AB	O

不同年龄段生育的优势和劣势

20~30岁生育

优势：

◆ 流产的几率小。

◆ 有关母婴健康的顾虑少，比如患妊娠综合征的机会较小，宝宝畸形率低，先天痴呆的几率也低。

◆ 精力充沛，全天护理宝宝的能力比较强。

◆ 宝宝长大一点后再出去工作，职业选择的范围也比较宽，不必过多考虑年龄的问题。

可能的劣势：

◆ 工龄太短，享受不到产后福利。

◆ 财富积累少，经济上没有保障。

30~40岁生育

优势：

◆ 产后身体恢复与20多岁没有多少差别。

◆ 夫妻关系更趋于稳定，有利于共同抚育宝宝。

◆ 工作稳定，有些成就，比较容易得到完全的产后福利。

◆ 经济上比较宽裕，支付得起高品质的育儿费用。

生理上出现劣势：

◆ 35岁以后早产情况较多。容易发生高血压、妊娠糖尿病和其他并发症。

◆ 畸形儿生育率较高。

◆ 35岁以上生育能力急剧下降，流产率升高。

40多岁生育

优势：

◆ 一般是多年企盼的结果，能稳定地给予宝宝足够的爱心和耐心。

◆ 妈妈这时候年长而见多识广，而且多半在生活中耳濡目染，有带宝宝的经验。

◆ 年纪大一点的女人无论是经济上还是心理上都比较可靠，夫妻关系也比较稳定。

◆ 很多女人在40多岁时已经完成了职业上的心愿，不会认为宝宝是事业的障碍。

生理上劣势明显：

● 流产危险高，不孕的风险也会加大。

做一个周全的孕前计划

孕前检查知多少

检查项目	内容	目的	对象	时间
生殖系统	通过白带常规筛查滴虫、霉菌、支原体／衣原体感染、阴道炎症、淋病、梅毒等性传播性疾病	若患有妇科疾病或性传播疾病，最好彻底治愈后再怀孕，否则会引起流产、早产等危险	育龄女性	孕前任何时间
脱畸全套	风疹、弓形虫、巨细胞病毒	60%~70%的女性都会感染风疹病毒，一旦感染，特别是妊娠头3个月，会引起流产和畸形	所有育龄女性	孕前3个月
肝功能	肝功能检查目前有大小功能两种，大肝功能除了乙肝全套外，还包括血糖、胆质酸等项目	如母亲是肝炎患者，怀孕后会造成早产等后果，肝炎病毒还可直接传播给孩子	育龄夫妇	孕前3个月
尿常规		有助于肾脏疾患的早期诊断	育龄女性	孕前3个月
口腔检查	如果牙齿无其他问题，只需洁牙即可，若牙齿损坏严重，必须拔牙	避免孕期牙病治疗药物对胎宝宝的影响	育龄女性	孕前6个月
妇科内分泌	包括卵泡促激素、黄体生成激素等6个项目	月经不调等卵巢疾病的诊断	月经不调、不孕的女性	孕前任何时间
ABO溶血	包括血型和ABO溶血滴度	避免胎宝宝发生溶血症	母亲为O型，父亲为A、B型或AB型	孕前3个月
染色体		检查遗传性疾病的育龄夫妇	有遗传病家族史者	孕前3个月

孕育一个健康宝宝，男性要做如下检查：

精液分析、内分泌激素、体格检查、血常规18项、血糖、肝功能、肾功能、血脂、尿常规、便常规等。

Tips　准爸爸做精液分析前需要禁欲3～7天。采集精液时最好别用避孕套收集，因为其中的滑石粉会影响精子活力。

17

拟一份孕育账单

产前保健费用

1. 提前3个月补充叶酸直至怀孕后3个月，按一年时间计，约合100～700元，具体费用视服用叶酸的类型而定。

2. 孕前体检费用一般支出在1000元。

怀孕期间

产检费用：在公立医院体检全程需约1000元。

胎教投入：500元左右

营养费用：800元/月×7（3至9月）=5600元

孕期培训班费用：约1000元

生产阶段

顺产：门诊费+住院费+治疗费≈3000元

剖宫产：门诊费+住院费+治疗费+药费+其他费用≈5000元

哺乳期妈妈的相关花费

营养品：哺乳妈妈对营养素的需要量较高。因选择营养补充食品品牌不同，相应的费用支出每月500~1000元。

保姆：月嫂的费用每月在2000~6000元，普通保姆的费用每月800~1000元。

宝宝0~1岁

护理：纸尿布前三个月每天消耗5~15片，如果配合布尿布使用，及早训练大小便，就可以省下不少钱。

饮食：辅食每月400元左右，若是从第五个月开始添加；奶粉每月700元，从第一个月开始算，加起来约11600元。

交通：宝宝在出生后的第一年往往会出现一些让人担心的状况，治疗、药物、交通费用也是一笔不可忽略的开销。

宝宝用具：比如奶瓶、小被褥、小衣服、婴儿床、小摇篮、小推车等，按照基本需要和完美需要配置的不同，大约850～5000元。一般来说，宝宝出生后你会收到一些成套的宝宝服、纸尿裤、洗浴用品、毛巾被等，所以，自己只要准备一些小被褥、奶瓶等物品就行了，随着宝宝的生长需要再进行购买。

产假的相应规定

产假

国家《女职工劳动保护特别规定》第七条：女职工生育享受98天产假，其中产前可以休假15天；难产的，增加产假15天；生育多胞胎的，每多生育一个婴儿，增加产假15天。

女职工怀孕未满四个月流产的，享受15天产假；怀孕满4个月流产的，享受42天产假。

产假期间，工资照发。

孕期产前检查时间也算作劳动时间

《女职工劳动保护规定》第七条：

怀孕的女职工，在劳动时间内进行产前检查，应当算作劳动时间。

哺乳期假期

《女职工劳动保护规定》第九条：有不满一周岁婴儿的女职工，其所在单位应当在每班劳动时间内给予其两次哺乳(含人工喂养)时间，每次30分钟。多胞胎生育的，每多哺乳一个婴儿，每次哺乳时间增加30分钟。女职工每班劳动时间内的两次哺乳时间，可以合并使用。哺乳时间和在本单位内哺乳往返途中的时间，算作劳动时间。

怀孕后你可以享受的权利

职业女性不可避免地要面对怀孕和工作的相互矛盾问题，而有些单位会出现以怀孕为理由辞退女员工的情况，从而导致怀孕妇女在职场上受到不公平的待遇。

那么，职场妈妈享有哪些合法权利呢？

孕妇享有不被辞退和降低工资的权利

《中华人民共和国妇女权益保障法》明确规定：任何单位不得以结婚、怀孕、产假、哺乳等为由，辞退女职工或单方解除劳动合同。劳动合同的期限应自动延续至医疗期、孕期、产期和哺乳期满为止。

在我国，工资分配实行男女同工同酬，不得在女职工怀孕期、产期、哺乳期降低其基本工资。

孕妇享有不加班的权利，并有一定的休息时间

《女职工劳动保护规定》规定：女职工在怀孕期间，所在单位不得安排其从事国家规定的第三级标体力劳动强度的劳动和孕期禁忌从事的劳动，不得在正常劳动日以外延长劳动时间；对不能胜任原劳动的，应当根据医务部门的证明，予以减轻劳动量或者安排其他劳动。怀孕7个月以上(含7个月)的女职工，一般不得安排其从事夜班劳动；在劳动时间内应当安排一定的休息时间。

公众场合也有特权

准妈妈们还有排队优先的权利，比如商场购物、银行取款时，享受特殊照顾。公交车上也设有孕妇专座。准妈妈们可以充分利用自己的权利。

19

备孕计划一览表

时间	备孕计划	执行方案	备注
孕前第12个月	开始记录基础体温变化	每天清晨坚持执行，不间断	坚持3个月以上了解自己的生理周期
	做一次全面的身体检查	包括妇科检查、血常规、尿常规、肝功能、血压等，尤其是性传播疾病应该及时治疗	家里有宠物的，还要进行特殊病原体的检测（弓形体、风疹、单纯疱疹病毒等）
孕前第11个月	注射乙肝疫苗	按照0、1、6的程序注射的	
孕前第10个月	改变不良的生活习惯	制订健康营养菜单 戒烟、戒酒 控制咖啡和茶的摄入量	
	制定一套健身计划	根据自己的是身体计划，每天中速步行30分钟，或是每星期游泳1~2次，或是每星期做2~3次瑜伽	调节体重
孕前第8个月	注射风疹疫苗		
	为宝宝理财	计算收支、预算生宝宝所需费用，制订理财计划	夫妻要相互协调
孕前第6个月	考虑停服对宝宝有致畸作用的药物	对有可能影响怀孕的药物要停服，服药一定要咨询医生意见	
	看牙	去口腔医院检查牙齿	
	停止避孕药	提前6个月停服避孕药给身体以代谢的时间。采取避孕套等工具避孕	其他药栓剂避孕停止要更早
孕前第5个月	抗体检测	检查一下注射乙肝和风疹疫苗后，是否有抗体产生。如果没有应该补种	
孕前第3个月	补充维生素，尤其是叶酸	针对自己的身体状况有针对性地补充营养，注重叶酸的补充	预防神经管畸形儿的发生
孕前第1个月	放松心情	与亲友聊天、看电影、散步，保持好心情，减轻心理压力	
	洗牙	如果牙齿没有其他的问题，只需要在怀孕之前洁牙就可以了，也就是我们常说的洗牙。如果牙齿损坏严重，只剩下牙根或残缺不同的牙冠，虽然不痛，也应该在孕前拔除	孕早期不宜洗牙

20

孕前美味营养餐

排毒食谱跟我做

🍏 媲美维生素药丸——鲜奶胡萝卜条

材料：胡萝卜3根，青豆50克。

调料：牛油、盐、面粉、牛奶、胡椒粉各适量。

做法：1.将胡萝卜去皮，切长条状。

2.将胡萝卜放入水中，加牛油、盐，煮软；将青豆用沸水焯熟。锅内倒牛油加热，放入面粉炒出香味，加牛奶搅拌均匀，放入盐、胡椒粉煮成白汁。

3.将胡萝卜、青豆放入味汁中，翻炒入味即可。

🍏 补肾气，强身体——冰镇山药

材料：山药300克。

调料：红糖50克。

做法：1.先将山药切成块。

2.锅内加水后放在火上，将山药块倒入煮熟，捞出，入凉水浸泡。

3.红糖溶化加清水，烧开，过滤，晾凉，入冰箱稍冷冻后，取出。把山药块控干水分放入碗中，放入冷红糖汁，即成。

🍏 身体的保护使者——拔丝山药

材料：山药500克。

调料：白糖60克，植物油500克，清水15克，香油15克。

做法：1.将山药削皮洗净，切成滚刀块。

2.植物油烧至五成热，把山药放入油内炸，至金黄色，捞出，控净余油。

3.用清水将白糖化开，用慢火炒至白糖由稀变稠，能拔丝时，倒入山药，离开火眼，颠翻炒勺，使糖汁完全粘在山药上后，倒在抹香油的盘子内即成。

🍓 红红火火——核桃红枣粥

材料：核桃仁2块，红枣6个，大米和江米共40克。

调料：白糖适量。

做法：1.把大米与江米洗干净，加水放入锅中煮开。

2.将核桃仁、红枣用清水洗净，放入锅中蒸熟。

3.将所有材料放入粥中煮开即可。

🍏 粉红色的诱惑——草莓葡萄排毒汁

材料：苹果50克，草莓50克，葡萄20粒，水150毫升。

调料：柠檬汁少许。

做法：将所有材料洗净后放入果汁机中打匀，放入柠檬汁调味即可。

🍓 人体清道夫——清炒猪血

材料：猪血500克，姜1片。

调料：料酒、盐各1小匙，鸡精、植物油适量。

做法：1.将猪血清洗干净，切成大块备用；姜洗净切成丝备用。

2.将锅置于火上，加入适量清水烧沸，

放入猪血块余烫片刻，捞出沥干水分，改切成小块。

3.锅内加入植物油烧至七成热，倒入猪血，加入料酒、姜、盐，翻炒均匀，起锅前加鸡精调味即可。

🍅 色彩缤纷——五彩蔬菜汤

材料： 马铃薯1/4个、豌豆50克、西红柿1个、芹菜50克、洋葱1/2个、蘑菇50克、四季豆50克。

调料： 大蒜、橄榄油、盐各适量。

做法： 1.把所有蔬菜洗净，切成与豌豆同大的丁，大蒜去皮切碎备用。

2.在锅中加入橄榄油，加热后加入洋葱丁炒香，约3分钟后，加入芹菜与大蒜拌炒香。

3.然后把其他蔬菜丁加入，拌炒2分钟后，加入水，煮约30分钟后，用盐调味即可。

🍅 鲜香滑爽——松子鸡粥

材料： 大笋鸡1只，粳米100克，松子仁10克，葱段、姜块各适量。

调料： 鸡汤200毫升，素油、酱油、盐、料酒、味精、糖色各适量。

做法： 1.将鸡宰杀洗净，用净布将鸡体表面的水分擦干，全身抹匀酱油，放入热油中炸至上色，捞出，沥去油。

2.将原锅上火，放入素油，下葱、姜、松子仁煸炒出香味，烹入料酒和鸡汤（增鲜），再放入酱油、盐、味精，用糖色把汤调成红色，放炸好的鸡。

3.汤开后撇去浮沫，用中火煨熟，把鸡

捞出，撕成肉丝。

4.将粳米淘洗干净，放入鸡汤中用旺火煮沸，再用小火焖烂，加鸡肉丝即成。

营养食谱跟我做

🍅 健脑、养胃、润肠——花式海鲜羹

材料： 鲜虾仁100克，蟹柳5条，西芹、红萝卜各半根，鸡蛋1个，姜片2片。

调料： 食盐10克，白糖3克，上汤100毫升，色拉油20毫升。

做法： 1.将鲜虾仁开边，去肠，飞水至熟。

2.把蟹柳、西芹、红萝卜分别切菱形粒。

3.把鸡蛋打入碗中，取其蛋清，待用。

4.起锅爆香姜片，投入虾仁、西芹粒、红萝卜粒略炒，注入上汤煮沸。

5.放入蟹柳粒略煮，加食盐、白糖调味烧沸，勾芡，推入蛋清，倾入汤碟即可。

🍅 瓜香馅嫩——黄瓜羹

材料： 老黄瓜500克，豆腐150克，猪肉200克，鸡蛋2个，平菇片15克，水发香菇20克，竹签4根，葱白100克。

调料： 鸡汤1500克，辣椒酱、酱油、葱末、葱白丝、蒜蓉、姜末、胡椒粉、白糖、芝麻(焙好)、香油、面粉、盐均适量。

做法： 1.将黄瓜洗净，去皮，把每条黄瓜在柄的一端切下少部分，挖去黄瓜籽瓤，洗净，用盐腌一下，待用。

2.把猪肉洗净，剁成肉泥，放入瓷碗中，

加酱油、葱末、姜末、蒜蓉、胡椒粉、白糖、芝麻、香油、盐拌匀，入味。

3.把豆腐洗净，放入瓷盆中，碾碎，加盐、胡椒粉、香油、1个鸡蛋，拌上面粉，再倒入猪肉馅，搅拌成稀稠适宜、黏合的馅心，然后做成和黄瓜心同样大小的丸子。

4.把丸子均匀地装入空黄瓜心内，盖上黄瓜端头，用竹签逐条把黄瓜通心串起来。

5.在煮锅内放入鸡汤，加辣椒酱，放入平菇片、水发香菇和葱白丝，煮至大开，到无气泡时把备好的黄瓜放入，煮沸；再把余下的1个鸡蛋摊成蛋饼，切成小菱形片。

6.把黄瓜煮熟后，捞出，晾凉，切成小段排放碗内，浇上原汤，撒上蛋片，即可。

助孕食谱跟我做

益精补肝肾——羊肉栗杞羹

材料：羊肉50克，板栗肉、枸杞子各15克，芡实50克，大葱3克，茶叶末少许。

调料：食盐2克，味精1克。

做法：1.将羊肉洗净，切片；大葱切末。

2.板栗肉、枸杞子、芡实共捣碎为末。

3.将羊肉片、茶叶末先放入锅中，加水适量，用旺火烧沸后，改用中火保持其沸度直至熟软时，再加入食盐、葱末。

4.同时边下边搅下入板栗、枸杞子、芡实肉末，至成羹后放入味精，拌匀即成。

温补五脏——羊杂羹

材料：羊肚、羊肝、羊肾、羊心、羊肺各80克，陈皮、肉桂各10克，草果2个，姜片、葱段各适量。

调料：胡椒粒50克，精盐、料酒、香辣油各适量。

做法：1.将全部原料洗净，入沸水汆，捞出，沥去血水。

2.将锅置火上，放水烧热，放入羊杂，倒入料酒，放入陈皮、肉桂、草果、胡椒粒、姜片、葱段。

3.用小火炖煮约40分钟，待熟后加精盐调味。

4.食用时，捞出羊杂切碎放入碗中，再浇上羊汤，滴少许香辣油即可。

滋阴补阳——山药萝卜粥

材料：山药50克，大米100克，白萝卜半个，芹菜末适量。

调料：盐、胡椒粉各适量。

做法：1.将山药、白萝卜削皮，冲洗干净，切成小块，备用。

2.把大米淘洗干净，加适量水用旺火煮开，放入切好的山药块和白萝卜块。

3.待开锅后，转为小火，熬煮到山药、萝卜和大米变得软烂为止。

4.加盐搅拌均匀，食用前撒上胡椒粉、芹菜末即可。

百事合心——冬瓜鸭盅

材料：北京鸭1只，冬瓜1个切开，熟火腿50克，金钩、干贝各25克，水发冬菇、净冬笋、莲子各50克，葱白、姜各15克。

调料：料酒25毫升，盐15克，味精2.5克，胡椒粉1克，碱少许。

做法：1.将鸭放入汤锅内煮熟，去净骨，切块；干贝剪去边上的老筋，连同金钩一起洗一遍；莲子去皮，去心，开水汆过，上笼蒸发。葱白切段。

2.冬菇洗净；冬笋和火腿切片，将以上食材加上料酒、盐，以及适量水，上笼蒸约2小时，取出后去掉葱姜。

3.冬瓜用小瓢挖去软瓤，冬瓜剜上鱼齿花刀。

4.把鸭方块和配料加味精调好，装入冬瓜内上笼蒸熟，取出后放胡椒粉和葱段即成。

🍅 双鞭壮阳汤

做法：牛鞭100克，狗肾10克，羊肉100克，母鸡肉50克，菟丝子、枸杞、生姜各10克，肉苁蓉6克。

调料：料酒10毫升，花椒2克，盐3克，味精1克，猪油20克。

做法：1.把牛鞭发胀后去尽表皮，顺尿道剖开，用清水洗净，在冷水内漂半小时。

2.把狗肾用油沙炒泡，用温水浸泡约30分钟，洗净。

3.把羊肉泡净入沸水锅内汆去血水，捞入凉水内洗干净。

4.将狗肾、牛鞭、羊肉放入砂锅中烧开，打去浮沫，放入花椒、姜、料酒、母鸡肉，烧沸后，改用微火煨至肉熟。

5.用洁净白纱布滤去汤中花椒等调料，将菟丝子、肉苁蓉、枸杞用纱布袋装好扎口，放入汤中同时煨炖。

6.待牛鞭、狗肾酥烂时，捞出药包不

用，取出牛鞭、羊肉切成3厘米长的条，狗肾切成1.5厘米长的节，鸡肉切块，装在碗内，加入原汤，放味精、盐和猪油调味即成。

🍅 味道鲜美——桃花鳜鱼蛋羹

材料：鳜鱼肉200克，桃花20朵，鸡蛋4个，豌豆苗、葱花、生姜丝各适量。

调料：清汤、精盐、味精、胡椒粉、醋、香油、料酒各适量。

做法：1.把桃花瓣洗净；豌豆苗去老叶取嫩苗，洗净。

2.把鳜鱼去鳞、头尾、内脏，取肉洗净，切成薄片，加入精盐、料酒、胡椒粉、葱花、生姜丝、味精搅拌均匀，浸渍入味。

3.把鸡蛋磕入碗内，拌匀，兑入清汤、精盐、味精、胡椒粉，调好味。

4.将浸渍好的鱼片整齐地排放在蛋液的平面上。然后放入蒸笼，先用旺火后转小火蒸6分钟，揭开蒸笼放一下汽，再将笼盖好蒸10分钟左右，熟后取出。

5.将炒锅上火，下少许清汤、味精、精盐、胡椒粉，烧沸后撇去浮沫，下入桃花瓣、豌豆嫩苗，淋上醋、香油，盛入蒸好蛋羹碗内即成。

PART 2

孕1月（1~4周）：天使降临了

我还不知道，

小小的你已经在妈妈温暖的子宫里

安营扎寨了。

胎宝宝： 有 "花生米" 般大了

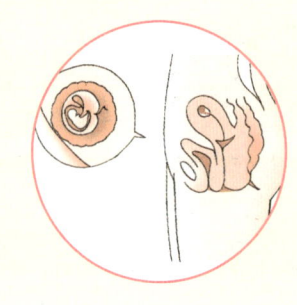

　　妈妈，在我还只是一颗小小的受精卵的时候，我的性别和许多的遗传特性在受精的那一刻都已经决定了哦，不论是像爸爸还是像妈妈，都是我期待的呢。是爸爸的"小蝌蚪"和妈妈的"大元宝"创造了最初的我，在变身成受精卵之后，我还要花费3天时间才能到达妈妈的子宫，然后在里边着床生长。

　　到这个月底，我将发育到直径约1厘米大小哦，体重也会增加到1克左右。为我输送养分的胎盘、脐带，还有我的心脏、大脑和脊髓的原型，都开始出现。不过我还没长成爸爸、妈妈那么漂亮的外形呢，所以，请爸爸、妈妈给我点时间，等我长大了，我一定会比你们都要漂亮的。

孕妈妈： 迎接天大的惊喜

　　恭喜你，"中奖"啦！这真是天大的惊喜，那么最初的日子里，会有哪些变化呢？

● 子宫如鸡蛋般大	● 容易觉得疲倦
● 月经不来	● 饮食习惯可能改变
● 基础体温持续高温	● 乳头的颜色变深、变黑，有些孕妈妈的乳头变得比较敏感

本月胎教重点

树立"宁静养胎即胎教"的观点

胎教，并不是虚无缥缈的事，而是一项很具体的实际工作，需要准父母两个人在孕期每一个相应阶段，甚至每一天的细致操作和耐心坚持。

医学古籍《千金方·徐之才逐月养胎方》有"一月之时，血行否涩，不为力呈，寝必安静，无令恐畏"，是指孕期初月血液运行缓慢，孕妈妈不要做力所不能及的劳务，睡卧须安静，不要有恐惧害怕的心理。因为生理原因，孕妈妈容易出现情绪不快、精神疲倦和烦躁不安，特别需要增加精神和饮食营养，家人应该给予适当的抚慰，使其调节好正常生活。

营养胎教，这样补叶酸更"靠谱"

叶酸是一种水溶性B族维生素 ，能有效预防新生儿神经管畸形的发生，孕妈妈对叶酸的需求比正常人高4倍，孕妈妈应从备孕前3个月就开始补叶酸，每天补充400~800微克叶酸，就可以满足胎宝宝生长需求和孕妈妈自身需要。

含叶酸的食物很多，但由于叶酸遇光、遇热就不稳定，容易失去活性，所以人体真正能从食物中获得的叶酸并不多。如蔬菜储藏2~3天后叶酸损失50%~70%，煲汤等烹饪方法会使叶酸损失50%~95%。因此，孕妈妈要改变一些烹饪习惯，不要将蔬菜等长时间高温炒、煮，避免油炸食物。

富含叶酸的食物

蔬菜	莴苣、菠菜、西红柿、胡萝卜、青菜、龙须菜、花椰菜、油菜、小白菜、扁豆、豆荚、蘑菇等
新鲜水果	橘子、草莓、樱桃、香蕉、柠檬、桃子、李、杏、杨梅、海棠、酸枣、石榴、葡萄、梨等
动物食品	动物肝脏、肾脏、瘦肉、蛋黄等
豆类、坚果类	黄豆、核桃、腰果、栗子、杏仁、松子等
谷物类	大麦、米糠、小麦胚芽、糙米等

27

情绪胎教，让自己感受幸福吧

孕妈妈是幸福的，应该让你腹中的胎宝宝也能感受到这种幸福，这对胎儿发育非常有益。感受幸福的小妙招：

妙招1 听一些放松的音乐，不是音乐迷也没有关系，因为，听一些轻松愉快的音乐对你的心情是大有好处的呢。

妙招2 常看令你感觉开心的喜剧、小品或者相声，这些来自生活中的幽默会让你倍感轻松，你会感到生活是一件奇妙的事情。

妙招3 每天做一点自己喜欢的事情，比如给自己买一本书、吃点自己喜欢的东西、看一个自己喜欢的电视节目或者电影等。

妙招4 每天腾出一点时间读几页令人鼓舞的图书或者文章，当你与艺术的情感共鸣时，这将让你感到由衷的幸福。

妙招5 每天做一件让别人高兴的事情，一句温暖人心的话，一个贴心的微笑，一件有诚意的小礼物，你会发现，这种高兴将是相互的。

妙招6 与你认为幸福的人接触，你要相信，幸福是可以感染的，当你看见一个牵着孩子的妈妈时，你一定也会有幸福感。

音乐胎教，宜轻松、诙谐有趣

音乐胎教一般分为两类：一类是让胎儿直接欣赏音乐，一类是孕妈妈自己欣赏。此时胎儿的感觉系统还没有完成发育，这段时间的音乐胎教主要以母体欣赏为主。孕妈妈可以为自己的音乐胎教制定一个计划，比如：

晨起时，播放一首活泼的《布谷》，给你一天的好心情。

下班后，先放下一天的疲惫，打开CD，播放一首维瓦尔第的四季中的《春》，品一杯营养的饮品，吃一点小点心，身心会真正地得到放松。

入睡前，听着《仲夏夜之梦》，读一读与乐曲相关的小品文，甜甜地入睡，会让你第二天神采奕奕。

优生孕事ABC

4大信号告诉你宝宝来了

一般怀孕初期孕妈妈感觉不到新生命的开始，但是，有一些重要的征兆，会提醒孕妈妈可能怀孕了。

★**停经**：停经是怀孕的第一信号。一般来说，如果月经过了1周，就应该怀疑是否怀孕。有极少数怀孕女性，仍然会行经一两次，中医上称为"漏经"。

★**体温升高**：怀孕后由于妊娠黄体酮对体温中枢的影响，基础体温会维持在高水平而不下降。

★**早孕反应**：停经后出现的一些不适现象叫早孕反应。最先出现的反应是畏冷，并逐渐出现疲乏、嗜睡、头晕、食欲不振、疲乏无力、倦怠、挑食、喜酸、怕闻油腻味等现象，严重时还有恶心、呕吐等症状。

★**乳房变化**：可感到乳房胀痛，增大，乳头、乳晕颜色加深，乳头增大，周围出现一些小结节。

胎教·小贴士

可以用早孕试纸测试尿液，最好是早上第一次尿液，如出现两条红线，就预示着可能怀孕了。确定后应该去看医生加以证实，排除一些异常情况，切不可自行诊断。

去产检时怎么穿

去产检时要怎么穿呢？产科的例行检查需要孕妈妈穿脱衣服，所以在穿着上需要注意一些细节。

脸部：有些医生会通过脸色来判断你的健康状况，尽量不要浓妆艳抹，可以适当化淡妆。事实上浓妆中的化学物质很可能会进入血液循环，在确定怀孕后尽量不要化妆。

身体：身体要保持整洁，最好提前一天或当天洗个澡，换上干净、宽松的内衣。特别要提醒孕妈妈的是，如果当天洗的澡，一定要等头发彻底干透了再出门，感冒了可不是好事情。

衣着：为了方便接受内盆腔检查，最好穿宽大的裙子，不要穿裤子（当然了，要以保暖为前提）。不要戴腹带、穿长筒袜。尽量穿易于穿脱的鞋，有过多鞋带的鞋不要穿。

背包：医院内人多手杂，为了安全起见，不宜使用手提式手袋，最好使用可以斜背的挎包，这样填表时就不用放下手里的提包，而又能解放出双手写字了。

孕妈妈应该记住这些数字

各位刚晋升的准爸爸孕妈妈们，以下数据你一定要记住了，如果能熟知这些数字，对实现优生和保护孕妈妈身体健康十分有益，因此介绍一下有关的数字，它们是：

29

妊娠反应出现时间	停经40天左右
妊娠反应消失时间	妊娠第12周左右
胎宝宝在母体的生长时间	40周，即280天，从末次月经的第一天开始
预产期计算方法	末次月经首日加7，月份加9（或减3）
首次检查时间	停经一个月内，或出现早孕反应时
产前检查时间	怀孕28周前每四周检查1次；怀孕28周以后，每两周检查1次；36周后，每周检查1次。若发现异常，应随时进行检查
自觉出现胎动时间	妊娠16~20周
胎动最频繁、最活跃时间	妊娠28~34周内
胎动正常次数	每12小时30~40次，不应低于10次，早中晚各测1小时，将测得的胎动次数相加乘以4
早产发生时间	妊娠28~37周内
胎心音正常次数	每分钟120~160次
产程时间	初产妇12~16小时，经产妇6~8小时
过期妊娠超过预产期天数	14天

　　以上数据是孕妈妈应当掌握的，当有异常情况时，应及时去医院检查。

孕期B超做几次

　　一般情况下，全妊娠期无高危因素的孕妇最好接受3~4次超声检查，一般最好选择在第三次超声检查的时间即孕18~24周做彩超。

孕早期	孕6~8周	排除或及时发现异位妊娠（宫外孕）或异常妊娠（葡萄胎等），了解胚胎是否存活
孕中期	孕11~14周	主要是做胎儿NT测量，结合孕妇血清血检查，评估胎儿染色体异常的风险度
	孕18~24周	较清晰地了解胎儿组织器官发育情况，从而了解胎儿是否存在畸形。如有畸形，根据医生建议或相关政策可中止妊娠
孕晚期	孕36周~预产期	做B超明确羊水多少和胎盘的功能，以及胎儿有无脐带绕颈，如果羊水过少，胎盘钙化，胎儿脐带绕颈，需结合临床再考虑是否继续妊娠，同时B超可以根据胎儿的头径、骨骼的测量估计胎儿的体重，明确胎儿的胎位，预测分娩方式

准爸爸，你好

陪孕妈妈到医院确诊怀孕

无论您采取何种方法帮妻子检测，最好是在医院进行确诊。医生不仅会告诉您最精确的结果，还能通过仪器检查了解胎宝宝的发育是否正常。

确定怀的妇科检查对您来说可能是第一次产前检查，很多女性或刚刚怀孕的年轻孕妇会非常恐惧或难为情。这是一种非常正常的心理感觉，若希望克服恐惧，较好的方法是：让准爸爸同行，从心理学的角度分析，此时女人最需要的是丈夫的鼓励与支持。

而且一般妇产医院都是人山人海，排队、抽血、拿化验单、取药都需要一个人去等，孕妈妈现在可是特殊保护对象，在孕育路上，准爸爸可不能缺席哟。

选购好书、好音乐

在课堂上所学知识毕竟是有限的，准爸爸可以与孕妈妈去书店购买比较权威的书籍来补充知识。面对浩如烟海、各式各样的图书、影碟，该如何选择呢？

1．选知名出版社出版的，专家编写或经专家审读的图书。知名出版社对图书的把关比较到位，图书质量比较有保障。另外，专家的参与，为图书内容的科学性、准确性等奠定了基石。

2．根据自己的情况，选择一本内容较为全面、具体、语言表达清晰自然的图书。实用才是最好的，图书是否具有指导性，是否实用，是一个判断标准。有的图书泛泛而谈，内容空洞，这样的图书不宜选用。

3．音乐的选择。音乐宜选择高扬、和谐、悠扬的，这样的音乐可以刺激宝宝的大脑，让其大脑活动起来，同时也可以给孕妈妈一个温馨的环境。不过，每次播放音乐的时间不宜过长，且次数不宜过多，否则会让宝宝烦躁不安，造成不利影响。

音乐选择可参考：二胡曲《二泉映月》、筝曲《渔舟唱晚》、民族管弦乐曲《春江花月夜》、《春天来了》、《江南好》、《步步高》及奥地利作曲家约翰·施特劳斯的《春之声圆舞曲》等。

向同事朋友取经

孕妈妈怀孕意味着准爸爸要"升格"做爸爸了。这个新角色对年轻准爸爸来说是完全陌生的，遇到很多以前从来没有经历过的事情是肯定的，当然也就难免会犯一些错误。所以，准爸爸最好在孕妈妈怀孕期间了解一下哪些是新爸爸应该避免的，从准爸爸顺利晋升为一个合格的新爸爸。

准爸爸可以通过很多途径学习孕期经验，向同事和朋友交流是最直接有效的方式。他们中当爸爸的人往往能提供十分有价值和中肯的信息，同时，作为过来人，他们还可以帮助准爸爸规避一些在孕期很容易犯下的小错误，另外同事和朋友的经验要比从网络和书本上看到的更鲜活、更具有操作性，印象也要更深一些，不容易忘记。

让宝宝做个有"身份"的人

从宝宝开始在妈妈的肚子里落户时，爸爸妈妈就该准备为宝宝办理各种证。让宝宝早点做个有"身份"的人。

准生证

办理时间

生育服务证就是我们常说的"准生证"，这可是新生宝宝的第一个证件，所以在刚刚怀上宝宝的时候就应该着手去办理，这可是宝宝降临到这个世界的合法"通行证"，之后宝宝的出生、上户口及其他的福利都和它有密切关系。

所需材料

● 夫妻双方户口本；

● 夫妻双方身份证；

● 结婚证原件和复印件；

● 夫妻双方的初婚初育证明，可让工作单位或所在居委会开具证明，加盖公章；

● 《医疗保险手册》及复印件；

● 定点医院开具的《妊娠诊断证明》和妊娠实验化验单（盖生育章）；

● 女方1寸免冠照片一张。

办理程序

办理证明时应带上户口本（最好是夫妻双方的，如果户口不在一起最好持妈妈的户口本）、双方身份证、夫妻双方的初婚初育证明（可让工作单位或所在居委会开具证明），到夫妻一方所在地乡镇（街道）计划生育办公室办理准生证。

出生证

出生证是宝宝的第一份人生档案。在办理"出生医学证明"之前，一定先要为宝宝起好名字，千万不要认为这个名字不重要，如果等到上户口时候又觉得这个名字不好，想改的话，出生证上的名字就成为了宝宝的曾用名，所以，为了顺利拿到宝宝的出生证明，在出院前一定要定下宝宝的名字。

如何办理

宝宝即将分娩，孕妈妈在入院的时候，医院会要求填写《出生医学证明自填单》，为即将到来的宝宝做好办理《出生医学证明》的准备。

填写内容

父母姓名、身份证号码、民族、宝宝姓名、户口地址、母亲居住地址等。在出院以前，一定要给宝宝取好大名，不然医院是不会发放《出生证》的。

注意事项

填写时一定要认真仔细，因为一经填写、打印，就不得更改。如发现有填写错误时，应及时向医院申请换发。《出生医学证明》是婴儿的有效法律凭证，要妥善保管。

报户口

申报户口要带齐必要的证明：

- 计划生育部门颁发的准生证；
- 医院签发的《出生医学证明》；
- 户口簿。

办理程序

到户口所属的派出所户口申报处申报户口，应详细填写户口申请单，进行户口登记，交纳一定的手续费后，宝宝的大名就添加在户口本上了，同时也就有了18位的身份证号。只有在及时申报宝宝的户口后，社会上各种医疗保健才会随之而来，让宝宝享受到应当享受的权利。

33

其他证件

"卡介苗接种"、"预防接种证"和"儿童系统观察就诊卡"都是宝宝入托、入园的必备凭证。带宝宝及时体检与接种疫苗都很重要，所以各位妈妈一定要上心啊。

卡介苗接种

卡介苗是经过人工培养已无致病能力的牛型结核菌制成的菌苗。出生6~24小时，体重在2.5千克以上，胎龄大于37周，无发热、腹泻等症状的新生儿，均可进行接种，符合接种条件的新生儿还会被注射首针乙肝疫苗。

预防接种证

预防接种证是儿童入园、入学的必备凭证。当宝宝出生后1个月内，家长应携带宝宝产房乙肝疫苗第一针和卡介苗接种记录证明，到户口所在地的辖区疾病预防控制中心办理儿童预防接种证。

儿童系统观察就诊卡

宝宝满月体检时，医院会给宝宝办理，每次体检，医生会检查宝宝的饮食情况，牙齿生长情况，身高，体重，头围，胸围等，还会定期做血色素和微量元素的检测。医生会针对宝宝的不同情况给予喂养指导。

第1周

营养胎教：孕1月饮食原则与食谱推荐

孕1月饮食原则

如果孕妈妈的身体状况一直很好，营养供给均衡，也没有节食的经历，那么在怀孕第1个月的营养供给和饮食选择问题上，可以不必太费心思。就按照以前的饮食习惯，保证自己的食品选择是多样的、充足的就可以了。

孕前营养不良的孕妈妈，如为了减肥而节食、体重过轻、长期素食、有贫血症状等，进入孕期后，一定要及时调整饮食习惯，尽快使自己的身体状况恢复到最佳状态。

注意补充叶酸　除了遵照医嘱服用叶酸片之外，还可以多吃些富含叶酸的食物，如深绿叶蔬菜(苋菜、菠菜、油菜、小白菜、蘑菇等)；动物的肝脏(鸡肝、猪肝、牛肝等)；谷类食物(全麦面粉、大麦、米糠、小麦胚芽、糙米等)；豆类、坚果类食品(黄豆、绿豆、豆制品、花生、核桃、腰果等)以及新鲜水果(枣、柑橘、橙子、草莓等)。

三餐定时，并要合理搭配　建议孕妈妈每天摄入肉类150～200克、鸡蛋1～2个、豆制品50～150克、蔬菜500克、水果100～150克、主食400～600克、植物油40～50克、坚果类食物20～50克、牛奶500毫升。

部分孕妈妈在本月末会有晨起恶心的症状　这往往是由空腹造成的，你可以早晨醒来先吃一些含蛋白质、碳水化合物的食物，如温牛奶加苏打饼干，再去洗漱，就会缓解症状。

每天饮用8杯水的量　因为孕期妈妈体内的液体将大幅增加，需要足够的水分来补充体液。切忌口渴后才喝水，口渴说明体内水分已经失衡，脑细胞脱水已经到了一定程度，应及时地补充水分，平均每2小时1次。

34

孕1月一周食谱推荐

餐次	周一	周二	周三	周四	周五	周六	周日
早餐	牛奶250毫升，面包50克，肉松25克，蔬菜适量	馒头50克，玉米粥1碗，香芹拌豆干50克	黑芝麻糊1碗，1个煮鸡蛋，生菜少许	香菇菜心面100克，鹌鹑蛋3~5个	豆包或全麦面包50克，牛奶250毫升，鸡蛋1个	薄饼50克，豆浆250毫升，鸡蛋1个，蔬菜适量	花卷50克，粥1碗，鸡蛋1个，蔬菜适量
加餐	牛奶250毫升，强化营养饼干50克	酸奶或奶酪适量，苹果1个	牛奶250毫升，麦麸饼干50克	黄豆芝麻粥1碗	苹果1个	酸奶200毫升，香蕉1根	牛奶250毫升，烤馒头片50克
午餐	米饭100克，板栗烧仔鸡150克，小米鸡蛋粥适量	红枣鸡丝糯米饭100克，乌鸡滋补汤、蔬菜各适量	米饭100克，虾仁豆腐150克，紫菜汤、蔬菜各适量	豆饭150克，甜椒牛肉丝150克，鸭血豆腐汤、蔬菜各适量	米饭100克，抓炒鱼片150克，肉丸汤、蔬菜各适量	面条150克，西蓝花烧双菇150克，丝瓜豆腐汤、蔬菜各适量	米饭100克，罐焖牛肉150克，菠菜蛋汤、蔬菜各适量
加餐	菠萝150克	全麦面包50克，牛奶250毫升	枸杞红枣茶1杯，2片烤全麦吐司面包，少量榛子	红枣花生蜂蜜汤1碗	酸奶1杯，饼干2片	奶酪手卷50克，干鱼片适量	猕猴桃1个
晚餐	面条100克，西蓝花烧双菇100克，蔬菜适量	米饭50克，家常焖鳜鱼100克，蔬菜适量	面条100克，香椿苗拌核桃仁100克，蔬菜适量	米饭100克，冰糖藕片100克，黄豆芝麻粥1碗	豆腐馅饼100克，扒银耳100克，奶酪蛋汤适量	姜汁牛肉饭100克，虾仁海带汤、蔬菜各适量	牛肉馅饼100克，小馄饨150克，蔬菜适量

35

孕1月美味营养餐

滑嫩而不涩——青豆牛肉羹

材料：牛肉末150克，青豌豆100毫升，鸡蛋2个。

调料：盐半小匙，白胡椒粉少许，水淀粉适量，鸡精、香油、料酒各1小匙。

做法：1.青豌豆加水煮5分钟，捞起浸冷，滴干水。

2.将牛肉末与水淀粉混合，搅拌均匀。

3.在锅中烹入料酒后，加水、鸡精、盐、白胡椒粉并烧开。

4.加入牛肉末，快速搅散至浮起，捞除油沫。

5.用水淀粉勾芡，水烧开后加入打散的蛋清，轻搅成蛋花羹，再加入青豌豆与香油。

适合气血不足——盐水猪肚

材料：猪肚300克，葱白1根，姜3片。

调料：花椒5～10粒，八角1粒，桂皮少许，料酒2小匙，醋、盐均1小匙。

做法：1.将猪肚内外用盐、醋擦洗，再用清水洗净后放入锅中，加适量水煮开后取出，用刀将其内外刮洗干净后，再换水将猪肚放入锅中，煮沸后捞出。

2.将葱白去根洗净，用刀拍裂，切成5厘米长的段备用。姜洗净备用。

3.将猪肚切成3厘米左右长的菱形块，放入一个比较大的盆中，放入姜片、葱段，加入料酒、花椒、桂皮、八角和盐，加入适量清水（以淹没肚块为宜）。

4.蒸锅中加水烧开，将装猪肚的盆放入蒸笼，蒸20分钟左右后取出晾凉即可。

最熟悉的味道——茭白炒鸡蛋

材料：鸡蛋2个，茭白300克，葱花适量。

调料：盐、高汤各适量。

做法：1.茭白去皮洗净，切丝备用。将鸡蛋洗净，打入碗内，加少量盐调匀备用。

2.锅内加入植物油烧热，倒入鸡蛋液，炒出蛋花。

3.另起锅放油烧热，放入葱花爆香后放入茭白丝翻炒几下，加入盐及高汤，继续翻炒，待汤汁收干、茭白熟时倒入炒好的鸡蛋，翻炒均匀即可。

美容养颜——素汤白菜烧栗子

材料： 白菜帮350克，生栗子100克，葱、姜各适量。

调料： 素汤5大匙，水淀粉1大匙，料酒1小匙，白糖、酱油、盐各1小匙，香油、味精各少许。

做法： 1.将白菜帮洗净切成细条；栗子煮熟去皮，切成两半；葱、姜洗净切成末。

2.把白菜帮条放沸水锅内汆一下，用冷水过凉后放入盘内；起锅热油，爆香葱、姜末。

3.放入白菜、栗子，下素汤、酱油、料酒、盐、白糖、味精，煨到汤汁快尽时，用水淀粉勾芡，淋上香油即成。

营养丰富——腰果胡萝卜炒西兰花

材料： 西兰花250克，腰果150克，胡萝卜100克。

调料： 盐1小匙，味精、白糖、水淀粉各适量。

做法： 1.将西兰花洗净切小块；胡萝卜洗净切片。

2.起锅，加适量水烧开，放入西兰花、胡萝卜汆烫片刻，捞出沥干。

3.另起锅热油，放入腰果，炸至金黄色，捞出备用。

4.在锅底留适量油，煸炒西兰花、胡萝卜，加入盐、味精、白糖和适量水，煮沸后用水淀粉勾芡，再放入腰果略炒即成。

补气强身——黑木耳炒黄花菜

材料： 干黑木耳20克，干黄花菜80克，葱1小段。

调料： 素鲜汤100克，水淀粉1大匙，盐适量，鸡精少许。

做法： 1.将黑木耳用温水泡发后去蒂洗净，撕成小朵。将干黄花菜用冷水泡发，投洗干净，沥干水后备用。葱洗净，切末备用。

2.锅内加入植物油烧热，加入葱花爆香后放入木耳、黄花菜煸炒均匀。

3.加入素鲜汤，烧至黄花菜熟后加入盐、鸡精，用水淀粉进行勾芡后即可。

38

运动胎教：从现在开始爱上散步

为了新生命，孕妈妈要做的可不仅仅是吃好喝好，当然也还要"动"好。坚持每天早晨散步，同时呼吸新鲜空气，可以改善机体神经系统和肺部换气功能，促进人体新陈代谢，提高机体免疫力，同时还可增加胎宝宝的血氧，有利于优生。

胎教·小·贴士

孕妈妈散步应选择风和日丽的天气，出现雾、雨、风及天气骤变时最好不要外出，以免感冒。

美育胎教：天使的力量——《宝贝计划》

相信看过影片后，你和胎宝宝一定会对片中的宝宝留下深刻的印象，被他所打动。想象你腹中的胎宝宝也会影片中的小家伙一样可爱，心里是不是充满着期待与幸福之情呢。

在这部影片里，你会找到触动你灵魂的某个地方，也会遇到令你有所感动的某一刻，无论是那些单纯而真挚的情感，还是那个纯洁如天使的宝宝，又或是那些充满欢乐的搞笑片段，总之，到最后，你也许会想说："宝贝，我们回家吧。"

电影《宝贝计划》

中文名：《宝贝计划》，
　　　　又名《BB计划》
英文名：ROB-B-HOOD
影片类型：动作/喜剧
片　长：135分钟

音乐胎教：哪些音乐最能"投胎儿所好"

孕妈妈应当看到，胎儿并不像一颗白菜，仅仅靠着营养就可以生长发育起来，某些来自外界的影响也是宝宝出生后的生长发育条件，音乐就是其中重要的一个。

胎儿已经具有了对音乐的感受能力，在选择音乐时一定要注意选择合适的音乐。

胎儿对这些音乐会表现得更加喜爱一些，例如，在中世纪文艺复兴的古典音乐中，巴赫、莫扎特等的乐曲。这些乐曲中蕴含着和人类生命节律相通的部分，它们与大脑中的 α 波和心跳波形相似，所以很容易被胎儿和孕妈妈接受。因此，孕妈妈每天可随意选择时间听这些音乐。如果孕妈妈自己能每天哼唱一些抒情歌曲，也可达到母子心音的谐振。

受到音乐胎教的宝宝，出生后一般更喜欢音乐，反应灵敏，性格开朗，智商较高。

环境胎教：装修对孕妈妈的危害

孕妈妈和胎宝宝受居室污染的伤害程度比一般人更为明显、强烈，尤其是新居，危害更大，在整个怀孕期间吸入大量甲苯的孕妈妈，她们所生的宝宝多有小头畸形、中枢神经系统功能障碍及生长发育迟缓等缺陷。

一般装修完的新居不要马上入住，最好通风12个月至闻不到异味再迁入，并在室内放些绿色植物，有条件的话最好请检测部门检测一下各种污染源是否超标。

第2周

情绪胎教：为宝宝选"未来照片"

当你怀着一颗无比期待的心情等待宝宝的到来时，你眼中所见到的宝宝都是那么可爱，同时你的心情也会变得特别的靓，这种"靓"心情，自然会影响到你的胎宝宝，他的"心情"也会变靓，所以……

你可以在卧室床头挂上大幅漂亮宝宝的图片，也可以将你喜欢的各种大小的宝宝像贴在床头。如果你可以找到你和丈夫小时候的漂亮照片，也可以经常拿出来翻看，或是贴在床头，这样，你就可以将它们当做是宝宝未来的样子，每天当你醒来，总可以与胎宝宝一起陶醉在这种美好的心情中。

营养胎教：适合孕1月食用的食物

富含叶酸的食物

菠菜、生菜、芦笋、油菜、小白菜、麸皮面包、香蕉、草莓、橙子、橘子、动物肝脏等食物均含有丰富的叶酸。

富含优质蛋白质的食物

鱼类、蛋类、乳类、肉类和豆制品富含蛋白质。

水果

孕1月孕妈妈应多吃香蕉、草莓、橙子、橘子等水果。

正常情况下，孕妈妈每日食用100克的橘子、苹果或猕猴桃就可以了，还可根据季节食用些西瓜、西红柿、草莓等，最大量一天不超过500克。

语言胎教："开始"做妈妈的感觉

即将成为孕妈妈的你，现在是否对生命充满了好奇呢，让我们一起来吟诵这首泰戈尔的诗——《开始》，感受生命的神奇吧。

40

开 始

泰戈尔

"我是从哪儿来的，你，在哪儿把我捡起来的？"孩子问他的妈妈说。

她把孩子紧紧地搂在胸前，半哭半笑地答道——

"你曾被我当做心愿藏在我的心里，我的宝贝。"

"你曾存在于我孩童时代玩的泥娃娃身上；每天早晨我用泥土塑造我的神像，那时我反复地塑了又捏碎了的就是你。"

"你曾和我们的家庭守护神一同受到祀奉，我崇拜家神时也就崇拜了你。"

"你曾活在我所有的希望和爱情里，活在我的生命里，我母亲的生命里。"

"在主宰着我们家庭的不死的精灵的膝上，你已经被抚育了好多代了。"

"当我做女孩子的时候，我的心的花瓣儿张开，你就像一股花香似地散发出来。"

"你的软软的温柔，在我的青春的肢体上开花了，像太阳出来之前的天空上的一片曙光。"

"上天的第一宠儿，晨曦的孪生兄弟，你从世界的生命的溪流浮泛而下，终于停泊在我的心头。"

"当我凝视你的脸蛋儿的时候，神秘之感淹没了我；你这属于一切人的，竟成了我的。"

"为了怕失掉你，我把你紧紧地搂在胸前。是什么魔术把这世界的宝贝引到我这双纤小的手臂里来呢？"

41

音乐胎教：听一首自然的乐曲

此时的胎宝宝还没影儿呢，但是这两天可能是你的排卵日，掌握自己的排卵日将更有利于受孕。

快乐的心情、放松的状态有利于孕育新生命，对于压力过大的都市职场备孕妈妈来说，不妨去郊外或海边，开阔的蓝天、柔软的草地或沙滩，配上温暖的阳光、清新的空气，仔细倾听大自然的声音，可以带给自己最大的放松。在家也可以根据心情听不同的乐曲，如《春江花月夜》、《高山流水》。

环境胎教：暂时和宠物说再见

宠物身上带有高度影响胎宝宝的弓形虫，以及其他细菌，猫科动物是弓形虫的终末宿主，它们排泄的大便中有可以使人直接感染的弓形虫卵囊，猫粪污染的食物、饮水甚至灰尘，人吃下去都可以传染，因此，养猫造成感染的机会更多。

一旦和小猫、小狗接触过程中感染了弓形虫，那么弓形虫的嗜神经细胞会很容易寄生于胎宝宝的脑，侵害中枢神经。而且孕妈妈在怀孕第4周左右是致畸的敏感期，若胚胎在此期间受到弓形虫感染，很容易发生中枢神经系统缺陷，如大脑发育不全等。

因此，喜欢猫、狗等宠物的孕妈妈们应该提早将宠物转送或者寄养。

猫是已知唯一能产生弓形虫卵囊的家畜，是人畜的主要传染源。除非血清抗体检查证明已有过弓形虫感染，否则怀孕期间与猫接触应加强防护措施。

防止感染的明智之举

1. 禁止猫舔人的手、面部或黏膜，禁止猫舔饭碗、菜碟等食具。

2. 不要让宠物住在人的卧室里或睡在人的被褥里，经常给宠物洗澡。

3. 养猫应专设窝盆等器具,并定期用沸水冲洗，持续5分钟。

4. 特别注意猫粪处理，每天燃烧、清除、冲厕所，深埋在地下。

5. 处理猫窝或猫粪时应戴手套，或处理后立即用肥皂洗手。

6. 猫要养在家里，喂熟食或成品猫粮，不让它们在外捕食。因为，猫的传染是吃了感染的老鼠或鸟类，或者吃了污染猫粪的食物。

7. 怀孕期间，一定要注意与宠物不要有过分亲密举动，避免被感染弓形虫的猫抓伤、咬伤，并注意勤洗手，特别是在怀孕最初3个月应严格与宠物保持距离。

42

第 3 周

情绪胎教：开始记胎教日记

这一天，你像种子一样，在妈妈的肚子里发芽。

胎教日记是胎宝宝的成长记录，也是孕期的珍贵史料。孕妈妈可要认真写噢。

可以这样写：

年　月　日　　　星期（　　）　　　天气（　　）			
时间	日常行动	胎教内容	宝宝反应
6:00	起床、洗脸、刷牙、准备早点	告诉宝宝起床了，打开胎教音乐听一会儿	宝宝对音乐的反应
7:00	吃早点	吃之前给宝宝介绍早点食物	宝宝早上可能在睡觉，很安静
8:00	跟宝宝一起去医院检查	医生检查、胎位正常、心跳有力	医生摸在肚皮上，被宝宝狠狠踢了一脚
12:00	回家吃午饭	给宝宝念唐诗	宝宝有了回应，胎教有了效果
13:00~14:00	午休	起来以后，跟宝宝打个招呼	宝宝也休息好了，伸伸懒腰
15:00	教宝宝画画	连点画，给衣服上颜色	宝宝开始有点动静了
16:00~17:00	洗衣服、准备晚餐	介绍食物的名称、味道	宝宝很高兴，动了起来
19:00	老公下班	告诉宝宝，爸爸工作辛苦了	
21:00~21:30	给宝宝念个睡前小故事	宝宝抚摸胎教，给宝宝介绍爸爸一天的工作情况	宝宝开始很安静，听到爸爸的声音，动了起来

43

语言胎教：讲故事《小蝌蚪找妈妈》

爸爸的"小蝌蚪"和妈妈的"大元宝"创造了最初的我，在我变身受精卵之后，我还要花费3天时间才能到达妈妈的子宫安营扎寨，就像妈妈小学课文里的《小蝌蚪找妈妈》的故事一样。

暖和的春天来了，池塘里的冰融化了，柳树长出了绿色的叶子。青蛙妈妈在泥洞里睡了一个冬天，也醒来了。她从泥洞里慢慢地爬出来，伸了伸腿，扑通一声，跳进池塘里，在碧绿的水草上，生下了许多黑黑的、圆圆的卵。

春风吹着，阳光照着，池塘里的水越来越暖和了，青蛙妈妈生下的卵，慢慢地活动起来，变成一群大脑袋、长尾巴的小蝌蚪。小蝌蚪在水里游来游去，非常快乐。

有一天，鸭妈妈带着小鸭到池塘来游水。小蝌蚪们一齐游到鸭妈妈身边，问："鸭妈妈，鸭妈妈，您看见过我们的妈妈吗？您告诉我们，她在哪里？"

鸭妈妈亲热地回答说："看见过。你们的妈妈有两只大眼睛，嘴巴又阔又大。好孩子，你们到前面去找吧！"

"谢谢您，鸭妈妈！"小蝌蚪高高兴兴地向前面游去。

一条大金鱼游过来了，小蝌蚪看见大金鱼头顶上有两只大眼睛，嘴巴又阔又大。他们想：一定是妈妈来了，就追上去喊："妈妈！妈妈！"

大金鱼笑着说："我不是你们的妈妈。我是小金鱼的妈妈。你们的妈妈肚皮是白的，好孩子，你们去找吧！"

"谢谢您！金鱼妈妈！"小蝌蚪又向前面游去。

一只大螃蟹从对面游了过来。小蝌蚪看见螃蟹的肚皮是白的，就迎上去大声叫："妈妈！妈妈！"

螃蟹摆着两只大钳子，笑着说："我不是你们的妈妈。你们的妈妈只有四条腿，你们看我有几条腿呀？"

小蝌蚪一数，螃蟹有八条腿，就不好意思地说："对不起呀，我们认错了。"

一只大乌龟在水里慢慢地游着，后面跟着一只小乌龟。小蝌蚪游到大乌龟跟前，仔细数着大乌龟的腿："一条，两条，三条，四条。四条腿！四条腿！这回可找到妈妈啦！"

小乌龟一听，急忙爬到大乌龟的背上，昂着头说："你们认错啦，她是我的妈妈。"

大乌龟笑着说："你们的妈妈穿着好看的绿衣裳，唱起歌来'呱呱呱'，走起路来一蹦一跳。好孩子，快去找她吧！"

44

"谢谢您，乌龟妈妈。"小蝌蚪再向前面游过去。

小蝌蚪游呀游呀，游到池塘边，看见一只青蛙，坐在圆圆的荷叶上"呱呱呱"地唱歌。

小蝌蚪游过去，小声地问："请问您：您看见我们的妈妈吗？她有两只大眼睛，嘴巴又阔又大，四条腿走起路来一蹦一跳的，白白的肚皮绿衣裳，唱起歌来呱呱呱……"

青蛙没等小蝌蚪说完，就"呱呱呱"大笑起来。她说："傻孩子，我就是你们的妈妈呀，我已经找了你们好久啦！"

小蝌蚪听了，一齐摇摇尾巴说："奇怪！奇怪！为什么我们长得跟您不一样呢？"

青蛙笑着说："你们还小呢。过几天，你们会长出两条后腿来；再过几天，又会长出两条前腿。四条腿长齐了，脱掉尾巴，换上绿衣裳，就跟妈妈一样了。那时候，你们就可以跳到岸上去捉虫吃啦。"

小蝌蚪听了，高兴得在水里翻起跟斗来："呵！我们找到妈妈了！我们找到妈妈了！"

音乐胎教：DIY——欣赏音乐，消除压力

工具： 音乐碟、音乐磁带、音响。

时间： 每次60分钟，每周不少于两次。

目的： 放松身心，调节情绪。

选择建议： 巴洛克音乐，或类似巴洛克节奏的经典音乐。

市面上，胎教音乐很多，选择余地虽然很大。但是，每一个人欣赏的喜好和角度各自不同，最适合自己的胎教音乐方法，是自己做选择。

选择能让自己觉得特别放松和愉悦的音乐数段，时间总长度以60分钟为宜。如果个人不喜欢古典音乐，可以选用任何类别、能够放松自己的音乐（当然，"任何"不包括热摇滚和迷幻摇滚类较激烈的音乐）。

如果选择了包括由多个音乐家或乐团演奏的音乐，最好自己调整和制作一番，让

前一首曲子和后一首的衔接、转换尽量平缓、自然一些。因为，做这个胎教功课的目的，是通过欣赏音乐，消除压力，放松自己的身心。

选好可以连续播放60分钟的音乐以后，可以把它们制作成音乐带或音乐碟，经常、随时随地地听，至少，每周要选择两次固定的时间，安安静静地坐下来，舒适地全部听一遍它们。

听音乐的时候，可以一边欣赏音乐，一边放任思绪、自由遐想。但是，千万不要躺下来听，因为躺下来听舒缓的音乐，会不知不觉睡着，失去让自己在清醒状态下放松身心的目标。

行为胎教：职场孕妈妈能减少"致畸幻想"

很多职场女性都是边孕边工作，我们大家非常熟悉的杨澜、吴小莉，都有身穿孕妇装笑对镜头的经历。仔细想一想，怀孕期间坚持朝九晚五的有规律的作息时间，对我们还是有好处的。

减少孕妇独自闷在家里产生的"致畸幻想"

一部分抑郁或敏感气质的女性，越临近生产的时候越可能产生"致畸幻想"，担心孩子生下来是兔唇、斜颈或长六根手指。越是"闲而生愁"的孕妇，这种"致畸幻想"越是频繁和强烈。忙碌会冲淡这种可笑的担忧，尤其是当见面的所有同事都表扬你"气色很棒"、"育儿知识储备丰富"、"一定能生个漂亮聪明的宝宝"时，"致畸幻想"不知不觉就会消失。

营养胎教：孕妈妈吃酸有讲究

怀孕期间吃酸有讲究，可选择西红柿、橘子、杨梅、石榴、葡萄、绿苹果等新鲜水果和蔬菜，这样既能改善胃肠道不适症状，也可增进食欲，加强营养，利于胎宝宝的生长，一举多得。

但是，不要吃腌制的酸菜或醋制品，这些食品虽有酸味，但维生素、蛋白质、矿物质、糖分等营养几乎丧失，而且腌菜中可能含有致癌物质，过多食用对孕妈妈和胎宝宝无益。

另外，山楂鲜果或干片不能吃，因为山楂中含有刺激子宫收缩的成分，有可能引发流产和早产，尤其是在妊娠3个月内的孕妈妈，以及既往有流产、早产史的孕妈妈，更不可吃山楂。

第4周

情绪胎教：爱的手语"宝贝，我爱你"

宝贝

步骤：

1.一手虚握，然后甩腕，五指张开，掌心向下。

2.左手伸出拇指，手背向下，右手掌心拍打左手手背，似拍拍婴儿状。

我爱你

步骤：

1.左手握拳，伸出大拇指，指一下自己（我）。

2.右手成掌，放在左手大拇指上，从上往下，顺时针抚摩一次（爱）

3.右手食指指对方（你）。

47

音乐胎教：感受《月光》的境界之美

在柔美的月夜里，或者在你想要听音乐的任何时候，闭上眼睛，打开这曲《月光》，让每一个音符在你的心里流淌，想象心中的那片月色，这种美丽让你回味无穷，你的情感和这静谧的背景定会搭配得天衣无缝，而这样的美感也会通过你的感觉神经静静地感染着你腹中的胎宝宝。

乐曲赏析

德彪西的钢琴小曲《月光》，描绘了月光的美丽与神秘，美丽的旋律暗示了对月光的印象，仿佛能让人看到月光闪烁的皎洁，把灵艳的月光泻洒下的冰一样的银辉展现得淋漓尽致。从这首《月光》里，我们可以欣赏到美丽的月夜景色，体会幽暗的月光透过轻轻浮动的云，影影绰绰地洒在平静的水面上的情景，就如同置身于晴朗而幽静的深夜氛围之中。

美育胎教：布书，让你心灵手更巧

喜欢布艺？喜欢缝东西时静静的感觉吗？那么，试试给宝宝做一本布书吧，用布做书，感觉是不是很新鲜？这种软软的书，不仅可以将你和胎宝宝喜欢的东西"写"上去，而且这将是一本独一无二的书，专属于你和宝宝。

行为胎教：甜蜜性生活，要暂停

妊娠的头3个月里，由于胎盘正处于发育阶段，特别是胎盘和母体子宫壁的连接还不紧密，如果进行性生活，很可能由于动作不当或精神过度兴奋时的不慎，使子宫受到震动，很容易使胎盘脱落，造成流产。即使性生活时十分小心，由于孕妇盆腔充血，子宫收缩，也会造成流产。

春秋时鲁国人柳下惠夜宿郭门，遇到一没有住处的女子，怕她受冻，抱着她坐了一夜，遂有坐怀不乱之美誉。

柳下惠对陌生的女子都能克制自己的情绪，更何况我们的准爸爸对心爱的妻子呢。

PART

3

孕2月（5~8周）：
从"苹果籽"到"葡萄"

医生带着微笑，确定地告诉我"有了"。

这一刻，我感到属于我的那个圆更圆了一点，

感谢你，我的宝贝。

胎宝宝： 有"葡萄"般大了

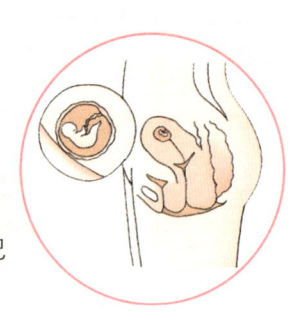

　　妈妈，我已经开始长大啦，小尾巴也在变短呢，你要是能够看到的话会发现我的头和躯体的区别开始渐渐清晰了，已经有你跟爸爸的轮廓了哦，还有我的小手、小脚、嘴巴、眼睛、耳朵也都出现了，不过我的眼睛还长在两侧看起来会怪怪的，而且消化系统也已经成形了，小心脏也开始跳动了哦。

　　到这个月底我会长到2~3厘米，大概会有4~5克重呢。现在我还不知道自己是男孩还是女孩，妈妈你一定要注意安心休养，保持好心情，等着我慢慢长大哦。

50

孕妈妈： 子宫增长到鹅蛋大

　　恭喜你，"中奖"啦！这真是天大的惊喜，那么最初的日子里，会有哪些变化呢？

● 基础体温持续高温	● 开始害喜，可能出现以下现象：1.身体容易疲倦；2.胃部有灼热、闷胀感，容易感到恶心，食不下咽；3.唾液分泌增加，对食物的味道特别敏感；4.对食物的喜好有明显的改变；5.头昏目眩；6.也有人完全没有上述现象
● 乳房变大，乳头、乳晕的颜色变深而且变得敏感	
● 膀胱被子宫压迫，小便次数增加	
● 乳白色、无臭味的阴道分泌物增加	● 绒毛大量繁殖，子宫内膜增厚，分泌大量激素

本月胎教重点

营养胎教，孕妈妈为什么爱吃酸食

怀孕后的女性，普遍喜欢吃酸味食物，这种现象长期以来一直是个谜。

近年来，医学研究者们通过放射免疫技术检测，终于发现了其中奥秘。原来，怀孕后的女性体内胎盘分泌出一种物质，称作绒毛膜促性腺激素。它的产生，有抑制胃酸分泌的作用，会使孕妈妈胃酸分泌量显著减少，各种消化酶的活性也大为降低，从而影响到孕妈妈的正常消化功能，伴随产生恶心、呕吐和食欲不振。此时，吃一些酸味食品，这些症状会得到明显的改善。

很多新鲜的瓜果含酸味，这一类食物含有丰富的维生素C，而维生素C可以增强母体的抵抗力，促进胎儿正常生长发育。因此喜吃酸味食物的怀孕女性最好选用一些带酸味的新鲜瓜果，如西红柿、青苹果、橘子、草莓、葡萄、酸枣、话梅等，也可在食物中放少量的醋、西红柿酱，增加一些酸味。

但要特别注意，最好不要经常吃咸菜和腌制食品，这一类食物中的维生素、蛋白质等营养成分受到破坏，而且可能存在致癌物质亚硝酸盐，对胎儿和母体有害无益。

情绪胎教，有快乐妈妈才有快乐宝宝

孕2月，大多数孕妈妈都要开始"忍受"妊娠反应的折磨了，身体的不适很容易让人心情烦躁，甚至会暗暗埋怨胎宝宝，其实这是胎宝宝在用特殊的方式提醒妈妈：他来了。

这段时间，孕妈妈要保持心情愉快，自学一些保健知识，以充分认识早孕反应，解除心理负担。丈夫的体贴，亲属、医务人员的关心能解除孕妈妈的思想顾虑，增强孕妈妈战胜孕期不适的信心。还可以多读自己爱读的书，做自己喜欢的事。妈妈的快乐悲伤宝宝都能感受到。

51

音乐胎教，宜选舒缓、促进食欲的音乐

由于妊娠第2个月时，大多数孕妈妈会由于孕吐的不适感造成食欲不振，情绪不佳，建议最好选择一些旋律欢快流畅，充满生机、活力，氛围喜庆活泼的乐曲，使自己受到热情舒畅的音乐感染，减少因为早孕反应引起的食欲不振。

推荐音乐

民乐《喜洋洋》、《百鸟朝凤》、《花好月圆》

管弦乐《欢乐舞曲》、《拉德斯基进行曲》、《微笑波尔卡》、《天使小夜曲》

运动胎教，最适宜散步

步入孕2月，你将切切实实地感到你期待的宝宝正在你的身体里，这将是多么幸福的一件事情，适当的运动对胎宝宝身体的发育也能发挥良好的作用。建议你如果是早晨散步的话，最好是等到日出之后再出去。如果是晚上散步的话，可以选择晚饭之后。散步的时间，控制在30分钟即可。

另外，散步地点最好选择绿色植物较多，尘土和噪音较低的地方，这些地方空气清新，氧气含量高，比如空气清新的公园、林荫绿地、干净的水塘湖泊边等等，都是不错的选择。

行为胎教，一种无声的语言

部分孕妈妈要注意自己的行为修养，不要开口就脏话连篇，动辄与人口角，在同事、邻里之间散布流言，挑拨离间，斤斤计较，这些表现，都不能给胎儿带来什么好的影响。

另外，孕妈妈应少玩麻将。因为在玩麻将时，孕妈妈往往处于大悲大喜、患得患失、惊恐无常的不良心境中，加之语言粗暴、争论激烈，自主神经高度紧张，母体内的激素分泌异常。这些恶性刺激对宝宝大脑发育造成的损害，会远远超过对母体本身的损害。

优生孕事ABC

早孕反应的轻重与宝宝性别有关吗

一直以来，人类都没有放弃依靠根据母体的变化来判断宝宝性别的想法，我们的老祖宗就流传下来"酸儿辣女"等民间偏方，曾经瑞典也有科学家证实：早孕反应严重的孕妈妈生女孩的多。

这些科学家对瑞典1987~1995年间超过100万例的新生儿进行考察，结果是男女大体各占一半；而仅仅研究妊娠前3个月有重度眩晕和呕吐等早孕反应的5900名孕妈妈却发现，所生男女比例为11：14，女孩占了多数。

科学家们推测，在妊娠过程中，怀上女婴的孕妈妈HCG的水平更高一些。但是，这个结论也仅仅只是一种推测。

早孕反应的轻重与胎儿性别到底有没有关系，现在还是一个"悬案"。

这些腹痛不可掉以轻心

孕早期出现腹痛，尤其是下腹部痛，首先应该想到是否是妊娠并发症。如果症状是阵发性小腹痛，伴有见红，可能是先兆流产；如果是单侧下腹部剧痛，伴有见红及昏厥，可能是宫外孕。

如果孕早期出现上述两种腹痛，一定要及时去医院治疗，盲目采取卧床保胎的措施是不可取的。

患了阴道炎怎么办

孕妈妈的阴部较为敏感脆弱，一旦受到细菌感染，则会带来不小的麻烦，不但治疗起来比较棘手，而且还会使胎儿受到影响。因此孕妈妈要注意自我观察阴道分泌物的状况，如有异样，则应立即就医。

孕妈妈孕期阴道分泌物增多属于正常现象，如果没有恶臭，没引起瘙痒，没有特别的颜色(如红色、咖啡色或黄绿色)，则无需特别处理。如果白带较多、气味难闻或阴部瘙痒，就应该怀疑是否被细菌感染。一般来说，如果感染了白色念珠菌，白带量多且呈乳酪状，并伴有阴部剧烈的瘙痒；而滴虫感染会出现带有恶臭的水状白带，阴部也会瘙痒或疼痛；感染衣原体后，白带会呈脓样且气味难闻。

孕妈妈最好穿着浅色内裤，以便正确判断分泌物的颜色及状态，及时发现异常情

53

况。孕妈妈阴道分泌物增多容易滋生细菌，因此应每天更换内裤，并用消毒液浸洗，以充分杀灭细菌。

高龄孕妈妈必须做的6种检查

唐氏筛检

　　唐氏综合征产前筛查是用一种比较经济、简便、对胎儿无损伤性的检测方法，查找怀有先天愚型胎儿的高危个体孕妇。发病率随着母亲年龄的增高而增高，唐氏筛检智能判断胎宝宝患有唐氏综合征的概率，不能明确胎宝宝是否患上唐氏综合征。

　　在孕中期14～20周之间进行检查，如果在报告单上看到"低危"，即表明低危险，孕妈妈大可放心，但万一出现"高危"字样，孕妈妈也不必惊慌，因为高危风险人群中也不一定都会生出"唐氏儿"，需进一步做羊水检查。

羊膜腔穿刺术

　　如果孕妈妈超过35岁，那么在孕16周左右，就需要做一次羊膜腔穿刺检查，以针头穿刺的方法，取羊水、收集胚胎脱落细胞进行检查。可以发现一些胎宝宝的先天缺陷，准确率高达99%，是目前诊断染色体最常用的检查方法。

　　如果发现异常，可以立即终止妊娠，避免有缺陷的新生儿出生。

血糖筛查试验

　　有糖尿病家族史、过于肥胖、过去有不明原因的死胎或新生儿死亡、前胎有巨婴症、羊水过多症的孕妈妈，以及年龄超过30岁的孕妈妈，都属于妊娠糖尿病的高发人群。建议这些孕妈妈重视妊娠期间糖尿病的筛检。

　　妊娠糖尿病一般发生在妊娠第28周左右，因为此时胚胎开始生长，大量激素可以抵抗胰岛素的分泌等。这种形式的糖尿病在大龄孕妈妈中更普遍，大多数在分娩后就消失。

　　妊娠糖尿病只要被控制住，对于孕妈妈和胎儿都是没有危险的。

超声波检查

　　大龄孕妈妈必要的B超检查一般需要做两次，分别在约12周和20周的时候。这项检查可以用来进一步确定怀孕日期及任何发育异常的情况，如腭裂、脏器异常等。

胎心监护

在怀孕的最后1个月，高龄孕妈妈要特别注意胎动情况，有条件者应每周做1次胎心监护，以了解胎儿在宫内的安危。

监测妊娠高血压

妊娠高血压，又叫妊娠高血压综合征，简称妊高征，是怀孕5个月以后出现高血压、浮肿、蛋白尿等一系列症状的综合征，严重时会出现抽搐、昏迷甚至死亡的现象，有以下特征之一者要监测妊娠血压。

初产孕妈妈年龄小于18或大于40岁；多胎妊娠；妊娠伴有贫血；有慢性高血压、肾炎、糖尿病、抗磷脂综合征等。

如何聪明选择防辐射服

在生活中总是难免接触到一些强的电磁辐射，上班的孕妈妈给自己选择一件防辐射的衣服很有必要的，安全第一，宝宝为大。

防辐射衣服的分类

金属纤维面料：金属纤维含量30%，棉40%，涤30%屏蔽率达34~37dB，即99.98%左右。透气、耐洗、舒适。还具有抗静电、抑菌、活血等特点。

涂层面料：屏蔽率达45~50dB，即99.99%左右。特点：性能较好，放置夹层最佳，不宜洗。

银纤维面料：银纤维54.8%，涤45.25，屏蔽率45~55dB,99.99%左右。特点：性能好，柔软透气，可洗，具备上述两种面料的优点。

如何检测衣服的防辐射效果

1. 对金属纤维混纺的衣样料，用火点燃后看其呈现出金属网状，密度越高，性能越好。

2. 用万用表或感应笔测试其是否有导电现象。

3. 另外可以用这样简单的方法来测试更直观：用手机在电脑屏幕前拨打电话，手机所发出的电磁波会干扰电脑显示器，造成杂波和杂音，这时用防辐射服挡在手机和电脑屏幕之间，杂波和杂音立即消失，表明防辐射服可以屏蔽掉手机发出的近区场辐射。

准爸爸，你好

孕吐的足部按摩法

孕早期妊娠反应越严重、孕吐越厉害的孕妈妈，流产的可能性就越小。

如果呈持续性或剧烈呕吐，甚至不能进饮食、全身乏力、明显消瘦、小便少、皮肤黏膜干燥、眼球凹陷等，必须及时治疗，以免影响母体健康和胎儿发育。

准爸爸可以学一点按摩手法，对早孕呕吐严重的妻子施以足部按摩，基本手法：

★ 用拇指按揉足部冲阳、太白穴各10分钟，每日1~3次。

★ 揉按足部内庭穴10分钟左右，能缓解症状。

★ 按压足部厉兑、隐白两穴10~25分钟。

孕早期没有孕吐正常吗？

孕吐是个人体质对怀孕的反应，有的人吐得很厉害，有的人完全没有，并不能说有孕吐的就表示宝宝发育较好，没孕吐的就代表发育有问题。不能根据吐不吐来检验胎儿发育的好坏。

56

该准爸爸来表现厨艺了

孕妈妈的早孕反应比较严重，对气味敏感，做饭时的气味可能会加重恶心、呕吐，而且中式餐饮习惯于烹炒煎炸，油烟比较大，油烟对于孕妈妈的健康和胎宝宝的发育都不好。

这个时候，准爸爸不妨乘机学习一下家务，好好给孕妈妈和未来的宝宝多多展示自己的身手，表现自己久被埋没的厨艺。如果孕妈妈身体感觉还不错，也可以和准爸爸一起为宝宝做一顿操作过程比较简单的饭菜，比如蒸、煮类的。

Tips 如果孕妈妈怀孕期间恰好赶上夏天，那还是放弃想偶尔下厨好了，因为厨房中的高温环境加上做饭时的气味、油烟，很容易引起身体不适。

准爸爸参与胎教必不可少

很多准爸爸可能会认为胎教太费时间，再者工作那么忙，哪有时间？其实胎教并不费时间，最重要的是能坚持下来。

准爸爸应提前进入角色。每天早晨起来，都跟孕妈妈肚子里的宝宝打声招呼，下班回来后第一件事情应该就是问候一下宝宝；吃饭的时候也可以跟宝宝说说今天吃了些什么，怎么吃才营养等。

只要坚持做，宝宝就能感应到。准爸爸应该相信坚信虽然是隔着老婆的肚皮和宝宝交流，宝宝是有感应的，每次胎动很厉害的时候，如果准爸爸把手轻轻放在孕妈妈的肚皮上说说话，比如："要乖啊，不然妈妈会很累的。"宝宝多会安静下来。

准爸爸不要以为每天对着孕妈妈的肚子"叽哩呱啦"没什么用，而应该调整好心态，想象有一个小生命在孕妈妈的肚子里，很投入进行胎教活动。

孕妈妈"性"趣不高，准爸爸理解为重

孕妈妈在怀孕期间，性欲有时会大大减弱，特别是在怀孕的头三四月内，对任何性接触都表现出冷淡或强烈的反感。尽管有些孕妈妈性欲未减，但一到晚上，她们会感到特别劳累，以致对性生活失去了足够的反应。

对此，准爸爸对孕妈妈应有足够的理解，可以尝试采用各种各样的方式来进行补偿，如帮助孕妈妈多干一些家务事，或陪孕妈妈散散步，千万不可过于勉强，尤其是不可粗暴地进行性交。

受到内分泌的影响，孕妈妈的乳房对爱抚的反应更加强烈，虽然这种变化对性生活有提升作用，但容易引起子宫收缩，从而造成流产或早产，因此准爸爸不要过度抚摸。

如果孕妈妈性趣不高，准爸爸可以通过拥抱、爱抚等方法，帮孕妈妈重新找回性欲，这样夫妻之间才能真正得到满意的性生活。

第5周

营养胎教：孕2月饮食原则与食谱推荐

孕2月饮食原则

这个月是胎宝宝生长发育非常关键的时期，宝宝的神经系统、内脏、五官、四肢等器官，都会在这个月内形成雏形，孕妈妈在这个月尤其要注意补充叶酸及其他维生素、矿物质、蛋白质、脂肪等营养素。

1. 有了早孕反应的孕妈妈应选择易消化、易吸收的食物，如烤面包、饼干、大米或小米稀饭及营养煲粥等。正餐时若没有胃口可以少量多餐，一天5～6餐，甚至可以想吃就吃。不过一定要吃早餐，而且要保证质量。

2. 这一阶段孕妈妈可以考虑以植物蛋白代替动物蛋白，豆制品、蘑菇、坚果等食品也可以多吃一些。对于蛋白质的摄入，不必刻意追求一定的数量，但一定要注意保证质量。

3. 碳水化合物及脂肪是为人体提供能量的重要物质，缺乏的话容易造成低血糖、能量不足、体重下降。孕妈妈可以吃一些五谷杂粮（如：大米、高粱米、小米、玉米、薯类等）和动物脂肪来补充所需的碳水化合物和能量。

4. 虽然各种新鲜的蔬菜、谷物、水果等都可以提供各类维生素，但孕妈妈要注意不要用水果代替蔬菜来补充维生素。维生素和矿物质如钙、铁、磷等微量元素不足时，可在医生指导下用保健药物补充。此外，妈妈在整个孕期都要保证足量叶酸的摄取。

5. 烹调过程中要尽量减少营养素的损失，洗菜、淘米的次数不能过多，不能用热水淘米。不要切后洗菜、泡菜，蔬菜在烹调过程中应急火快炒，与动物性食物混合烹调时应加少量淀粉，因淀粉中有还原型谷胱甘肽，对维生素C有保护作用。

Tips 宝宝的神经系统、内脏、五官、四肢等器官，都会在这个月内形成雏形。妈妈要注意避免化学、物理、生物等可能致畸的因素，比如：不要用有机溶剂去污和洗手；不要去染发及烫发；看电视时应与电视保持一定的距离，时间不要超过1～2个小时；使用手机时最好改用免提听筒，不要让天线放在腹部等。

孕2月一周食谱推荐

餐次	周一	周二	周三	周四	周五	周六	周日
早餐	豆腐脑100克，芝麻烧饼1个，蔬菜适量	豆浆250克，全麦面包片2片	香菇肉粥1碗，花卷50克	燕麦南瓜粥1碗，热狗面包100克	牛奶250毫升，包子100克	莲子芋头粥1碗，花卷50克	玉米粥1碗，奶酪面包2片
加餐	酸奶适量，苹果1个	银耳莲子羹1碗	猕猴桃1个	酸奶适量，营养强化饼干100克	鲜果沙拉100克	豆浆250毫升，钙强化饼干50克	酸奶布丁200克
午餐	馒头100克，鸡脯扒小白菜150克，菠菜鱼片汤、蔬菜各适量	米饭100克，韭菜炒虾仁150克，海参豆腐煲、蔬菜各适量	米饭100克，糖醋莲藕150克，鸭血豆腐汤、蔬菜各适量	蛋黄炒饭150克，家常焖鲫鱼100克，蔬菜适量	米饭100克，抓炒鱼片150克，蔬菜适量	面条150克，板栗烧仔鸡100克，蔬菜适量	米饭100克，香椿苗拌核桃仁150克，乌鸡滋补汤、蔬菜各适量
加餐	柠檬姜汁1杯，奶酪手卷1个	水果拌酸奶1份	牛奶250毫升，蛋卷50克	什锦沙拉100克	葡萄150克	猪血鱼片粥1碗	蒸鸡蛋1碗
晚餐	米饭100克，西芹炒百合100克，蔬菜适量	肉丝面150克，素炒豆苗50克，银耳花生汤适量	米饭100克，西蓝花烧双菇100克，蔬菜适量	豆腐馅饼150克，甜椒牛肉丝50克，蔬菜适量	馒头100克，蘸酱菜100克，西红柿鸡蛋汤适量	米饭100克，鸡脯扒小白菜100克，菠菜鱼片汤适量	牛肉馅饼150克，鸭血豆腐汤、蔬菜各适量

59

孕2月美味营养餐

🍓 风味浓郁——家常豆腐

材料：鲜嫩豆腐750克，五花肉、青蒜苗各100克。

调料：酱油2小匙，料酒、水淀粉各1大匙，熟猪油80克，肉汤150毫升，郫县豆瓣2大匙，精盐、味精各少许。

做法：1.把豆腐去净硬皮，切成5厘米宽、0.7厘米厚的方块；肉切成柳叶形薄片；青蒜苗洗净,切成3厘米长的段;郫县豆瓣剁细。

2.将锅烧热,放入油烧至七成热,下入豆腐炸至呈金黄色时倒入漏勺内沥油。

3.另用一只炒锅烧热,放入一半熟猪油烧至六成热,投入豆瓣炒至油变红色时,加入肉汤100毫升,煮沸,去净渣后倒入碗内。

4.将炒锅洗净烧热,再放入余下的熟猪油,待油热时,倒入肉片煸炒至断生,加酱油、料酒、豆瓣汁水,加入剩余的肉汤,放入炸好的豆腐,用小火烧至沸,再加入精盐、味精、青蒜烧至入味,用水淀粉勾芡即可。

🍅 温中益气——土豆炖鸡

材料: 土鸡1只,土豆300克,葱白2段,姜3片。

调料: 八角2粒,花椒8粒,红糖、酱油各1小匙,盐适量。

做法: 1.将土鸡去毛、去内脏,用清水洗净,切成2厘米见方的大块。将土豆洗净,去皮后切成2厘米见方的块备用。

2.锅内加入植物油烧热,放入花椒、八角、姜片,爆香后放入鸡块,翻炒均匀。

3.加入土豆、盐、酱油、红糖,炒至鸡块颜色变成金黄色后放入葱白跟水适量(以刚没过鸡块为宜),先用大火煮开,再用小火炖1小时左右即可出锅。

🍅 开胃补肾——西红柿炒虾仁

材料: 虾仁300克,西红柿200克,豌豆50克,鸡蛋1个,葱末、姜末各少许。

调料: 水淀粉1大匙,盐、鸡精、料酒、白糖各适量。

做法: 1.虾仁洗净后放入碗内,加盐、料酒抓匀,将鸡蛋打碎取蛋清加入后再用淀粉上浆。

2.西红柿用热水烫后剥皮,去籽,切直径1厘米左右的丁。

3.锅内加入植物油烧热,放入虾仁过油后捞出备用。

4.锅内留底油,加葱末、姜末爆香后加入西红柿丁煸炒,加豌豆炒熟,随即加入盐、鸡精、白糖、虾仁,用水淀粉勾薄芡,淋上熟油即可出锅。

🍅 提高免疫力——豌豆苗扒银耳

材料: 豌豆苗150克,银耳100克,彩椒丝少许。

调料: 盐1小匙,料酒半小匙,水淀粉、鸡精、香油各适量。

做法: 1.将银耳用温水泡发,去掉老根洗净,用沸水汆烫后捞出沥干水,撕成小朵;将豌豆苗洗净,取叶,用沸水汆烫。

2.将锅置火上,加入适量清水,放入银耳,再加入盐、鸡精、料酒,中火煮5分钟左右。

3.待汤汁浓稠后,用水淀粉勾芡,淋上香油,撒上豌豆苗、彩椒丝即可。

🍅 略带酸甜——宫保鸡丁

材料： 鸡肉250克，熟花生米150克，干辣椒8个，蒜末、姜末各半大匙。

调料： 花椒8粒，酱油2大匙，蛋清、水淀粉、料酒各1大匙，白糖、醋各1小匙，盐少许。

做法： 1.将鸡肉洗净切丁，加入酱油、料酒、水淀粉和蛋清腌10分钟；干辣椒洗净，切段。

2.起锅热油，放入鸡丁，过油后捞出。

3.在锅底留油，炒香花椒粒后捞出，再放姜末、蒜末和干辣椒炒香。

4.下入鸡丁，放入料酒、酱油、白糖、醋和盐炒匀，下水淀粉勾芡。

5.最后加入熟花生米稍拌即成。

🍅 香辣可口——嫩姜爆鸭片

材料： 鸭肉1块，嫩姜1块，葱2根。

调料： 酱油、料酒各1大匙，糖1小匙，水淀粉半大匙，盐、胡椒粉各少许。

做法： 1.将鸭肉洗净切薄片，加盐、料酒、胡椒粉腌20分钟；嫩姜洗净切薄片；葱洗净切小段。

2.起锅热油，将腌过的鸭肉过油，捞出沥干。

3.在锅底留适量油，爆香姜片，放入鸭肉翻炒。

4.加入盐、酱油、糖翻炒均匀，水淀粉勾芡，最后加入葱段，略炒即成。

61

情绪胎教：天下孕妈是一家

有心理压力的孕妈妈怀孕后，最好浏览孕育儿网站，结交一些"同孕相连"的人，尤其是身边只有你一个人怀孕时，那些微博、亲子论坛、当地的妈妈网、即时聊天工具里，很多孕妈妈都乐于分享，有什么疑问都可以发帖提问与其他孕妈妈探讨。

美育胎教："孕美人"有理

以前，人们普遍认为生了孩子以后，女性的青春容貌和苗条身材就会消失。近些年来，有不少"大腕"明星，生过孩子做了妈妈后，风韵更增，甚至被称作"辣妈"的广而有之，媒体上代言妇幼用品广告的"星"、"腕儿"更受大众偏爱。其实，只要注意皮肤的美容、打理，分娩后就能保持和恢复青春靓丽的肤色和婀娜有致的身材。所以说，孕妈妈在孕期讲究一些"臭美"，让自己在几十周中做一个别具风韵的"孕美人"，不仅自己和家人看起来舒心悦目，也是对腹中胎儿的美育胎教。

要注意保养打理皮肤，早上洗脸，夏天用冷水，冬天用温水，不要用刺激性强的清洗剂，可以改用刺激性较小的化妆品来清理皮肤，擦涂乳液后，稍微涂一点儿粉底就足够了。

　　白天，一般不用再做细致的化妆，如果因为出汗粉底脱落，只需简单地用粉底霜或粉饼补淡妆。夜间睡觉前，先用洁面乳洗净皮肤，然后记住要用润肤膏进行按摩拍击，然后用乳液擦掉润肤品，最后匀涂营养露或乳液保养。

知识胎教：孕期体检时间表

检查项目	检查时间	检查内容
第1次产检	怀孕第6~10周	确定妊娠：了解过去病史 身体检查：体重、身高、血压等 实验室检查：血常规、血型、梅毒、尿常规、肝功能、肾功能等检查（上述内容称为例行检查） 超声波检查：确定怀孕周数及是否有宫外孕等情况
第2次产检	怀孕第12周	例行检查；相关卫教
第3次产检	怀孕第16周	例行检查 基本测量：子宫底高度测量、腹围测量 实验室检查：在17~21周进行产前筛查
第4次产检	怀孕第20周	例行检查；基本测量 超声波检查：了解子宫内胎宝宝的发育情形
第5次产检	怀孕第24周	例行检查；基本测量 实验室检查：一般在怀孕第24~28周进行孕期糖尿病筛查
第6次产检	怀孕第28周	例行检查；基本测量 观察：是否有手脚水肿现象
第7次产检	怀孕第30周	例行检查；基本测量；观察水肿 实验室检查：梅毒病毒、风疹、乙肝检测 超声波检查：筛查胎宝宝表面畸形、心脏发育情况、各脏器发育情况
第8次产检	怀孕第32周	例行检查；基本测量；观察水肿
第9次产检	怀孕第34周	例行检查；基本测量；观察水肿
第10次产检	怀孕第36周	例行检查；基本测量；观察水肿
第11次产检	怀孕第37周	例行检查；基本测量；观察水肿 实验室检查：复查血尿常规、肝肾功能等项目 超声波检查：估测胎宝宝大小及观察发育情况，羊水、胎盘情况
第12次产检	怀孕第38周	例行检查；基本测量；观察水肿
第13次产检	怀孕第39周	例行检查；基本测量；观察水肿
第14次产检	怀孕第40周	例行检查；基本测量；观察水肿；安排分娩相关事宜

情绪胎教：转移注意力，赶走坏情绪

自怀孕起，孕妈妈就要保持乐观稳定的情绪，孕妈妈的精神情绪，通过神经体液的调节会对胎宝宝的发育产生影响，因此千万不可大悲大怒，更不可吵骂争斗。

孕妈妈生气的时候，不妨试一试下面的方法：

1. 凡事要往好处想，不要生气，不要着急。

2. 遇不开心的事情要往别处想，离开不愉快的情境，转移注意力。

3. 跟自己说话，相信有办法解难，说话慢一点，平和一些。

4. 坐下来，身子往后靠，使心情平静下来。

5. 按摩头部和太阳穴。

6. 用温水洗澡。

7. 把眼睛闭上几秒钟。

8. 置身于欢乐的人群中，给自己的情绪以积极的感染，从中得到宽慰。

9. 到附近草木茂盛的宁静小路上散步。

10. 听听自己喜爱的音乐，翻翻自己喜爱的书籍，想一想未来小宝宝的模样。

营养胎教：缓解孕吐——鲜柠檬汁

● 原料：鲜柠檬1个，糖适量。

● 做法：鲜柠檬去皮、核，切块，放入锅中加糖浸渍4小时，榨汁。根据个人口味，加水、加糖。缓解晨吐。

孕期良友——柠檬

Tips　多数女性怀孕以后，会对气味异常敏感。但却有一种水果的味道，会让多数孕妈妈感到舒服，那就是柠檬，可以用新鲜柠檬切片、泡水当茶饮，放在手边闻一闻可止恶心……不妨试一试。

语言胎教：边做家务边聊天儿

做家务多是比较闷的事情，而语言胎教却可随时随地进行，那么，你何不将做家务和语言胎教结合起来呢，既做了家务，又做了运动，还进行了语言胎教，一举多得。

做家务时如何做胎教

在你开始做家务前，你可以先抚摸一下腹部，跟胎宝宝说："宝宝，现在我们开始做家务了。"然后，做好必要的防护措施，比如戴上胶手套、口罩、穿上防滑鞋等，再开始做家务。

在你洗碗时，你可以边洗边告诉胎宝宝你们今天吃了什么菜，这些菜对身体有什么好处，怎样洗碗才能更干净更卫生等，打扫房间时，你可以跟宝宝讲一讲家里是什么样子，你在家里的感受等。

知识胎教：让宝宝远离腭裂、唇裂

孕2月的胚胎还处在高度分化期，这个时候也是胚胎腭部发育的关键时期，一些影响腭部发育的因素需要格外注意，预防胎儿腭裂、唇裂。

唇裂俗称兔唇，腭裂俗称狼咽，都是面部常见的先天性畸形，是在孕2月时由于胚胎第一鳃弓发育异常所致。唇腭裂有碍美观，影响吃奶，唇裂和腭裂宝宝说话时吐字、发音不清，会间接引起智力发育障碍，宝宝会变得自卑、孤僻。

引起腭裂、唇裂的因素：

情绪不安　孕妈妈情绪过分烦躁不安可引起腭裂、唇裂。

病毒感染　如孕妈妈上呼吸道感染等。

药物作用　如服用抗癫痫药、抗过敏、抗癌药物等。

营养因素　早孕期呕吐，厌食，偏食等导致维生素D、叶酸、铁、钙等缺乏。

一般认为在宝宝出生2~3个月时进行唇裂修复手术比较合适，应争取在1岁以内完成修复手术。

第7周

营养胎教：促进大脑发育——银鱼炒鸡蛋

- **材料**：银鱼250克，鸡蛋4个，葱2根。
- **调料**：料酒、盐各1小匙，鸡精少许。
- **做法**：1.将银鱼洗净，放入料酒、鸡精、半小匙盐拌匀，腌制5分钟左右。鸡蛋打入碗内，加少许盐拌匀。葱洗净，切成葱花。

2.锅内加入植物油烧热，放入银鱼炒熟后，盛出备用。

3.另起锅放油烧热，倒入蛋液，快速翻炒至结块后倒入银鱼，加入葱花炒匀后即可。

情绪胎教：看恐怖电影？可宝宝不喜欢刺激

有的孕妈妈在孕期容易变得焦虑起来，于是会寻求一些比较刺激的感受，比如看恐怖电影、书籍，但是恐怖、悬疑情节，会造成孕妈妈精神紧张，过度刺激对孕妈妈和胎宝宝是没有好处的。

尤其是怀孕前3个月，精神刺激的伤害性是最大的，孕妈妈情绪紧张可能引起胎宝宝循环系统的紊乱，还会导致胎宝宝发育缓慢，另外紧张还很容易引起流产；长期情绪紧张，孕妈妈的身体会变得衰弱，而身体衰弱的人很容易感染疾病，受到紧张情绪刺激后，抗体产生会减少，大大削弱了孕妈妈对疾病的免疫力。

所以，在孕早期，为了宝宝的安宁，孕妈妈保持一个好心情是很重要的。

 怀孕第二个月是孕妈妈比较脆弱的一个阶段，这一时期要放松心情，看一看轻松幽默的电影和书籍。

运动胎教：练好瑜伽第一步，正确的呼吸法

这个月，先来掌握练习孕妇瑜伽很重要的一点——正确的呼吸法：

1.平躺好。仰卧在垫子上，屈膝，两膝靠拢，双脚分开，略比臀宽。

2.感觉呼吸平稳时，放松手臂、手、肩膀，双手轻放于腹部，鼻子吸气并有意识

地让空气到达体内手下方的位置，手臂不动，让气流带动两手自然分开，进行10次有控制的深呼吸。

3.将双手移至乳房下方以及乳房上方锁骨以下的位置，各重复10次深呼吸，默记空气通过肺的各个部分时的感觉。

4.以平常的方式呼吸10次以放松身体，手臂置于身体两侧，手心朝上。

5.接下来进行一次缓慢的有控制的深呼吸，让空气逐渐从肺底部至中部，最后到顶部充满整个肺；呼气时，先呼出肺顶部的空气，然后是中部，最后是底部，重复10次。

6.以平常的呼吸方式放松即可。

抚摸胎教：时不时对胎宝宝进行爱抚

爱抚可提前到怀孕的第2个月时进行，以后在胎宝宝发脾气胎动激烈时，或者在其他胎教方法前用此方法。

1．孕妈妈仰卧在床上，头不要垫得太高，全身放松，呼吸匀称，心平气和，面部呈微笑状，双手轻放在胎宝宝位上，也可将上半身垫高，采取半仰姿势。不论采取什么姿势，都一定要感到舒适。

2．双手从上至下，从左到右，轻柔缓慢地抚摸胎宝宝，心里可想象你双手真的爱抚在可爱的小宝宝身上，有一种喜悦和幸福感，深情地默想："小宝宝，妈妈真爱你"，"小宝宝真舒畅"，"小宝宝快快长，长成一个聪明可爱的小宝贝"等，每次2~5分钟。

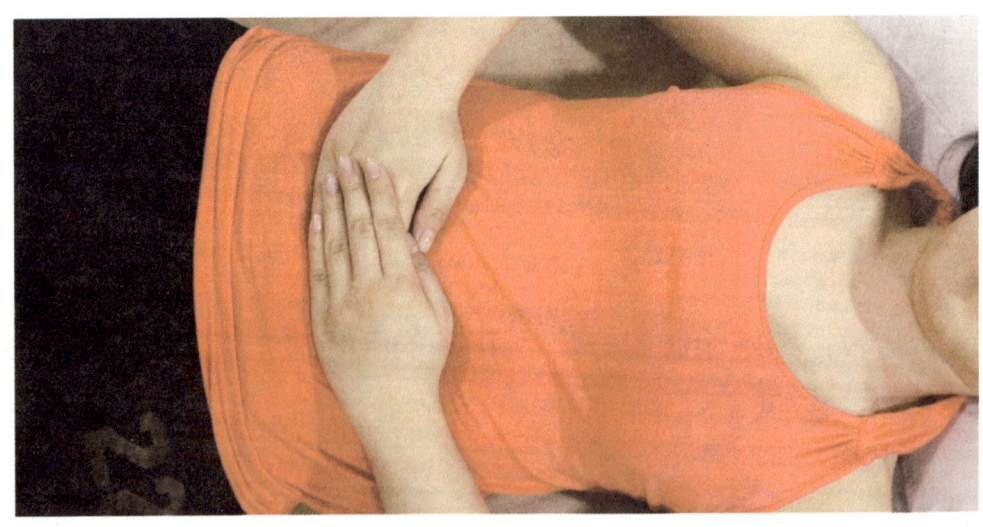

第8周

营养胎教：多元营养——鱼头木耳汤

● **材料：**鲢鱼头半只（750克），水发木耳50克，菜心100克，冬瓜60克，姜片、葱末、绍酒、精盐、味精、胡椒粉、植物油各适量。

● **做法：**1.鱼头洗净；冬瓜切片；木耳、菜心择洗干净。

2.锅置火上，下油烧热，投入姜片、葱末煸香，倒入鱼头煎制，烹入绍酒、清水大火烧沸，中火烧至汤汁乳白浓稠时，放入冬瓜片、木耳、菜心，加精盐、味精烧沸，撒入胡椒粉即成。

音乐胎教：妈妈无尽的爱——《摇篮曲》

勃拉姆斯的《摇篮曲》安宁、亲切、温存。《摇篮曲》表达了妈妈对宝宝无尽的爱。曲调优美、抒情、静谧；旋律平稳，音律适中，音高起伏不大。如果此时孕妈妈心情比较浮躁选这首名曲就对了，听着舒缓的曲调你的心情也可以跟着安宁下来。

孕妈妈，在这首乐曲中跟你的小宝宝说说话吧。

歌 词

晚上好，夜里好，
玫瑰花、丁香花都已闭上眼，
你也快睡觉。
到明天，大清早，又是会说会跳。
晚上好，夜里好，
天使在守卫你，睡吧，
圣婴树会在梦里出现。
睡得香，睡得甜，
你会梦见乐园。

美育胎教：家庭插花——当玫瑰遇上海芋

孕妈妈不妨动手来试一试插花这门艺术，插花可以协调和舒缓孕妈妈的情绪、感觉和心境。借此来愉悦孕妈妈的身心，促进胎宝宝健康成长。这个月我们来介绍一种十分好看的插花——当玫瑰遇上海芋。

花材

海芋5枝，玫瑰5朵，白色小菊花数枝，海芋叶 3 片。

67

插法

1．取黑色方形花瓶一个。

2．按从长到短的顺序依次取海芋，最高的一枝海芋插在左后方，第二枝较短的插在附近较前位置。

3．第三枝插在中央部位，第四枝插在最左边的角落，第五枝插在最前方，向前倾。

4．取一朵玫瑰花蕾插在右方，左方也插上一枝。

5．将最大的一朵玫瑰插在前方，右后方插一枝半开的玫瑰，最后一朵插在中间部位。

6．将白色的小菊花插在空着的空间里。

7．插上3片海芋叶作为点缀。

Tips 插花是一门与插花人的喜好和欣赏风格有关系的艺术，因此孕妈妈完全可以根据自己的风格来插出自己的花来。

意念胎教：脑呼吸法发挥意念的神奇力量

在怀孕的第2个月，正是胎宝宝各器官进行分化的关键时期，孕妈妈可用意念胎教的方法使胎宝宝发育得更加完善，最常用的是脑呼吸法。

脑呼吸胎教是与简单的基本动作一起冥想：

1．首先熟悉脑的各个部位的名称和位置。闭上眼睛，在心里按次序感觉大脑、小脑、间脑的各个部位，想象脑

的各个部位并叫出名字，这时要集中意识，这样可提高注意力，能清楚地感觉到脑的各个部位。

2．保持安静，简短地做5分钟左右，待逐渐熟悉方法后，可增加想象的时间。

3．想象一下肚子里的孩子，想象胎宝宝的各个身体部位，从内心里感觉孩子的形象，可以通过观察超声波照片来帮助感觉，这样形象更容易想象。

4．脑呼吸的同时进行说话，例如可以默念胎教日记，使胎宝宝和孕妈妈更容易进行交流。

行为胎教：上班族孕妈妈怎样远离二手烟

一般在计划怀孕以后孕妈妈都会让自己远离抽烟人群，无论是平时还是逢上节庆喜事都不会抽烟了，但在职场的孕妈妈，往往会在上班过程中被一群抽烟的人们包围，怎样才能尽量避免这种情况呢？

群发E-mail

可以群发一封动之以情、晓之以理的E-mail，写的时候，要特别注意措辞，将打招呼和提要求尽量表达得自然而诚恳。

无声提醒

如果觉得写E-mail太麻烦，或这样比较柔情的提醒还不能起到作用，那可以试着幽默一下，例如在自己桌上放一块写着"这里有孕妇，No smoking！"的牌子。

 Tips 如果上班的地方吸烟的同事很多，孕妈妈应该考虑提前请假。

PART

4

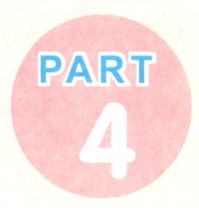

孕3月（9~12周）：

已经有“人”样儿了

我总是在想，宝宝，你在妈妈肚子里过得好吗？好羡慕那些已经感觉到胎动的孕妈妈，什么时候你能在我的肚子里展开拳脚呢？

胎宝宝：有"草莓"般大小了

妈妈，这段时间我长得很快哦，小尾巴已经完全没有了，我的眼睛已经形成啦，而且还长出眼皮了呢。我现在的皮肤还是透明的。从外面直接就可以看到我的皮下血管和内脏，脸部的器官也已经开始生成了，从脸部特征看的话，会跟妈妈的很相似哦。

到这个月底我就能长到7～9厘米，体重呢，会有将近20克。悄悄地告诉你哦，我已经知道自己是男孩还是女孩了，不过这是个小秘密，我要等到出来的时候再告诉你。妈妈，你可要安心地等着哦。

70

孕妈妈：身材逐渐"显山露水"

许多孕妈妈发现，过去两个月以来，身体上所受的种种折磨，到了这个月时开始减轻。尽管此时下腹部隆起的现象还不明显，这个时候，因为倦怠、恶心等现象逐渐缓解，于是心情上会轻松许多。这个时期孕妈妈乳房增大，乳晕颜色变深。强烈的血流影响了全身，导致鼻塞、尿频、阴道变成深红色、大阴唇变黑，还有可能白带增加。

- 子宫像拳头般大小
- 乳房胀大
- 体温持续高温
- 腹部有胀大的感觉，但外观仍不见凸出
- 害喜现象持续，到本月末可望改善

本月胎教重点

情绪胎教，不良情绪易导致孩子多动症

正常情况下母亲有节律的心音，是胎儿最喜欢听的音乐，母亲体内的肠蠕动声、呼吸声，也能给胎儿以稳定的感觉，处在良好的子宫内环境中，能使胎儿得到良好的生长发育。相反，如果孕妈妈焦虑、紧张不安，或者忧郁悲伤时，会使血液中的内分泌激素浓度改变，胎儿会立即感觉到，并表现出不安。如果长时间存在不良刺激，会使胎儿出生后罹患多动症的可能性增加，还可能发生畸形。

行为胎教，孕妈妈"以车代步"小常识

孕妈妈总免不了要坐车或者偶尔自驾车，这个时候要提醒孕妈妈：

1. 不开或坐新车。新购置的车一般皮革气味很重，车内空气也比较差，对孕妈妈和胎宝宝的健康不利。

2. 开车时速不要超过60千米，避免紧急刹车，连续驾车时间尽量不要超过一小时。

3. 出行时应尽可能避开交通堵塞的高峰时段，选择熟悉的路线出行。

4. 安装防晒窗帘或者粘贴车窗防晒膜，避免阳光直射。

5. 准备一些舒适的靠垫等，以防做得过久而疲劳。

6. 车内温度要始终保持适宜，绝对禁止吸烟。

7. 孕妈妈系安全带的要求比较严格，安全带的肩带置于肩胛骨的地方，而不是紧贴脖子；肩带部分应该以穿过胸部中央为宜，腰带应置于腹部下方，不要压迫到隆起的肚子。

饮食胎教，减少盐的摄入

　　从现在开始，需要减少食盐的摄入量，因为盐里含有大量的钠。在孕期，如果体内钠的含量过高，血液中的钠和水会由于渗透压的改变，渗入到组织间隙中形成水肿。因此，多吃盐会加重水肿并且使血压升高，甚至引起心力衰竭等疾病。当然，长期低盐也会有副作用，正常情况下，每天食物中摄入盐量以5～6克为宜。

语言胎教，家务活里的胎教魔方

　　合理地安排家务，既能融胎教于家务活中，又能使夫妻的生活规律舒适，何乐而不为。只要安排得当，家务活里的胎教活动是很丰富的，可以开展语言胎教，进行运动胎教等。比如语言胎教：

星期一、星期四

　　改变外出采购路线，花一定的时间观察周围的事物，向胎宝宝讲解生活中的各种现象。

星期二

　　打扫起居室、卧室卫生，擦洗家具，给胎宝宝描述这个温馨的家是什么样子的。

星期三

　　擦拭窗户和门框，冲洗厕所和浴室，可以给胎宝宝讲妈妈是怎么劳动的，告诉胎宝宝要讲卫生。

星期五

　　打扫和整理厨房，安排星期六和星期日的食谱，告诉胎宝宝自己怎样合理地安排每天的膳食以保证营养需要。

Tips　孕妈妈可以有意识地去幼儿园或学校观察学生上课或玩耍的情景，然后讲给宝宝听。

优生孕事ABC

泡热水澡也要"循规蹈矩"才行

很多人天冷的时候爱泡热水澡，但这种"待遇"对于孕早期的孕妈妈来说，可不是那么轻易就能享受的。由于胎宝宝还很娇嫩，对各种刺激都非常敏感，稍有不慎，很容易造成意外。

怀孕以后，内分泌的改变会导致汗腺和皮脂腺分泌增多，多洗洗澡能预防皮肤和尿路感染，但孕早期时，绝对不建议孕妈妈用太热的水，38℃以下最合适，时间也不宜过长，不要超过30分钟。孕妈妈本身血容量增加，如果洗澡时间过长，温度过高，浴室里的空气流通减少，容易造成缺氧而发生晕厥，热环境还容易引起子宫收缩，造成流产。

虽然发生晕厥和流产的概率比较小，但长时间洗热水澡对胎宝宝的影响就比较大了，过高的温度会损害胎宝宝的中枢神经系统。

注意腹部保暖，别让寒凉入侵胎儿

妊娠时，孕妈妈腹部感觉不到冷比什么都重要。怀孕第3个月，孕妈妈的子宫逐渐变大，会压迫血管，可能引起血液循环不畅通，这就是为什么孕妈妈容易感觉发寒的原因。另外，由于皮肤伸展，毛孔打开，体内热量散发得很快，腹部总是会有发寒的感觉。

胎宝宝在怀孕的早期对温度极为敏感，孕妈妈腹部如果受寒，羊水温度就会降低，羊水量会增加，可能引起羊水过多。羊水过多一方面会影响胎宝宝的发育；另一方面也增加了孕妈妈的负担。

孕妈妈的腹部是胎宝宝健康成长的重要场所，所以，妊娠中孕妈妈要避免让自己处于低温的状态，尤其是腹部，平时需要注重腹部保暖，避免受寒。

预防早期流产

对于刚怀孕的孕妈妈来说，最应该注意的就是流产，虽然早期流产多与胎儿的先天性异常有关，但孕妈妈的生活习惯或行为也可能造成早期流产。因此，为了避免发生早期流产，孕妈妈要做到：

73

定期产检 定期产检能得知胎儿的发育成长状况、健康与否，避免发生早期流产。

禁止吸烟、喝酒、喝咖啡 孕妈妈如果吸烟、喝酒、喝咖啡，流产概率会提高。

正常作息 怀孕早期，孕妈妈应尽量避免工作太过劳累、熬夜等，维持正常的生活作息，并保持心情愉悦。

避免危险动作 孕妈妈应尽量避免爬高、提重物或弯腰拿东西，以免造成腹部不适或受到碰撞，导致流产。

留意可能的流产征兆 一般来说，腹痛、阴道出血都是流产的征兆。

如果出现流产征兆，孕妈妈要尽快与医院沟通，不可盲目保胎，因为有些流产是胚胎发育异常导致的。

孕12周做第一次正式产检

产前检查从月经停止及发生早孕反应时开始，在怀孕第4个月时，要做一次较全面的检查，包括以下内容：

1. 基本情况

年龄、职业、住址；传染病及遗传病史；月经初潮、初潮年龄、月经天数；婚姻史；妊娠及分娩史；本次妊娠经过；病毒性感染情况及X线检查情况等。

2. 全身检查

检查孕妈妈全身情况，营养情况，测量身高、体重、血压，检查乳房发育情况，并检查各脏器情况。

3. 产科检查

包括腹部检查（子宫底高度、腹围、胎位、胎心等）、阴道检查（阴道有无霉菌或滴虫，产道及附件是否异常）、骨盆检查（测量骨盆内外径）。

4. 化验检查

进行必要的血常规、血型、尿常规、肝、肾功能及澳抗等检查。

B超报告单上的主要指标有哪些

英文缩写	中文名称	含义	作用
LMP	末次月经时间	孕前最后一次月经第一天的日期	判断孕周
BPD	双顶径	胎儿头部从左至右最长的距离，足月时一般应达到9.3厘米	推算胎儿体重和发育情况
FL	股骨长	大腿长度，一般为BPD值减去2~3厘米	推算体重
HC	头围	环头一周的长度，足月时可达34.5厘米	监测发育状态
AC	腹围	肚子一周的长度，足月时可达36厘米	监测发育状态
GP	胎盘分级	胎盘成熟度，一般分为0、Ⅰ、Ⅱ、Ⅲ级	检测胎盘成熟度及胎盘功能情，胎盘成熟度一般与孕周成正比
AFI	羊水指数	以脐部为中心，分上、下、左、右四个象限，将四个象限的羊水深度相加得出的数值，孕晚期的正常值为8~18厘米。	监测羊水量，过多或过少都要进一步检查
S/D	脐带血流比值	脐带动脉收缩压与舒张压的比值，孕32周后不超过3	与胎儿供血相关，监测胎盘和脐带功能情况
LOA、ROA等	胎位情况	● 胎儿先露部位在骨盆的左侧或右侧简写为左（L）或右（R） ● 先露部位名称，如先露为"枕头"即"O"，先露部位为"骶"即"S"，面先露为"颜"即"M"，肩先露为"肩"即"SC" ● 先露部分位在骨盆之前（A）、后（P）或横（T）	根据胎位情况，确立分娩方式

75

准爸爸，你好

和孕妈妈一起制定孕期日程表

怀胎十月，在日常生活和产前检查等方面都会有一些需要格外注意的地方，这些每天都可能需要做的事情会显得有些繁琐，孕妈妈一不小心就容易忘记或忽视，因此准爸爸要帮助孕妈妈制定一张孕期日程表，以提醒孕妈妈需要做些什么。

从怀孕第一天起，未来宝宝的时间就被排得很满，他每天都有新的进步，器官每天都有新的发育。准爸爸和孕妈妈一起制定的这份孕期日程表，最好能够罗列一周必须要做的事情，为了方便迅速查看，最好能从末次月经的第一天开始排起，正好排满40周，让孕妈妈可以每天"照表行动"。

 在整个孕期，孕妈妈要经历大大小小的检查项目，建议准爸爸在孕期日程表中将进行各种产检的日期突出标示，以提醒孕妈妈按时体检。

陪孕妈妈参加社交活动

孕妈妈怀孕期间，情绪会比非孕期差，找朋友聊聊是个不错的排解方式。

但是，到了怀孕后期，孕妈妈的出行成了一个大问题，活动量会减少，除了必须要做的事，比如上下班，其他的外出活动就能少则少了。可是这样每天局限在家里，面对的只是准爸爸或其他家人，缺少了以前的社交活动，孕妈妈难免会觉得生活乏味，情绪低落。

准爸爸这时候应该承担起"司机"和"护花使者"的责任，陪孕妈妈去参加社交活动，让孕妈妈的这种状况得以改变。在有朋友聚会的时候，准爸爸应事先打听好聚会环境是否适合孕妈妈，如果适合就积极陪同孕妈妈去参加。周末有空，还可以带孕妈妈去看看朋友，尤其是去有孩子的朋友家做客，让孕妈妈和自己都能实地感受一下家有"小天使"的氛围。

准爸爸不妨在自己家举行一些小派对，这样孕妈妈就可以在家里参加社交活动了。

给胎儿讲个声情并茂的故事

如果准爸爸、孕妈妈定时念故事给腹中的胎儿听，可以让胎儿有一种安全与温暖的感觉，尤其是如果一直反复念同一则故事给胎儿听，会令其神经系统变得对语言更加敏锐。

那些读来非常有意思，能够使人感到身心愉悦的儿童故事、童谣、童诗等都是准爸爸、孕妈妈可以选择的，准爸爸、孕妈妈可以轮流将作品中的人事物详细、清楚地描述出来，比如：太阳的颜色、家的形状、主人公穿的衣服等等，让胎儿融入故事中所描绘的世界中去。

准爸爸、孕妈妈可以想象胎儿正在身边聆听故事，根据故事情节的变化，变化多种音调。还可以利用自己的创造力，以周围常见的事物为题材，自编童话故事，并带感情地讲给胎宝宝听。

Tips 给胎儿讲的故事只要简单、温馨即可。长期坚持讲这个故事的话，宝宝出生之后也会对这个故事有反应。

给胎儿讲故事的8个要点

要点一：故事要避免过于暴力的主题和太过激情、悲伤的内容。

要点二：要重故事书中的图。不仅要读出故事书上的文字，同时还要告诉胎儿，书上画了些什么样的画。

要点三：在念故事前，最好先将故事的内容在脑海中形成影像，以便传达给胎儿生动形象的故事。

要点四：准爸爸妈妈最好是保持平静的心境并保持注意力的集中，以使感觉与思考能和胎儿达到最充分的交流。

要点五：声音要富有感染力。在讲故事的时候，音调要有起伏变化，已达到更好的胎教效果。

要点六：讲故事的方式可以根据具体情况而定。可以读故事书，也可以随意编就。

要点七：要坚持每天给宝宝讲故事，每次20分钟左右，一天累计1个小时左右。

要点八：准爸爸、孕妈妈可以设定具体的 "说故事时间"，并每天各给胎儿讲一个故事。

营养胎教：孕3月饮食原则与食谱推荐

孕3月饮食原则

到了孕3月，胎儿进入快速生长发育期，孕妈妈在这个月仍然要注意补充叶酸及其他维生素、矿物质、蛋白质、脂肪等营养素。蛋白质含量丰富的食品有瘦肉、肝、鸡、鱼、虾、奶、蛋、大豆及豆制品等，蛋白质的摄入量宜保持在每日80~100克。

1. 维生素B$_6$可以帮助抑制孕吐。维生素B$_6$在麦芽糖中含量最高，每天吃1~2勺麦芽糖不仅可以防止妊娠呕吐，而且可以使孕妈妈的精力充沛。不过不能多吃，一方面因为麦芽糖有回乳的作用；另一方面因为麦芽糖含糖高，吃多了对孕妈妈的健康不利。富含维生素B$_6$的食品还有香蕉、马铃薯、黄豆、胡萝卜、核桃、花生、菠菜等植物性食品。动物性食品中以瘦肉、鸡蛋、鱼等含量较多。

2. 镁不仅对胎宝宝肌肉的健康至关重要，而且也有助于骨骼的正常发育。孕早期的3个月，如果镁摄入不足，会影响到胎宝宝以后的身高、体重和头围大小。孕妈妈可以多吃绿叶蔬菜、坚果、大豆、南瓜、甜瓜、香蕉、草莓、葵花籽和全麦食品等，来保证镁的摄入。

3. 维生素A参与了胎宝宝发育的整个过程，对胎宝宝皮肤、胃肠道和肺部发育尤其重要。由于孕早期的3个月内，胎宝宝自己还不能储存维生素A，因此孕妈妈一定要及时补充足够的维生素A。建议孕妈妈多吃甘薯、南瓜、菠菜、芒果等补充维生素A。

4. 现阶段的孕妈妈每天钙的补充量应在800毫克左右。要多喝牛奶，一袋250毫升的牛奶可补充250毫克的钙。所以建议妈妈每天喝2袋牛奶即可。其中一袋应该在晚上睡前喝，这样可以维持半夜血钙正常，防止腿抽筋。

5. 孕妈妈每天需碘量应在175微克左右，最好食用加碘盐。同时也应在食物里增加碘的含量，因为胎儿脑的发育必须依赖母体内充足的碘，碘是制造甲状腺素的主要原料，而甲状腺素是促进大脑、身体发育的重要原料。

孕3月一周食谱推荐

餐次	周一	周二	周三	周四	周五	周六	周日
早餐	榨菜肉丝面100克，蔬菜适量	鸡蛋1个，牛肉饼1个，蔬菜适量	南瓜饼1个，杂粮皮蛋瘦肉粥1碗	莲子芋头粥1碗，花卷50克	小馄饨150克，蔬菜适量	牛奶250毫升，包子100克	紫米粥1碗，香菇肉包50克
加餐	牛奶250毫升，橙子1个	酸奶或奶酪适量，苹果1个	牛奶250毫升，麦麸饼干50克	鲜果沙拉200克	豆浆250毫升，饼干2片	全麦面包2片	新鲜红枣30克，蛋卷50克
午餐	米饭100克，罐焖牛肉150克，菠菜鱼片汤、蔬菜各适量	面条150克，凉拌素什锦100克，乌鸡滋补汤、蔬菜各适量	米饭100克，韭菜薹炒鱿鱼150克，香菇肉粥、蔬菜各适量	什锦果汁饭150克，菠菜炒鸡蛋100克，小米粥、蔬菜各适量	米饭100克，山药香菇鸡150克，奶酪蛋汤、蔬菜各适量	花卷150克，葱爆酸甜牛肉120克，糯米粥、蔬菜各适量	米饭100克，家常焖鳜鱼150克，燕麦南瓜粥、蔬菜各适量
加餐	香蕉薯泥100克	蔬果汁1杯，饼干2片	百合莲子羹1碗	牛奶麦片粥1碗	酸奶布丁200克	柚子200克	鲜姜蒸蛋1碗
晚餐	咸蛋黄炒饭150克，鱼头木儿汤、蔬菜各适量	米饭100克，鸭块白菜100克，鸡血豆腐汤适量	牛肉饼2个，蘸酱菜100克，燕麦南瓜粥、蔬菜各适量	米饭100克，素炒豆苗100克，鸭血豆腐汤1碗	面条150克，韭菜炒虾仁100克，蔬菜适量	米饭100克，西芹炒百合100克，黄豆芝麻粥1碗	饺子200克，凉拌素什锦100克，紫菜汤适量

孕3月美味营养餐

🟢 滋养精气——枸杞蒸鸡

材料：净母鸡1只（1000克左右），枸杞15克，葱20克，姜10克。

调料：料酒2大匙，盐1小匙，高汤适量，胡椒粉少许。

做法：1.将母鸡洗净，放入沸水锅中汆

烫透，捞出过一遍凉水，沥干水备用；葱、姜洗净，葱切段，姜切片备用；枸杞洗净备用。

2.将枸杞装入鸡腹中，腹部朝上放入碗中，加入葱段、姜片、料酒、高汤、胡椒粉，上笼大火蒸2小时左右。

3.拣去姜片、葱段，加盐调味即可。

79

🍅 美味可口——西红柿炖牛腩

材料： 牛腩肉200克，西红柿2个，姜1片，葱花少许。

调料： 盐、鸡精、花椒、黑胡椒粉各适量。

做法： 1.将牛腩肉洗净切为大小适中的块；西红柿洗净去皮切小块，备用。

2.起锅烧适量水，待烧开后，放入姜片和牛腩肉，煮沸后，撇去余沫，将牛腩肉盛出，放入高压锅内，加适量水和盐，小火压20分钟左右。

3.另起锅热油，放入花椒炸香，待油七成热时，放入葱花，再放入西红柿丁，炒至变成黏稠的番茄酱。

4.将牛腩肉和适量炖肉的汤加入炒锅内，继续煮，并加盐、鸡精，煮10分钟，加适量黑胡椒粉和葱花即成。

🍅 促进新陈代谢——炝炒紫甘蓝

材料： 紫甘蓝300克，海米30克，葱、姜各少许。

调料： 盐、鸡精各适量。

做法： 1.将紫甘蓝择洗干净，撕成小片，投入沸水中氽烫2分钟，捞出来沥干水。

2.将海米用温水泡发，洗净备用。葱、姜洗净，切成末备用。

3.锅内加入植物油烧热，放入葱姜末，炒出香味，再依次加入甘蓝、海米，大火快炒几下后加入盐、鸡精炒匀，即可。

🍅 滋补佳品——虾米丝瓜雪耳羹

材料： 虾米50克，丝瓜1根，雪耳1朵，

蛋清少许，姜片2片。

调料： 食盐5克，花生油5毫升，白糖3克，上汤300毫升，生粉少许。

做法： 1.将虾米洗净，飞一下水。

2.把丝瓜刮皮，切菱形小件。

3.把雪耳用温水浸发，去蒂，切小件。

4.起锅放油爆香姜片，注入上汤，放入虾米用旺火煮5分钟，再放入丝瓜、雪耳，加食盐、白糖调味煮沸。

5.用生粉勾薄芡，推入蛋清，待汤中起絮即可。

🍅 肉嫩味鲜——黄瓜炒鳝段

材料： 鳝鱼300克，黄瓜1根，红尖椒5个，黑木耳2朵，姜片、葱花、蒜末各1小匙。

调料： 料酒、酱油各1大匙，盐、味精、香油各适量。

做法： 1.将黄瓜洗净切片；红尖椒去蒂、籽，洗净切块；木耳泡发，去蒂洗净，撕成片。

2.将鳝鱼去头、内脏洗净，顺中间的椎骨切成两片，再切成段，加料酒和酱油腌拌。

3.起锅热油，放入葱花、姜片、蒜末煸香，再放入鳝段翻炒，加入酱油、料酒、味精、盐炒匀。

4.炒至鳝段八成熟时，放入黄瓜、红尖椒、木耳，炒至黄瓜断生，淋入香油即成。

🍅 清暑除热——果香苦瓜瘦肉汤

材料： 苦瓜半条，苹果1个，猪瘦肉100克，蜜枣6粒，无花果3个。

调料：盐适量。

做法：1.将苦瓜洗净，剖开去瓤切块；苹果洗净，切块；蜜枣和无花果洗净。

2.将猪瘦肉放入沸水锅内汆烫，捞出洗净切丝。

3.在炖盅里煲滚适量水，放入所有材料。

4.旺火煲滚后改小火煲1小时，下盐调味即成。

情绪胎教：手指爱语，传达妈妈的心声

双手向下抚推法：用双手手心处轻按胎部，由上向下抚推，在推的过程中结合深呼吸，向下推时出气，向上抚推时吸气。每日进行5分钟，早中晚均应进行。

妈妈的心语：小宝宝，你可要耐心等待出生的那一天哦。轻轻划写出这几个代表爱意的文字，并带着小声地朗读。

语言胎教：诗歌《亲爱的三月，请进》

就像叫我们最亲爱的人，世间万物都有我们的"亲爱的"，我们用喜欢的心情看待一切，因为总有事情让我们感动，比如，过了一个寒冬，春天来了，所以你要欢乐地喊：亲爱的三月，请进！喊到胎宝宝的内心世界里。

亲爱的三月，请进

我是多么高兴

一直期待着你的光临

请摘下你的帽子

你一定是走来的

瞧你累得上气不接下气

亲爱的，别来无恙

你动身时自然可好

哦，快跟我上楼

我有很多话要问你

你的信我已收到，而小鸟和枫树

却不知你已在途中

直到我告诉他们

他们的脸涨得多红啊

可是，请原谅，你留下

让我在那些山山岭岭上涂抹色彩

运动胎教：孕妇体操之扭动骨盆运动

孕3月的妈妈子宫又增大了一点，孕妈妈的身体重心可能已经开始有了改变，这个时候每天坚持做一些简单的孕妇体操，可以改善因此而引起的腰腿痛，这个月可以试一试扭动骨盆运动，操作方法为：

1.孕妈妈仰卧在床上，双膝屈曲、并拢，双肩紧靠于床。

2.双膝带动大、小腿左右摆动，在空中画半圆形，反复数次。

3.伸直左腿，右膝屈曲，右脚心平放在床上，然后右膝慢慢向左侧倾倒，慢慢回到原位。

81

4. 待膝盖从左侧恢复原位后，再向右侧倾倒，慢慢回复原位。

5. 按第3、第4步的方法左右腿交替进行。

6. 每个侧面做5~10下，可以在每天早上起床前和晚上睡觉前各做一次。

行为胎教：适当晒太阳

　　研究显示，先天性佝偻病患儿的妈妈大多是写字楼里的白领。这是由于，白领女性长期生活在密闭的空调环境里，户外活动减少，且不少人上下班都坐车，以致缺乏日照，这便使造成这种恶果的主要原因。

　　一般人认为补钙只要摄入高质量的游离钙即可，殊不知维生素D是钙质吸收的重要条件，一旦缺乏，则摄入人体的钙质将有90%随尿排出。保证充足的光照是自身产生维生素D的重要条件。注意，阳光是天然的"补钙剂"。所以，如果孕妈妈所在的办公室处于背阴面，最好要求调换到向阳面得办公室里去，若不行，则要注意每天午休时走到阳台或室内，进行不少于1小时的"日光浴"。尤其是在冬季，更要多做户外活动，应让皮肤直接接受阳光照射。不要隔着玻璃晒太阳，因为紫外线不容易透过玻璃窗。

82

第10周

音乐胎教：妈妈唱儿歌《Do—Re—Mi》

　　在胎宝宝第6个月的时候，听觉已经开始能记录在脑电波中，到胎宝宝24周左右时，他的耳蜗形态和听神经的分化已经基本完成。因此，现在，孕妈妈和准爸爸可以教胎宝宝唱一唱音乐中最基本的内容——音符。

Doe, a deer, a female deer
（doe，一头鹿，一头小母鹿）

Ray, a drop of golden sun
（ray，一线金色的阳光）

Me, a name I call myself
（me，是我在叫自己）

Far, a long, long way to run
（far，要跑很远很远的路）

Sew, a needle pulling thread
（sew，是针儿穿着线）

La, a note to follow Sew
（la，是跟着sew来的音符）

Tea, a drink with jam and bread
（tea，喝茶加面包和果酱）

That will bring us back to Do
(oh-oh-oh)
[这把我们又带回do
（哦-哦-哦）]

Doe, a deer, a female deer
（doe，一头鹿，一头小母鹿）

Ray, a drop of golden sun
（ray，一线金色的阳光）

Me, a name I call myself
（me，是我在叫自己）

Far, a long, long way to run
（far，要跑很远很远的路）

Sew, a needle pulling thread
（sew，是针儿穿着线）

La, a note to follow Sew
（la，是跟着sew来的音符）

Tea, a drink with jam and bread
（tea，喝茶加面包和果酱）

That will bring us back to Do
（这把我们又带回do）

Do-re-mi-fa-so-la-ti Do-So-Do!

（哆-来-咪-发-嗦-拉-西 哆-嗦-哆）

营养胎教：提高食欲——香油萝卜丝

• **材料**：白萝卜150克，青尖椒50克，红甜椒50克。

• **调料**：干辣椒3个，白糖、白醋各1小匙，盐适量，鸡精少许。

• **做法**：1.将白萝卜洗净，用刨子刨成细丝，加入白糖、盐拌匀备用。

2.将青尖椒、红甜椒分别洗净，切成细丝；干辣椒洗净切成丝。

3.锅内加入植物油烧热，放入干辣椒丝炸出香味后，趁热淋入萝卜丝内，加入青、红椒丝，淋上白醋，拌匀即可。

83

美育胎教：选择美美的孕妇装

无限的"孕味"要靠整体的形象设计。怀孕后，身体从内脏到外表都会发生很大的变化，有的孕妈妈面部会出现"蝴蝶斑"；腰身又粗又圆，身体的曲线由于胸部、臀部的过分增大而面目全非。不少孕妈妈一时还适应不了。然而，从事艺术形象创作的人都知道，孕妈妈形象是世间最美丽的风景，"挺身而出"的优美曲线散发着浓郁的魅力，人称"自豪型"姿态。

孕期着装应力求简洁、明快、大

方，随着体形的变化，衣服宜宽大，不可束腰。采用暖色调，温馨柔媚，极富女性魅力。不用冷色调，不强调冷、酷。

孕期妈妈装一般分为三种：

休闲家居孕妇装：以宽松、舒适的棉织品为主，式样稍稍活泼一点。

职业孕妇装：质地精良、颜色不宜太深或太浅，最好选配长裤，稍稍宽松的职业装。

孕妇礼装：质地精良，有悬垂感，式样一定要简洁优雅，色泽纯正雅致。用比较优雅的丝巾、项链、耳环等来做配饰。

意念胎教：宝宝的第一幅画像

亲爱的宝贝： 你知道吗？从医学角度讲你已经从胚胎变成胎儿了，你的小尾巴已经渐渐消失了，据说你的小胳膊、小腿等都已经初具规模了，妈妈希望你能茁壮成长！你会像谁呢，如果你是小公主，我还是希望你能多像妈妈一点，当然你爸爸也长得不错啦。

孕妈妈不妨凭自己的想象给他画一幅画像，将来看看宝宝是不是与自己想象的模样相似呢。准爸爸也可以配合，在孕妈妈妈肚子上画出宝宝的样子，这些美好的愿望，有助于将来生出一个漂亮的宝宝。

运动胎教：少看电视少上网，多运动

电视、电脑在工作时，显像管会不断产生一些肉眼看不见的X射线，经常处在这种电磁辐射下，对孕早期的妈妈和胎儿的伤害很大，孕妈妈应适当减少在荧屏前看电视、上网的时间，至少不要近距离坐在荧屏前，并尽量避免正面对着荧屏。

不宜过久 长时间看电视、上网，会因用眼过度引起头昏脑涨、疲乏无力、恶心、呕吐、精神紧张，因而影响孕妈妈及胎儿的健康。孕妈妈看电视一般一两小时为好。

不宜过近 距电视机1米以外的地区，放射线辐射剂量较低，为保险起见，孕妈妈与电视机距离远近要调整。

虽然现在的背投电视、液晶电视、等离子电视的辐射强度都变小了，但是用眼过度很容易引起恶心、头晕等现象。

 看完电视最好用清水洗脸，以防屏幕的静电效应，使面部积落灰尘。

第11周

情绪胎教：胎梦，你相信吗

胎梦，就是与怀孕有关的梦，从古代开始不管东方国家或西方国家都很重视胎梦。对盼望、期待孩子降临的父母来说，胎梦是有巨大意义的。

目前妇产科或精神科等相关领域，尚未有人对胎梦做出正式回应，在没有言论和著作的情况下，孕妈妈们大多都是在网站讨论区上得知"胎梦"，然后开始互相交换胎梦的经验。

很多孕妈妈们最想知道的就是"胎梦真的具有预测宝宝性别和前世今生的功能吗？"这种问题的答案，一般认为，胎梦只是因为做梦人的身份和时间特殊，所以另有其名。

胎梦也可以解释成做梦人在睡眠状态下某种心理活动的延续，一般包括幻想与压力，表示他们想达成某种愿望，如想要男孩或女孩，希望孩子是什么样的人等。

 胎教·小贴士

孕妈妈不要把胎梦看得过于神秘，更不要在不好的梦境后有心理压力。

音乐胎教：《春江花月夜》

看这首曲子的题目就令人心驰神往——春、江、花、月、夜，这5种事物集合在一起，是一幅多么祥和唯美的景色。

怎样听这首曲子呢

你可以在晚上，夕阳西下，夜色渐起时，将音乐调到你满意的音量，随着优美飘荡的旋律响起，你和丈夫携手并肩，想象月夜里的春江，并努力把这种美好的想象传达给腹中的胎宝宝，和胎宝宝一起感受音乐中的安详和幸福。

85

美育胎教：鉴赏建筑物的艺术美

滕王阁，古人以巧夺天工的智慧让它耸立于世人面前；国家大剧院，一个现代的建筑，夜间看去美轮美奂，让人感觉自己就是在天宫里。这两个似乎没有什么关联的地方，却都代表着古今建筑的特色和工程的技巧，是值得我们好好地欣赏的，让我们将欣赏的思维传送到胎儿的脑中，让他好好地感受古今智慧与科学的力量吧！

知识胎教：准爸爸讲百科

羊水与胎宝宝之间的关系十分密切，就像鱼儿离不开水一样，在整个妊娠期羊水为胎宝宝的生长发育提供了一个理想的生活环境，从而保证胎儿的新陈代谢和水的平衡。

鱼儿为什么离不开水

人们常说鱼儿离不开水，水除了给鱼的身体提供了支撑之外，还为鱼提供所需要的氧气，这些氧气通常是溶解在水中的，可以通过鳃呼吸进入他们的血管中，进而进入血液循环，参加鱼类的新陈代谢等生命活动。如果鱼离开了水，那么鳃丝会因失水而干燥，互相黏结，破坏了进行气体交换的功能，鱼类就会因窒息而死亡。

环境胎教：色彩点亮了我们快乐的心情

色彩对人的心理能产生明显的暗示作用，从而影响到情绪，红色和强烈刺激的色调会容易刺激人的情绪，使人情绪易激动或者易怒，对孕妈妈和胎儿会产生不利的影响；而黄色则是一种快乐的颜色。在孕妈妈心情有一些灰暗的日子里，不妨在花瓶中插上黄色的花朵，或者使用黄色的枕头、靠垫或者黄色的桌布，它们有着神奇的魔力！当孕妈妈的眼睛"饱餐"了欢快的颜色，心情自然也就开心起来。

在家居色彩上，建议孕妈妈多使用绿、浅蓝等使人感觉宁静的颜色，而只把深红、橙色等艳丽的色彩作为客厅、餐厅等地方的小小点缀。

不同妊娠期，孕妈妈对不同的色彩也会有不同的感觉。孕妈妈可以选择自己喜爱的颜色来装饰居室，让自己心情舒畅。

第12周

营养胎教：孕妇奶粉喝还是不喝

孕妇奶粉是专门为孕妈妈准备的，几乎强化了孕妇所需的各种微量元素。比如，丰富的钙质是牛奶的3.5倍，可以为孕妇和胎儿提供充足的钙质，防止发生缺钙性疾病。

即使孕妈妈膳食结构比较合理、平衡，但有些营养素只从膳食中摄取，还是不能满足身体的需要，如钙、铁、锌、维生素D、叶酸等。而孕妇奶粉中几乎含有孕妇需要的所有营养素。所以应该吃孕妇奶粉，来满足孕妈妈对各种营养素的需求。

从营养成分来讲，孕妇奶粉优于鲜奶。

如无特殊情况，喝孕妇奶粉后原则上不再需要补充其他营养素，以免造成营养摄取过量。孕妇奶粉里富含孕期所需的各种维生素和矿物质，基本上可以满足孕妇的营养需要。最好在营养专家或医生的指导下做一些恰当的增减，以免某些营养素过量，甚至引起中毒。

87

情绪胎教：手影游戏

关于影子，关于手影游戏，你的记忆回到童年了吗？有没有想起兔子，想起爸爸的一双手在光线下的千变万化？想玩吗？那就试试吧。

88

知识胎教：怎样清洗水果上的农药

清洗农药残留物的几种方法：

流动清水冲洗法：以不断流动的清水洗涤蔬果，借水的清洗及稀释能力，可把残留在蔬果表面的农药去除掉。

清洗去皮法：去皮处理可以去除残留在蔬果表面上的农药。蔬菜如黄瓜、胡萝卜，水果如荔枝、桂圆等最好用水清洗后再去皮，避免表面的农药污染果肉。

储存保管法：对一些易保存的蔬菜如冬瓜，可以先存放一段时间，使得农药在空气中缓慢地分解为对人体无毒的物质，减少农药残留量。

加热烹饪法：农药经过加热烹煮后大多数都会被分解，也可经过加热过程，随水蒸气蒸发而消失，因此，炒菜或煮菜汤时最好不要加盖。

Tips 使用清洁剂、盐水清洗或长时间浸泡在清水中，对清除蔬果的残留农药几乎是没有作用的。

抚摸胎教：给胎宝宝足够的安全感

抚摸胎教是你和准爸爸与胎宝宝之间最早的触觉交流，从怀孕3个月开始，你可以进行一些来回抚摸的练习。即你在腹部完全松弛的情况下，用手从上至下、从左到右，来回抚摸。不过在抚摸的时候，动作要轻，时间不宜过长，还要保持稳定、轻松、愉快、平和的心态。

在进行抚摸胎教的时候，可以通过抚摸的动作配合声音与腹中的胎宝宝进行"沟通"，在说话的时候注意声音要温柔，这样可以使胎宝宝有种安全感，能够使他感到舒服和愉快。

孕4月（13~16周）：
胎动开始了

有时候，妈妈情不自禁地拿起笔，

去画你的样子，可是一落笔，

好像又不是刚才所想的那样子。

要是有个心灵摄像机该多好啊，把你拍下来，等你

出生后，看看是不是像你？

胎宝宝：有"奇异果"般重了

妈妈，你知道吗，我现在已经能够听到你跟爸爸的说话声了，而且我的脑部器官记忆功能现在已开始发展喽，你跟爸爸说悄悄话的时候可要注意啦。

我现在的身高是10～20厘米，体重约为100～120克，以后会越来越重，妈妈你要有准备哦。我的皮肤也在增厚，而且还变得有光泽了呢，是那种红润润的哦，你看到了一定会喜欢的。 我的手脚已经能够稍微地活动了，不过现在你还感觉不到，我要快快长大，踢妈妈的小肚子。

孕妈妈：子宫如婴儿的头一样大

到了孕4月，胎儿开始快速地成长，因此，孕妈妈的体重也开始更快地增加。如此一来，在外观上，由于腹部隆起更为明显，腰部也跟着明显变粗，因此孕妈妈看起来就真的是怀孕的样子。

- 基础体温下降
- 由于子宫变大造成压迫，有时大腿根部或腰部有酸痛、抽筋的感觉，是正常的现象
- 胎盘容易形成，胎儿进入稳定期，不易流产
- 乳头的颜色变深
- 小腹略为隆起，可触摸到圆形、有弹性的子宫

本月胎教重点

营养胎教，胎宝宝会"挑食"了

虽然在妈妈的肚子里的时候，宝宝不需要张口寻找吃的东西，但是他的味觉器官仍然在不停地发育，宝宝感觉味道的"味蕾"，在妊娠3个月时就逐渐形成，到第7个月时将发育成熟。

4个月大的胎宝宝，味觉已经出现了，能够辨别羊水的味道。从而决定吞咽与否，或吞咽多少，宝宝还会津津有味地品尝稍带咸味的羊水。如果往羊水里注入葡萄糖，胎宝宝将以高于正常一倍的速度吸入羊水，而如果向子宫注入一种味道不好的营养液，宝宝会立即停止吸入羊水，并开始乱动，明显地表现出厌恶情绪。

这就是说胎宝宝能分辨哪些是"好吃"的东西，哪些是"不好吃"的东西，宝宝"挑食"的习惯在胎内就养成了。

胎教小贴士

宝宝在子宫内的环境适应能力之一，就是他的味觉能力，但是宝宝这个时候还不是通过嘴而是通过大脑来感受味道的。

运动胎教，可以做孕产瑜伽了

妊娠前3个月，由于胚胎的着床尚未完全稳固，不能做延展性的瑜伽，只能用瑜伽的休息及呼吸法来缓解症状。

从孕4月开始，借瑜伽的延展动作，如猫式、侧边延展，不但可舒缓紧张而疼痛的肌肉，而且瑜伽呼吸法也能帮助肋骨伸展并加强胸腔及背部肌肉的弹性，让孕妈妈情绪稳定、肌肉放松及调节血压。

此外，温和的孕妇瑜伽中的许多招式都可以促进胃肠蠕动，帮助排便与排气，减轻胀气与便秘问题。

意念胎教，想象可让宝宝更漂亮

有些科学家认为，在母亲怀孕时如果经常想象孩子的形象，在某种程度上会与将要出生的胎儿比较相似。因为母亲与胎儿在心理上与生理上是相通的，孕妇的想象和意念是构成胎教的重要因素。母亲在构想胎儿形象时，会使情绪达到最佳状态，使体内具有美容作用的激素增多，使胎儿面部器官的结构组合及皮肤的发育良好，从而塑造出自己理想中的胎儿。

环境胎教，自然界中的美

孕妈妈争取每天早些起床，到环境幽静的公园、河畔或树林中散步，或者在假日里和家人到郊区去游玩。这些地方空气清新，负离子多，有利于改善孕妈妈和胎儿的供氧能力。孕妈妈边散步，边呼吸新鲜的空气，边欣赏大自然的美景，同时把自己美好的感受告诉腹中的宝宝，让小宝宝也受到美的熏陶。

行为胎教，享受"性福"

那一份私密的两性情事、男欢女悦，在孕中期可以尽情地享受一番"性福"。

妊娠中期，不用再为如何避孕而烦恼，性生活质量会得到改善，加上孕期激素的作用使女性更富于魅力，会变得更性感。有很多女性在怀孕的部分时间里，能感受到前所未有的快感，享受"性福"。

孕早期的呕吐和疲惫，几乎令人提不起任何"性趣"；怀孕后期，笨重的身体不适于性交。但在妊娠中期，更多的血液流向骨盆，在夫妻亲热时能增加感官敏感性，更容易达到性高潮。

优生孕事ABC

恭喜你进入身心稳定的孕中期

现在，孕妈妈开始进入妊娠的第4个月了，也就是说，进入了一个崭新的怀孕阶段——孕中期，要恭喜每个进入到这个阶段的孕妈妈，因为孕中期是最稳定的一个时期。

92

这时，胎盘逐渐形成，早孕反应也过去了，已经慢慢适应了荷尔蒙和身体的变化，孕妈妈会感觉胃口和情绪都很不错，心情变得舒畅，对孕妈妈和胎宝宝都十分有利。此阶段有胎盘和羊水的屏障作用，可缓冲外界的碰撞，使胎宝宝得到有效的保护。黄体酮的增加速度放慢了，现在孕妈妈可能比前几个月都睡得要好。

尽管有时候也还会有腿抽筋、做奇怪的梦和鼻子不通气的现象发生，但对孕妈妈来说，孕中期简直就算是孕期的"蜜月期"了。

胎动——胎儿健康的"晴雨表"

在怀孕第16周，也就是第4个月的时候，有的孕妈妈会很明显地感到胎动，有时还会有些触痛感。胎动代表胎宝宝的健康，若是胎盘功能不佳、脐带血流不好，胎宝宝所得到的营养较差，活动力便会很差，因此，胎动是胎宝宝健康的重要指标之一。

一天之内，正常的胎动频率和次数，一般是每小时3~5次，12小时胎动约为50~70次。不过，清晨一般最少，下午6点以后会增多，晚上8~11点最活跃。形成这种胎动规律就表示宝宝已经形成了自己的"胎宝宝生物钟"。

虽然胎动的强弱与频率，因个体的不同会有很大的差异，但是有些情况需要引起注意：若12小时内胎动少于30次，或1小时内胎动小于3次，就表示胎宝宝可能有缺氧的情形。胎动频率减少或停止，可能表示胎宝宝在子宫内处于缺氧状态，需要立即入院检查。

睡觉姿势取左侧卧为佳

在第4个月时，孕妈妈会发现自己的肚子已经开始悄悄地隆起来了，这表示胎宝宝又长大了不少，要提醒孕妈妈的是，睡觉姿势跟胎宝宝的关系也很密切。

怀孕后，孕妈妈的子宫会发生轻微的旋转，其中右侧旋较多，旋转后的子宫很容易压迫右侧输尿管，造成输尿管扩张。如果仰卧睡眠，增大的子宫还会压迫脊柱前方的下腔静脉，使回到心脏的血液和心脏排出的血液都减少，甚至有可能造成低血压，减少母体对胎盘的血液供应量，造成胎宝宝缺氧；其次，子宫也可压迫腹主动脉，使到达子宫的血流量减少，也会影响对胎宝宝的供氧。

如果孕妈妈睡觉取左侧卧的姿势，既可纠正子宫旋转，减少对右侧输尿管的压迫，又可避免仰卧时子宫对大血管的压迫。

Tips 如果孕妈妈不习惯左侧卧，也可以翻身左右互换，只要不仰卧就可以。

93

甜蜜的性爱也能传递给胎宝宝

孕中期，由于激素的作用，孕妈妈的性欲有所提高，加上胎盘和羊水的屏障作用，可缓冲外界的刺激，使宝宝得到有效的保护，因此可以适当地过性生活。

妊娠期的性生活应该建立在情绪胎教的基础上，舒心的性生活能充分地将爱心和性欲融为一体。白天，准爸爸和孕妈妈亲吻与抚摸，爱的暖流就会传到对方的心田，对于夜间的闺房之爱大有益处。反过来，夜间体贴的性生活又促进准爸爸孕妈妈白天的恩爱，使孕妈妈的心情愉快，情绪饱满。

如果在孕期准爸爸孕妈妈恩爱与共，生下来的孩子反应会更敏捷，语言发育较早而且身体健康。

Tips　射精在子宫里会影响胎儿吗？

正常的子宫是隐蔽的，一般都会阻挡外来的东西，除非孕妈妈有子宫闭锁不全，才可能因无法阻挡外来的异物而受伤。而且胎儿有羊膜包着，不会跟外界接触，受精液感染是不可能的。不过性交时最好还是戴避孕套。

新潮孕妈PK古老民俗

多喝鲜奶，生出来的婴儿皮肤会很白

很多孕妈妈相信多喝牛奶，出生的宝宝皮肤会变白，而多喝色泽暗的饮品或者吃咖喱等等，则会让宝宝的皮肤变黄变黑。实际上胎儿的皮肤颜色是受父母的遗传基因影响，在怀孕的那一刻已由其基因决定，与怀孕期的饮食关系不大。

生个孩子坏颗牙

民俗说法中就有"生个孩子坏颗牙"的说法，其实古人之所以有这样的说法，主要是因为以前的孕妇多半营养不良，或是不懂得摄取均衡的营养，当钙质不足的时候，自然容易在怀孕时或生产后，发生牙齿健康的问题。而现在的孕妈妈只要注重营养均衡，多补充钙质，做好怀孕时口腔卫生保健，完全可以拥有一口同孕前一样的"皓齿"。

多吃水果对胎儿有益无害？

老人们总是会劝孕妈妈多吃些水果。他们认为水果营养丰富，对母亲和胎儿有利，吃得再多也没关系。但实际上，孕妈妈不宜吃太多很甜的水果，更不能把水果当做正餐来食用，否则容易导致体内血糖升高，可能会引发妊娠期糖尿病。每天水果的量应控制在250克左右。

中药的困扰

不少孕妈妈和家里的长辈都相信中医的疗效，希望通过中医治疗或者中药食疗来帮助腹中胎儿更好地发育生长。实际上，中药虽然比较温和，但孕妈妈仍需慎用，如一些活血化瘀药、行气祛风药、苦寒清热药和凉血解毒药等等。有的孕妈妈想通过服用补药来巩固胎儿，但实际上人参、鹿茸、桂圆等补品都是不能乱服的，孕妈妈只有在专业医生的指导下方可服用中药和各种补药。

"喜上冲喜"危及母子

传统中有这样的说法，怀孕期间，家中小叔、小姑嫁娶，不能迎接礼车，否则胎儿会受惊吓，如果参加婚礼，也不可以吃喜宴或喜饼喜糖等，以免"喜上冲喜"危及母子。 这种状况是难以理解，不过也算是中国人特有的风俗吧。同样的，孕妇也不能观看丧礼，防止冲煞。对于这点也许有一些道理，因为丧事的悲伤气氛会影响孕妈妈的心情，毕竟不是好事。

本月产检: 唐氏综合征筛检、羊膜穿刺

唐氏综合征: 唐氏综合征产前筛查是用一种比较经济、简便、对胎儿无损伤性的检测方法，查找怀有先天愚型胎儿的高危个体孕妇。正常夫妇亦有生育先天愚型患儿的可能，并且发病率随着母亲年龄的增高而增高。

在孕中期14~20周之间进行检查，阴性报告表明胎儿发生这种先天异常的机会低，并不能完全排除异常。产前筛查结果以风险率表示，大于1/275为筛查阳性，需进一步做羊水检查。

羊水穿刺: 医学上称为羊膜腔穿刺，是一种创伤性产前取材方法。在严格消毒后，在超声定位和超声引导下，医生将一根细长的穿刺针穿过孕妇的腹壁和子宫壁，刺入羊膜腔抽取少量羊水，离心获取羊水中的胎儿细胞进行细胞培养，染色体核型分析，从而进行产前疾病诊断。

虽然羊水穿刺有可能引起流产，但那种概率是十分微小的，相比怀上一个先天缺陷的胎宝宝来说还是值得去做的。而且检查过程并不麻烦，下面是具体过程：

孕产妇年龄（岁）	每10000个胎儿中唐氏综合征发生概率
20	0.4
25	1.0
30	2.0
35	3.1
40	10.5
45	33.6

1. 孕妈妈平躺，排空膀胱后进行腹部超声波检查，确认胎宝宝数、胎位、胎宝宝形态、胎盘位置及羊膜腔位置等，确定下针的位置。

2. 以超声波作为引导进行穿刺。

3. 先抽5毫升羊水舍弃不要，再抽取20毫升羊水，这个过程差不多需要五分钟。

4. 抽针，再观察胎宝宝心跳等是否正常。

95

准爸爸，你好

和孕妈妈一起感受胎动

胎宝宝在子宫腔里活动，撞击到子宫壁而产生的动作就是胎动，例如胎宝宝在子宫里伸手、踢腿、翻身等冲击到子宫壁就是胎动。胎动与胎宝宝的安危息息相关。

孕4月的胎宝宝神经元迅速地增多，神经突触形成，胎宝宝的条件反射能力加强，手指开始能与手掌握紧，脚趾与脚底也可以弯曲，眼睛开始尝试着开合，这时如果准爸爸孕妈妈用手轻轻地碰触腹部，腹中的胎宝宝就会蠕动起来。

他可能会做翻身运动，即胎宝宝身体的左右转动，动作较大，孕妈妈可能会有翻滚、牵拉的感觉。有时，胎宝宝会做四肢运动，比如挥拳、踢脚等，如果可能，有的孕妈妈会感到宝宝在腹中的踢动或跳动。

大多数时间是孕妈妈享受这份独有的美好，准爸爸不时地交流也能慢慢建立起良好的亲子关系。

准爸爸做好运动教练

孕期适当活动好处多多，能促进机体新陈代谢与血液循环，增强心、肺功能，助消化，增强全身肌肉力量，还可加强胎儿的脂肪代谢，防止胎儿巨大。

所以，准爸爸要注意引导和陪同孕妈妈做运动，最好能一起去室外活动，这样可以经常呼吸新鲜空气，并获得充分阳光，有利于胎儿骨骼的发育，也可防止孕妈妈骨骼软化。

在怀孕早、中期，孕妈妈身体尚灵活，准爸爸可以根据孕妈妈的身体素质和爱好，陪她适当地参加一些太极拳、散步、孕妇体操等运动。

哪怕工作再忙，准爸爸也要争取每天抽出时间陪妻子散散步等，这些亲密小举动将会永远保存在孕妈妈的甜蜜回忆里。

准爸爸是孕妈妈最好的运动监督者和指导老师，一个贴心的准爸爸应该熟知孕期运动的注意事项，保证孕妈妈能安全地进行身体锻炼。

与胎宝宝拉拉家常

孕4月是准爸爸、孕妈妈与胎宝宝建立亲子关系的良好时段，胎宝宝已经具有感知父母关爱的能力了，不妨多与宝宝对对话，拉拉家常，这是一种非常有益的胎教手段。对话可随时进行，每次以3～5分钟为宜。

早上醒来：先抚摸一下胎宝宝，问声："早上好，宝宝！"

早饭之前：孕妈妈闻见准爸爸所做早饭的香味，可以深吸几口气让宝宝也闻一闻，问问宝宝："你爸爸做的早饭香不香？"

上班途中： 孕妈妈不妨将自己小心行驶的心意告诉宝宝："哦，宝宝，不要怕，我们靠右边慢慢走。"

下班时间： 下班时，孕妈妈见到来接的准爸爸时，不妨告诉宝宝："宝宝，你爸爸真好，又来接我们了。"

就寝以前： 准爸爸可以问宝宝："宝宝，爸爸在叫你了，你听见了吗？"

准爸爸孕妈妈可以根据情境随时调节对话内容。

第13周

营养胎教：孕4月饮食原则与食谱推荐

孕4月饮食原则

从本月起，孕妈妈将进入蛋白质需求最大的时期，每天蛋白质的供给量应达到75～95克。应该多吃鱼、肉、蛋、豆制品等富含优质蛋白质的动物性食物。

1. 这个阶段胎宝宝铁的需求量较大，孕妈妈一旦发现自己有心慌气短、头晕乏力等贫血症状时，可以去医院咨询医生后合理地补充铁质。尤其是如果孕前就有贫血现象，更应该注意补充铁质。可以多吃瘦肉、猪肝、鸡蛋、海带、绿色蔬菜（芹菜、油菜、苋菜等）、干杏、樱桃等富含铁的食物。

2. 本月是胎宝宝长牙根的时期，建议孕妈妈多吃含钙的食物，让宝宝长上坚固的牙根。补钙的同时注意补充维生素D，以促进钙的吸收。维生素D需要量为10毫克/天。

3. 从本月开始，孕妈妈需要增加锌的摄入量。缺锌会造成孕妈妈味觉、嗅觉异常，食欲减退，消化和吸收功能不良，免疫力降低。富含锌的食物有生蚝、牡蛎、肝脏、口蘑、芝麻、赤贝等，尤其在生蚝中含量尤其丰富。不过每天的补充量不宜超过20毫克。

4. 妊娠14周左右，胎宝宝的甲状腺开始起作用，制造自己的激素。而甲状腺需要碘才能发挥正常的作用。孕妈妈摄入碘不足的话，会影响胎宝宝的中枢神经系统，尤其大脑的发育。鱼类、贝类和海藻等海鲜是碘最丰富的食物来源。

Tips 过了孕早期，孕妈妈变得胃口大开，胎儿的营养需求也加大了。孕妈妈可以放心地吃各种平时喜欢但因为担心发胖而不敢吃的东西。但是不要一次吃得过多、过饱，或一连几天大量食用同一种食品。还要注意少吃高糖食物，这些食物会让妈妈体重超标，从而诱发妊娠糖尿病。冷饮也尽量不要食用，胎儿对冷的刺激十分敏感，如果孕妈妈贪吃冷饮的话，胎儿会变得躁动不安。

孕4月一周食谱推荐

餐次	周一	周二	周三	周四	周五	周六	周日
早餐	花卷50克，百合粥1碗，鸡蛋1个，蔬菜适量	牛奶250毫升，包子100克	糯米粥或燕麦粥1碗，热狗面包100克，蔬菜适量	酸奶250毫升，红肠面包100克，蔬菜适量	奶酪面包2片，玉米粥1碗，蔬菜适量	糯米粥1碗，馒头50克，蔬菜适量	小馄饨150克，蔬菜适量
加餐	牛奶250毫升，麦麸饼干50克	鲜果沙拉100克	百合汤1碗，核桃糕50克	紫米粥1碗	牛奶麦片250毫升，全面面包2片	豆浆250毫升，钙强化饼干50克	牛奶250毫升，苹果1个
午餐	海鲜炒饭150克，香菇油菜100克，虾皮紫菜汤、蔬菜各适量	青柠饭150克，鲜虾芦笋100克，鸡血豆腐汤、蔬菜各适量	米饭100克，拌豆腐干丝150克，鲫鱼丝瓜汤、蔬菜各适量	南瓜饼100克，蔬菜咖喱鱼丸煲150克，凉拌素什锦、小黄瓜汁各适量	咸蛋黄炒饭150克，韭菜薹炒鱿鱼100克，菠菜鱼片汤适量	虾仁水饺150克，素炒豆苗100克，百合汤适量	米饭100克，罐焖牛肉150克，肉末炒芹菜、蔬菜各适量
加餐	蛋糕或饼干50克，苹果1个	什锦沙拉100克	奶酪烤鸡翅100克	蛋糕1块（约100克）	酸奶布丁150克	新鲜红枣20克，蛋卷50克	葡萄150克
晚餐	面条150克，肉末炒芹菜100克，蔬菜适量	米饭100克，猪肝拌菠菜100克，枸杞红枣饮适量	花卷100克，六合菜100克，芪米粥1碗	米饭100克，菠菜炒鸡蛋100克，虾皮紫菜汤、蔬菜各适量	面条150克，山药香菇鸡100克，蔬菜适量	米饭100克，香菇油菜100克，蔬菜沙拉适量	米饭100克，抓炒鱼片100克，杂粮皮蛋瘦肉粥1碗

孕4月美味营养餐

● 补碘的好菜——海带烧黄豆

材料： 黄豆50克，海带20克，香菇20克，彩椒丝少许。

调料： 酱油1大匙，红糖、盐各适量，干辣椒2个。

做法： 1.黄豆浸泡2~4小时后洗净；将香菇洗净，海带泡开，都切成小块备用。

2.起锅加水(以没过黄豆为宜)，将黄豆、香菇、海带一起先用大火煮开后再用小火炖煮20分钟。

3.加入酱油、红糖、盐、辣椒，用小火慢慢煮至汤收干后装盘，撒上彩椒丝点缀即可。

● 蛋白巧搭配——三鲜豆腐

原料： 豆腐、蘑菇各200克，胡萝卜、油菜各100克，海米10克，姜、葱各少许。

调料： 酱油1小匙，鸡精、盐、水淀粉、高汤各适量。

做法： 1.将海米用温水泡发，投洗干净泥沙备用；豆腐洗净切片，投入沸水中氽烫一下捞出，沥干水备用；将蘑菇洗净，放到开水锅里氽烫一下，捞出来切片。

2.胡萝卜洗净切片。油菜洗净，沥干水备用。葱切丝、姜切末备用。

3.锅内加入植物油烧热，放入虾米、葱、姜、胡萝卜煸炒出香味，加入酱油、盐、蘑菇，翻炒几下，加入高汤。

4.放入豆腐，烧开，加油菜、鸡精，烧开后用水淀粉勾芡即可。

● 消渴、除湿——金钩嫩豇豆

材料： 嫩豇豆500克，海米20克，葱少许。

调料： 香油1小匙，料酒、盐、鸡汤各适量。

做法： 1.将豇豆择洗干净，切成5厘米左右的段。海米洗净，用温水泡软，捞出来沥干水，剁成碎末。葱洗净，切成葱花。

2.锅内加入植物油烧热，放入豇豆炸至表面起皱，捞出控油。

3.锅中留少许底油烧热，下入葱花、海米，翻炒几下，倒入豇豆炒匀，加入料酒、盐、鸡汤，大火收汁。

4.待汤汁快干时，淋入香油，翻炒几下即可。

● 补脾健胃——包菜炒牛肉

材料： 牛肉60克，包菜500克。

调料： 大蒜、生姜、盐、味精、白糖、水淀粉、生抽、姜粉各适量。

做法： 1.包菜洗净，切片。大蒜去皮，捣碎。

2.选鲜嫩牛肉洗净，切片，加入适量姜粉、生抽腌好。

3.旺火起油锅，下姜爆香，放入牛肉，炒至八成熟起锅。

4.旺火起油锅，下蒜蓉爆香，下包菜炒熟，再下牛肉，调入盐、味精、白糖、水淀粉，略翻炒即可。随量食用。

● 香气浓郁——木瓜羊肉鲜汤

材料： 木瓜1个，羊肉200克，青菜少许，生姜1小块。

99

调料： 高汤适量，盐1小匙，料酒、胡椒粉各少许。

做法： 1.将木瓜去皮去籽，洗净切片；羊肉洗净切薄片后用料酒、胡椒粉抓腌好；生姜去皮切丝；青菜洗净。

2.起锅热油，爆香姜丝，注入适量高汤，用中火烧开。

3.将木瓜、羊肉投入，煮至八成熟。

4.再加入青菜，调入盐，用中火煮透入味即成。

🌀口感像流沙——流沙奶黄包

材料： 面粉300克，酵母、生咸蛋黄各适量。

调料： 泡打粉、白糖50克，黄油300毫升，粟粉300克，奶粉200，吉士粉100克。

做法： 1.将面粉、泡打粉拌匀，放入酵母、白糖，加水和匀，揉成表面光滑的面团，饧发片刻。

2.将咸蛋黄蒸熟压碎，与黄油、粟粉、奶粉、吉士粉拌匀成馅料。

3.将面团搓条，下剂，擀皮，包入馅料，收口捏紧，光面向上，即成流沙奶黄包生坯。

4.将生坯放入蒸笼里静置50～60分钟，上火蒸约8分钟即熟。

运动胎教：赶走浮肿的脚部运动

　　这个锻炼脚部的体操可以使你的脚腕关节变得柔韧有力，使行走更轻松，还有助于消除孕晚期的脚部浮肿。

　　1．平躺，把一条腿搭在另一条腿上，然后放下来，重复10次，每次的高度均增加一些，换腿重复。

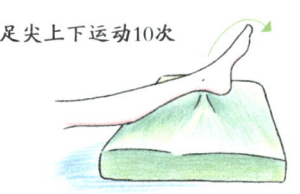

足尖上下运动10次

　　2．两腿交叉夹紧、紧闭肛门，抬高阴道，然后放松，重复10次，换腿重复。

一条腿搭在另一条腿上重复10次

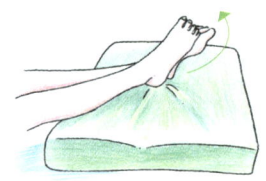

语言胎教：准爸爸讲故事《渔夫织网》

　　宝宝，爸爸妈妈希望你是个快乐的小宝宝，在爱的环境里健康地成长，懂得感恩和知足常乐。

　　有一个渔夫贪图省事，织的网只有一张桌子那么大。有一次他出海一天也没有捕到一条鱼，垂头丧气地回到了家。邻居对他说："你织的网实在太小了，哪能捕得到鱼，还是把网织得大一点再出海捕鱼吧。"

　　渔夫听了邻居的话，就认真地在家织网，几天下来，把网织得和邻居家的网一样大。渔夫带着他的大网，出海捕鱼，一天下来，捕到了许多鱼，他唱着歌，高高兴兴地回了家。

渔夫想，看来，捕鱼多少的关键是网的大小，如果我把网织得更大，那捕到的鱼一定还要多。渔夫不再出海捕鱼，一天接一天在家织网，几天下来，他把原来就很大的网又扩大了几倍。巨网织好后，渔夫就带着它出海捕鱼去了，他花了好大的工夫才把巨网撒入大海。渔夫想，这一网收起来，鱼一定可以装满一船，想着想着，他乐得笑出了声。

渔夫准备收网了，一拉网，觉得好沉好沉，拉了半天也拉不上来。网中确实有许多鱼，鱼儿们拼命地向大海深处游去，把渔夫的小船也拉得翻了身。渔夫这才知道，网并非是越大越好，贪得无厌，往往会得到相反的结果。

行为胎教：拉响皮肤保卫战

怀孕后，体内激素水平的变化，会影响皮肤，进入怀孕中期，孕妈妈皮肤色素沉积变得明显，有的孕妈妈皮肤甚至变得敏感粗糙了，面部出现蝴蝶斑，腹部出现妊娠纹等。

因此，现在要开始进行合理的皮肤养护，以保证皮肤细腻光滑：

1. 每次洗脸时应使用温和无刺激的洁面用品（洗面乳或香皂），因为孕期皮肤变得敏感。另外由于皮肤干燥，洗脸的次数应相对减少，每日两次即可。

2. 洗完后用手轻轻拍打几下，等水分半干时用温和的润肤霜均匀搽于面部，并轻轻按摩，这样有利于保持皮肤水分，促进皮肤的血液循环。

3. 化妆品要用平时用惯了的品种，每天坚持，防止面部皮肤粗糙破裂。

4. 室内保持一定的湿度，最好有空气加湿器，或在室内放一盆水。

5. 避免日光直射以预防面部杂斑。

哑语胎教：指按

指按可以在怀孕第4个月，孕妈妈有胎动感时，即可开始应用，姿势同第3个月中爱抚法，可做完爱抚后，接做此法。用食指或中指轻轻触摸胎宝宝，然后放松即可。开始时，胎宝宝一般不会做出明显反应，待母亲手法娴熟并与胎宝宝配合默契后，胎宝宝就会有明显反应。如遇到胎宝宝"拳打脚踢"强烈反应，表示胎宝宝不高兴，应停止动作。8个月时，胎宝宝的头和背已经分清，此时如胎宝宝发脾气，母亲可用爱抚法抚摸胎宝宝头部，安抚胎宝宝，一会儿胎宝宝就会安静下来，用轻轻蠕动来回答。此法应定时做，一般在每天睡觉前（晚上9~10点）胎宝宝活动频繁时做，每次时间在3~5分钟为宜。

第14周

营养胎教：补铁补血——黄焖鸭肝

● **材料：** 鸭肝200克，鲜木耳10克，葱1小段，姜1片，彩椒丝少许。

● **调料：** 盐1小匙，料酒、香油各半小匙，水淀粉、高汤各适量，胡椒粉少许。

● **做法：** 1.将鸭肝洗净，投入沸水中煮5分钟左右，捞出切成厚片。鲜木耳洗净，撕成小朵。葱洗净切段。

2.锅内加入植物油烧热，放入姜片、葱段爆香，倒入鸭肝、木耳，烹入料酒，注入高汤，用中火焖至九分熟。

3.调入盐、胡椒粉，焖至入味。

4.用水淀粉勾芡，淋上香油，撒上彩椒丝即可。

情绪胎教：一起来玩七巧板

　　玩过七巧板吗? 那是一种拼图游戏, 简简单单的七巧板, 竟能拼出千变万化的图形。

七巧板怎么玩

　　1. 拼几何图形, 如三角形、长方形、不规则的多边形等。

　　2. 拼各种人物形象或者动物, 如猫、猪等, 或桥、房子、塔, 或是中英文字符号。

　　3. 说故事, 将数十幅七巧板图片连成一幅幅连贯的图画, 再根据图画内容说给胎宝宝听, 如先拼出数款猫、几款狗、一间屋, 再以猫和狗为主角给胎宝宝讲述一个动人的故事。

美育胎教：天然去除妊娠纹

　　从怀孕初期即可选择适合体质的乳液、按摩霜，在身体较易出现妊娠纹的部位，如腹部、乳房、大腿内侧，勤加按摩擦拭，以增加皮肤、肌肉的弹性以及血流的顺畅。

怀孕期间注意多吃一些富含胶原蛋白和弹性蛋白的食物，如猪蹄、动物蹄筋和猪皮等，也有一定的预防效果。

怀孕3个月之后，要每天坚持涂抹妊娠霜、橄榄油或者加入美容用的维生素E油的婴儿油。

使用专业的托腹带承担腹部的重力负担，以减轻对皮肤的过度延展拉伸。

妊娠纹的多少和胎儿的大小也有关系，如果胎儿过大，会增大对腹部皮肤的牵扯，妊娠纹也会相应增多、加深。

抚摸胎教：孕中期抚摸胎教这样做

1．每天睡前听胎教音乐前进行。孕妇仰卧放松，双手放在腹壁上捧住胎儿从上至下、从左至右地抚摸胎儿，反复10次后，用食指或中指轻轻抚压胎儿，然后放松。

2．到妊娠6~7个月时，孕妇能摸出胎儿体形，可进行推晃锻炼，即轻轻推动胎儿，使之在腹中"散步"。

3．抚摸胎教要求定时进行，开始每周3次，以后根据具体情况逐渐增多，每次时间5~10分钟。

4．如果抚摸胎教配以轻松愉快的音乐，效果更佳。

103

语言胎教：妈妈读童话《鸡宝宝》

今天，给宝宝读的故事是《鸡宝宝》，什么时候宝宝才能像鸡宝宝一样"破茧而出"呢，妈妈是个很操心急性子妈妈，一直盼望着我们见面的日子。

鸡宝宝降生了，它是用嘴啄开一扇小天窗，从蛋壳房子里，摇摇摆摆来到这个世界的。

刚一来到世界，它觉得什么都稀奇，东瞅瞅西望望，当它远远望见一片耀眼的金黄色，它唧唧叫着跑向前去……

"哟，这是什么呀，一朵又一朵！"它用尖尖的小嘴巴去啄那黄色的东西。一朵、两朵、三朵……不一会儿就啄了十几朵。鸡妈妈赶来了，着急地说："孩子，别再用嘴啄花了，这黄色的花朵叫迎春花。迎春花的开放，告诉我们春天已经到了，因为迎春花是春天开放的第一丛花。要好好地观赏，千万别破坏了春光！"鸡宝宝听了妈妈的话，不再啄花朵了，它已经记住了春天是个什么样子！

鸡宝宝长大一些了，它到小河边去玩，它用手抓住了一根又长又弯的东西，在小河边荡秋千。玩得正高兴，鸡妈妈又赶来了。鸡妈妈说："快停下来，千万别荡，小心掉到河里!"鸡宝宝停下来了。

鸡妈妈又对它说:"你拽住的这又长又弯的东西叫垂柳,它们整齐地长在小河边,瞧那绿色的垂柳多么好看呀,垂柳发青的时候是夏天来了!"鸡宝宝点点头,它又把夏天的样子记在心里。

又过了一些日子,鸡宝宝在风地里追看叶子玩,它跑得满头是汗!鸡妈妈又赶来说:"孩子,当心感冒啊!树叶落在地上被风卷起来,说明秋天来了,秋天的风硬,不要在风地里玩!"鸡宝宝不去追赶树叶子,它已经记住了秋天的样子!

大约又过了一些日子,房子里已生上了火炉。有一天清早,鸡宝宝推门一瞧,哟!一片银白色!再往远处看呢,屋顶、树上也全是银白色,鸡宝宝高高兴兴地跑着去玩!

鸡妈妈又一次赶上来对它说:"小心滑倒摔跤,这银白色的是雪,只有冬天来了的时候才下雪,六角菱形的雪花美丽极了。"鸡宝宝又会意地点点头,它不再到雪地里跑着玩,而是观赏雪花了。自然,它的小心窝里又记住了冬天的样子。

春、夏、秋、冬是什么样子,鸡宝宝全都看到了,领会了。鸡妈妈亲昵地搂住鸡宝宝说:"孩子,你长大了一岁,已经懂得不少事情了。"

104

第15周

营养胎教:孕妈妈勤补铁,胎宝宝不贫血

从孕中期开始,孕妈妈很容易发生缺铁性贫血,尤其是在我国,孕妈妈缺铁的现象比较普遍,因此不能忽视了补铁的重要性。

宝宝出生时体内需要贮存铁约300毫克,以满足出生后4~5个月的需要,如果孕妈妈缺铁,宝宝出生后容易患缺铁性贫血。另外,胎宝宝生长以及胎盘血液循环等都需要大量血液供应,因此,孕妈妈从孕中期开始就应该补充铁质。

中国营养学会建议,孕妈妈在中期每日铁的供给量为25毫克。孕妈妈应当多吃含铁丰富的食物,补充动物血液、肉类、肝脏等富有血红素和铁的动物性食品,动物肝每周至少吃50克,同时,补充含维生素C丰富的水果,有利于增加铁的吸收。

音乐胎教：《梦幻曲》，感受清新与自然

看过香港电影《春田花花幼儿园》的孕妈妈可能会对舒曼的这首《梦幻曲》有较深的印象，这首曲子曾被用作这部电影的主题曲，是一首世界名曲，经常被改编成各种乐器的独奏曲。

怎样听这首曲子

《梦幻曲》是舒曼于1838年创作的一首钢琴曲，作为其《童年情景》中的一部分，描写了儿童的快乐生活，表现了成年人对童年时光的回忆。

听这首曲子，特别适合把音量调到若隐若现的状态，在优美的旋律中，和胎宝宝一起感受清新与自然。另外在给胎宝宝朗诵诗歌或者是讲故事的时候，也可以用这首曲子来配乐，意境将再美不过了。

环境胎教：把软床换成硬一点的吧

席梦思床目前已经是家庭常用的卧具，一般人睡席梦思床，有柔软、舒适之感，但孕妈妈是不宜睡席梦思床的，因为：

容易使得脊柱的位置失常 孕妈妈的脊柱较正常腰部前曲更大，睡过于柔软的席梦思床及其他高级沙发床时，会对腰椎产生严重影响。仰卧时，脊柱呈弧形，使已经前曲的腰椎小关节摩擦增加；侧卧时，脊柱也向侧面弯曲。长期睡下去会使脊柱的位置失常，压迫神经，增加腰肌的负担，既不能消除疲劳，又不利生理功能的发挥，还可能引起腰痛。

不利于翻身 辗转翻身有助于大脑皮质抑制的扩散，提高睡眠效果，然而，席梦思床太软，孕妈妈深陷其中，不容易翻身。

因此，孕妈妈不宜睡席梦思床。

美育胎教：做一个百日爱心贺卡

时间过得真快，不知不觉中胎宝宝已近100天了，宝宝在妈妈的肚子里已经可以做很多事情了，如皱眉、做鬼脸、斜着眼睛，可能也会吮吸自己的手指等，想到这，你知道如何动手为宝宝制作一张百日贺卡了吗？

只要把你每次想象的胎宝宝的样子、表情画出来和宝宝的B超照一起，贴在一个卡通的小本子上，里面写满了你对他的祝福和爱，等将来宝宝出生后，这会是你和宝宝最珍贵的回忆。

第16周

情绪胎教：折纸

　　今天我们来学一个简单的小手工吧，孕妈妈可以一边听着愉悦的音乐，一边动手制作着小手工，这样孕妈妈的心也可宁静下来。

　　材料准备：折纸（纸张大小：15cm×15cm）

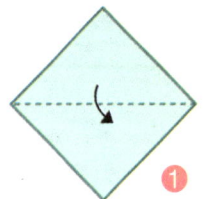 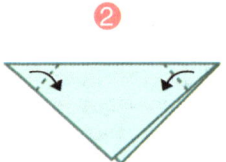 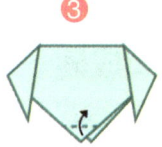 

106

智力胎教：猜4种交通工具

（一）

移动大楼房，
漂在水中央，
岸边停一停，
居民换一帮。

（二）

一只大雁真稀奇，
只喝油来不吃米，
银光闪闪歌声起，
展翅能飞千万里。

（三）

两眼像铜铃，四脚圆滚滚，
腰间生嘴巴，专捡过路人。

（四）

屋连屋，一条龙，腿脚多，非蜈蚣，
头上乌云滚滚，脚下雷声隆隆。

营养胎教：滋补脾胃——牛肉末烧豆腐

- **材料：** 鲜牛肉100克，豆腐300克，榨菜50克，黄瓜、红辣椒、大葱、蒜头各适量。
- **调料：** 酱油、精盐、味精、豆油、水淀粉各适量。
- **做法：** 1.牛肉清洗干净，切成末。

2.豆腐洗净，切成丁，放入开水锅中烫一下，捞出，控干水分。

3.榨菜洗净，切成末。辣椒、黄瓜、大葱洗净，切成丁。大蒜洗净，切成末。

4.锅内放豆油烧热，加葱丁、蒜末炝锅，放入牛肉末，加酱油和水炖10分钟，放入榨菜、豆腐再炖5分钟，放入辣椒丁、黄瓜丁、精盐炒至牛肉末熟透入味，调入味精，用水淀粉勾芡即成。

行为胎教：外出旅行注意5点

孕妈妈要出门旅行，最好安排在怀孕中期，但是要注意以下5个要点。

1．制定合理的旅行计划。在行程安排上一定要留出足够的休息时间。若行程难以计划和安排，有许多不确定的因素，最好还是不去为好。

2．途中要有人全程陪同。最好是由丈夫、家人或好友等熟悉你的人陪伴前往。

3．随身携带药品。胃肠药、治疗外伤的药水、药膏、创可贴、花露水等，使用前要先看说明书上有无孕妈妈慎用的字样。

4．运动量不要太大或太刺激。例如不要玩过山车、自由落体、高空弹跳等。

5．旅途中随时注意身体状况。若有任何身体不适，如下体出血、腹痛、腹胀等，应立即就医，不要轻视身体上的任何症状而继续旅行，以避免错过最佳诊治时机。

107

语言胎教：巧嘴巴《一只青蛙一张嘴》

这个好玩的绕口令可不光是为了练练嘴皮子哦，更多的是考验你的速算能力，最初几只青蛙应该是不在话下了，但多了可能就绕不过来，叫上准爸爸一起参与吧，一定很讨胎宝宝喜欢。

一只青蛙一张嘴，两只眼睛四条腿，扑通一声跳下水。

两只青蛙两张嘴，四只眼睛八条腿，扑通、扑通跳下水。

三只青蛙三张嘴，六只眼睛十二条腿，扑通、扑通、扑通跳下水。

……

就是这样，一只接着一只下去，相信你有胎宝宝的帮助一定会赢准爸爸的。

运动胎教：孕产瑜伽——莲花坐式

方法：

1. 端坐地上，做深呼吸。

2. 双腿弯曲，脚掌相对，脚跟靠近会阴处，腰背挺直，双手拇指食指结成圆，另五指伸直，合拢，置于双膝上方，做深呼吸。

3. 还原，调息。

注意事项：

做莲花坐式瑜伽时，双脚可交叉盘坐，亦可放松不盘腿，采用最舒适的坐法，这也是瑜伽的基本坐法——静坐的姿势，要坐得好，必须不为身体的不适所困扰，因此勿勉强自己将双腿盘坐，同时意念要集中在呼吸上。

效果：

动作配合着深呼吸来进行，可获得精神和肉体的统一，亦可获得心灵的安静，解除压力与紧张。

108

PART
6

孕5月（17~20周）：
小小“窃听者”

宝宝，中午是不是做了什么美梦，

蒙眬中你撞了妈妈的肚子几下，

这是我们之间的秘密……

胎宝宝： 有"苹果"般重了

妈妈，我现在已经长结实了，有的时候我的小手小脚会乱动，还会踢妈妈的小肚子，妈妈会不会觉得宝宝不乖呀？悄悄地告诉你哦，我已经开始会便便啦。

到这个月底的时候呢，我大概会长到20～30厘米，体重有200～350克。妈妈，我现在的心跳大概是每分钟120～160次，在这个月的第一周过了之后，你用医生伯伯的听诊器就能听到我的心跳啦。还有，妈妈你现在可不能偷懒喽，我已经可以学习东西了，你要开始进行胎教哦，那样我才会长成一个聪明惹人爱的宝宝，要记得哦。

孕妈妈： 吹气球般地胖起来

怀孕进入第5个月，体重快速增加，胎儿也开始快速成长。怀孕进入第5个月的女性会惊讶地发现："天啊，忽然之间，我好像吹气球般地胖了起来。"

- 子宫大小如同成人的头

- 子宫底的高度约15厘米，满5个月时，上升到肚脐附近

- 可看出腹部变大

- 经产妇在本月初可能感觉到胎动，初产妇可能到月底或下月初才会感觉到胎动

- 母体的脂肪明显增加，体重每星期增加约300克

本月胎教重点

情绪胎教，主动使自己放松

放弃那种想要在宝宝出生以前把一切打点周全的想法。孕妈妈也许会觉得应该抓紧时间找好产后护理人员，给房间来个大扫除，或在休产假以前把手头做的工作都结束了，其实孕妈妈在列出一大堆该做的事情前面应该郑重地加上一样，那就是善待自己。

一旦宝宝出生，孕妈妈就将再也没有那么多时间来照顾自己了。所以孕妈妈在怀孕的时候应该试着看看小说，在床上吃可口的早餐，去树林里散散步，尽量多做一些会使自己感到愉快的事情，照顾好自己，是孕育一个健康可爱宝宝的首要前提。

语言胎教，多和胎宝宝讲讲话

到了怀孕第5个月，会拥有一个和胎宝宝进行交流的大好机会，胎宝宝在孕妈妈的肚子里面什么都能听见了，如果和胎宝宝说话，几乎都可以得到相应的回应。

准爸爸孕妈妈不妨多和胎宝宝进行交流，闲暇时说说话，问问胎宝宝现在的心情怎么样，观察胎宝宝都有些什么有意思的反应，并告诉胎宝宝自己的感受，时间久了胎宝宝就会对某个话题产生喜好，并将自己的喜好用胎动表现出来。

抚摸胎教，感受让人惊喜的胎动

一般来说，第一胎的孕妈妈通常在怀孕18~20周就可感觉到宝宝在肚子里蠕动了。第二胎的孕妈妈则可能更早感觉到胎动，大概在怀孕16周左右。

由于胎动越来越明显，用抚摸方式进行胎教的次数和频率可以增加，抚摸的过程中，可以配合音乐、语言胎教实行综合刺激。因为，相对于视觉来说，胎儿的触觉发育得要早一些，隔着母腹抚摸身体的动作，会让胎儿做出相对应的反应，循序渐进地抚摸刺激，能促进宝宝身体活动，肢体的灵活程度能在生长发育过程中得到锻炼。但要注意的是，如果有早期宫缩症状，则不宜进行抚摸刺激。

音乐胎教，打造与众不同的气质

胎宝宝5个月大时，已经具备了听音乐的生理条件，因此，从怀孕第5个月起，就可以开始有计划地进行音乐胎教了。

111

不同的乐曲对于陶冶宝宝的情操起着不同的作用。

巴赫的复调音乐能促进宝宝恬静、稳定；圆舞曲促进宝宝欢快、开朗；奏鸣曲能激发宝宝的热情、奔放等。音乐对胎宝宝的作用是不能简单地说明的，但是通过有针对性的音乐陶冶，能使宝宝在气质上发生改变。

知识胎教，记忆训练宝宝记得牢

胎宝宝在孕妈妈的子宫内，能通过胎盘接受母体供给的营养和母体神经反射传递的信息，在大脑成熟的过程中，不断接受着母体神经信息的调整和训练。

胎宝宝对外界有意识的激动行为、感知体验，将会长期保留在记忆中，一直到出生以后都会存在。还会对宝宝的智力、能力、个性等均产生极大的影响。

因此，妊娠期间孕妈妈的喜、怒、哀、思、悲、恐、惊七情的调节与胎宝宝才能的发展有很大关系。胎宝宝是有记忆的，而不是无知的小生命，宝宝的聪明才智的启蒙在胎宝宝期就已经开始了。

对胎宝宝进行及时合理的记忆训练，才能为宝宝大脑的全面发展提供有利的基础，也有助于促进宝宝记忆发展。

运动胎教，喝水能力训练

胎儿发育到16~20周时，活动能力大增，并表现出多种多样的运动方式，如吸吮手指、握拳、伸腿、眯眼、吞咽，甚至于转身翻筋斗、练习呼吸动作，与此同时胎儿也在积极地锻炼喝水的能力。

专家认为，胎儿进行喝水训练主要是出于一种生存的本能，即为了训练自己的生活本领。胎儿通过对口腔吸吮能力的锻炼，为出生后使用口唇吃奶做好准备。如果此时孕妈妈能对胎儿进行适当的运动训练，不但可以激发胎儿运动的积极性，还可促进胎儿身心发育。

优生孕事ABC

坚持数胎动，监护胎宝宝健康

当每天都能清楚地感到胎宝宝在不停地运动时，孕妈妈应该坚持数胎动了，时间最好能固定，每天坚持在固定的时间数胎动，是一种直接的胎教。

胎动是子宫内生命存在的象征，数胎动是孕妈妈自我监护胎宝宝健康的一种简易手段。

数胎动时应取卧位或坐位，思想集中，每天早、中、晚固定时间各数1小时。若每小时大于3次，反映胎宝宝情况良好。若连续胎动或在同一时刻感到多处胎动，只能算做一次，得等胎动完全停止后，再接着计数。

正常的情况下，胎动每天约30~40次，不过，在24小时内，胎动的次数并不是固定不变的。一般来说，每天上午8~12点时胎动比较均匀，以后逐渐减少；下午2~3点时，胎动是最少的；到了晚上8~11点时，胎动次数最多。

113

该换胸罩了

从怀孕2~3个月时，受到孕期激素分泌的影响，孕妈妈的乳腺就开始变得发达，乳房也愈来愈丰满。到了怀孕第5个月，孕妈妈乳房大小约比孕前增加了1个罩杯左右，这时孕妈妈应该考虑再换个大一点的孕妈妈胸罩了。

如果长期穿着尺寸不合的胸罩，很容易增加色素沉积的区域，胸罩太紧会使得乳晕、乳头一直受到摩擦，很容易使得乳晕色素沉淀，乳头也会因为不断摩擦而有发痒、不舒适的感觉。

戴胸罩应当注意几点：

1. 不用化纤布、不透气或不吸水的布做胸罩，以免发生湿疹；

2. 用细软的棉布制作胸罩；

3. 胸罩宁大勿小，有利于淋巴液的正常流通；

4. 不要把胸罩放在洗衣机中与其他衣物混洗；

5. 每次更换胸罩前，应该把内侧绒尘拂尽，以防内衣上细小纤维堵塞乳管，导致产后出现乳腺堵塞和缺乳。

细心呵护乳房

在怀孕第 4 ～ 5 个月时，孕妈妈的乳房就开始有稀薄的液体不断地分泌，乳晕的皮脂腺也开始分泌，很容易形成乳痂堵住乳腺管口。为了保证今后为小宝贝输送乳汁的乳腺管口通畅，使乳头的皮肤经得起小宝贝吸吮考验，从这个月起，孕妈妈应开始对乳房进行细心呵护。

孕中期的乳房还不宜过度按摩，只是要建立护理乳房的观念。尤其若乳头较短或凹陷者，应先给予拉拔式的按摩；至于乳房本身的按摩，可以在每天沐浴或睡觉前按摩2～3分钟。按摩时要尽量轻一点，过程中如果有下腹部疼痛，就应该立刻停止。

洗浴后正确按摩乳房：每次清洗乳晕和乳头后，用热毛巾敷盖乳房并用手轻轻地按住；将乳房擦净后撒一些爽身粉，并用涂有爽身粉的手指从乳房四周由内向外轻轻按摩；用手指腹在乳房周围以画圈方式轻轻按摩；轻轻按住乳房并从四周向乳头方向轻轻按摩；拇指和食指压住乳晕边缘，再用两指轻轻挤压。

本月产检重点项目：超声波排畸检查

孕5月复查血、尿常规、AFP、糖筛、四维彩超胎儿畸形筛查、产科检查（宫高、腹围、胎心、血压、体重）。如糖筛异常者，指导控制饮食，两周后复查空腹血糖和餐后一小时血糖，其中有一项异常继续控制饮食两周。

这期间做的彩超检查，是全面系统地排查胎儿畸形的一个重要检查手段。主要是看胎儿外观发育上是否有较大问题。医师会仔细量胎儿的头围、腹围、看大腿骨长度及检视脊柱是否有先天性异常。

准爸爸，你好

做最好的家庭按摩师

孕妈妈会经常出现腰酸背痛、下肢水肿等现象，为了缓解或预防这些情况发生，轻柔地按摩是比较有效的办法。

准爸爸最好在每晚临睡前，帮助妻子按摩腰背、小腿和脚。一定要掌握好力度，尤其是按摩腰背的时候。其实只需轻轻揉揉就会让孕妈妈感到很舒服，在丈夫温暖的大手安抚下，心情也会更加平和、甜蜜。如果孕妈妈还有皮肤干痒的情况，在按摩时涂些适于孕妇使用的润肤油、润肤露，就更是一举两得了。

为孕妈妈做好保健监护

听胎心、数胎动、量体重等，也许你会认为这主要是孕妈妈的事情，作为准爸爸帮不上忙的。其实不然，这些事情你不仅可以做，也是应该做的。你可以俯在孕妈妈的肚皮旁，用耳听，用心听，用手抚摸，完全可以了解胎宝宝的发育情况，及时发现异常现象。这也是准爸爸对孕妈妈的一份关爱，她也会因此感到幸福，有助于孕妈妈放松自己，保持愉悦的心情。当然，这需要你学习并掌握一些孕产知识。

坚持每天跟胎宝宝讲话

准爸爸要多跟胎宝宝说话，让孕妈妈仰卧或端坐在椅子上，准爸爸把头俯向孕妈妈的腹部，嘴巴离腹壁3~5厘米左右，用温和的语调，跟宝宝说一些希望、祝福、关心、健康的话语，每次讲话5~10分钟左右。

第17周

营养胎教：孕5月饮食原则与食谱推荐

孕5月饮食原则

进入本月之后，胎宝宝的骨骼和牙齿生长得特别快，是迅速钙化时期，对钙质的需求剧增，孕妈妈可以选择含钙丰富的牛奶、孕妇奶粉或酸奶来补钙。此外，多吃富含钙质的食物：海产品（如鱼、虾皮、虾米、海带、紫菜等）；豆制品（如豆浆、豆粉、豆腐、腐竹等）。

1. 由于食欲增加，进食量逐渐增多的孕妈妈，有时会出现胃中胀满。此时可服用1～2片酵母片，以增强消化功能。也可每天分4～5次吃饭，既补充相关营养，也可改善因吃得太多而胃胀的感觉。

2. 鱼肉含丰富蛋白质，含有两种不饱和脂肪酸，对大脑发育非常有好处。这两种脂肪酸相对集中在鱼头内。所以适量吃鱼头有益于宝宝大脑分区发育。

3. 胎儿大脑发育需要充足的能量，这些能量的主要来源是碳水化合物，因此要保证粮谷类食物的摄取量。为满足热能需要，应注意调剂主食的品种花样，如大米、高粱米、小米、玉米、薯类等。

4. 孕期如果缺乏维生素A，会引起流产、胚胎发育不全或胎宝宝生长迟缓。但是过多摄入的话会引起中毒，并且对胎宝宝也有致畸的作用。在这一阶段孕妈妈每天大概补充800～1200微克维生素A就可以了。富含维生素A的食物有肝、奶、蛋黄、鱼、胡萝卜、倭瓜、杏、李等。

Tips 动物肝脏含有大量蛋白质和多种维生素，特别是维生素A及磷、铁等无机盐含量丰富，可提供孕期需要的铁和维生素A。但是肝脏含胆固醇高（每100克中含有40毫克），而且作为代谢器官可能含有毒性物质，吃多了有害身体。所以，建议孕妈妈每周吃动物肝脏不要超过2次，烹制肝脏前要充分浸泡冲洗。

孕5月一周食谱推荐

餐次	周一	周二	周三	周四	周五	周六	周日
早餐	米粥1碗，香菇肉包100克，蔬菜适量	米粥1碗，馒头50克，水果适量	鲜豆浆250毫升，核桃糕100克，蔬菜适量	奶酪面包2片，玉米粥1碗，蔬菜适量	猪肉酸菜包100克，米粥1碗，蔬菜适量	花卷50克，米粥1碗，蔬菜适量	小馄饨200克，蔬菜适量
加餐	百合莲子羹1碗	牛奶麦片300毫升，全麦面包2片	牛奶麦片粥1碗	豆浆250毫升，钙强化饼干50克	鲜果沙拉200克	桂花干贝100克	小米红枣粥1碗
午餐	米饭100克，百合炒牛肉150克，肉丝银芽汤、蔬菜各适量	面条150克，蒜蓉空心菜100克，紫菜汤适量	米饭1碗，清炒蚕豆150克，虾皮紫菜汤、蔬菜各适量	咸蛋黄炒饭150克，拔丝香蕉100克，蔬菜沙拉100克	米饭或面食100克，五香鲤鱼150克，蔬菜适量	虾肉水饺150克，糖醋白菜100克，小黄瓜汁适量	米饭100克，山药香菇鸡150克，蔬菜适量
加餐	牛奶250毫升，猕猴桃1个	新鲜红枣30克，蛋卷50克	猪肝粥1碗	酸奶布丁200克	蛋糕或饼干80克	葡萄100克	柚子100克
晚餐	荠菜黄鱼卷100克，什锦烧豆腐100克，蔬菜适量	米饭100克，山药五彩虾仁100克，芝麻粥1碗	海鲜炒饭100克，香菇油菜100克，鲫鱼丝瓜汤适量	米饭100克，香椿拌豆腐100克，奶汁烩生菜100克	米饭100克，肉末炒芹菜100克，鸡血豆腐汤、蔬菜各适量	榨菜肉丝面150克，韭菜拌豆腐干丝100克，蔬菜适量	米饭100克，韭菜炒虾仁100克，米粥1碗

117

孕5月美味营养餐

🍅 补肝利肠——红白海米丁

材料： 胡萝卜100克，鲜香菇50克，海米30克，白豆腐干3块，姜适量。

调料： 甜面酱100克，盐1小匙，酱油、料酒、水淀粉、白糖、香油各适量。

做法： 1.将海米泡发，加入料酒腌制10分钟左右。将豆腐干、胡萝卜、香菇分别洗净，切成小丁；姜去皮洗净，剁成姜末。

2.锅内加入植物油烧热，放入胡萝卜丁、豆腐干丁炸透，捞出来控干油。

3.锅中留少许底油烧热，放入甜面酱、姜末，加入少许清水炒匀。

4.放入海米翻炒至上色后下入胡萝卜丁、豆腐干丁、香菇丁，加入盐、酱油、白糖，翻炒至入味，用水淀粉勾芡，淋入香油即可。

肉质细嫩——姜汁鱼头

材料： 鲢鱼头350克，鲜蘑菇100克，葱白1段，姜5片。

调料： 高汤少许，酱油、料酒各1小匙，盐、胡椒粉、鸡精各适量。

做法： 1.将鱼头洗净，剖成两半，投入沸水汆烫一下，捞出沥干水。

2.鲜蘑菇洗净，切成两半。将姜洗净，切成片，加入少许清水浸泡出姜汁。葱白洗净切段备用。

3.将鱼头放入蒸盘中，加入鲜蘑菇、料酒、酱油、葱、姜、鸡精、胡椒粉、盐和高汤，大火蒸20分钟左右。

4.拣出葱、姜，淋入姜汁即可。

利尿、消肿——芸豆烧荸荠

材料： 荸荠300克，芸豆100克，牛肉100克。

调料： 高汤3大匙，料酒、葱姜汁、水淀粉各1大匙，盐、鸡精各适量。

做法： 1.荸荠削去外皮，切成片。芸豆斜切成段，牛肉抹刀切成片，用料酒、葱、姜汁各半小匙和盐少许拌匀腌渍入味，再用水淀粉半小匙拌匀上浆。

2.锅内加入植物油烧热，放入肉片用小火炒至变色，加入芸豆段炒匀，烹入余下的料酒、葱、姜汁，加汤烧至微熟。

3.放入荸荠片、余下的精盐炒匀至熟，加鸡精，用余下的水淀粉勾芡即可。

鲜滑脆嫩——豌豆烩玉米

材料： 鲜豌豆、嫩玉米粒各100克，鲜鱼肉、胡萝卜各50克，葱、姜、蒜各适量。

调料： 料酒、盐、胡椒粉、水淀粉、香油各适量。

做法： 1.将鲜豌豆煮熟过凉；胡萝卜去皮切粒；鱼肉切粒；葱、姜、蒜切薄片。

2.把鱼肉放碗内，加盐、料酒、胡椒粉、水淀粉上浆。

3.在锅内加油烧至三成热，放入上好浆的鱼肉滑熟捞出。

4.在锅内留少许油，放入葱、姜、蒜略炒，烹料酒，放入胡萝卜、玉米粒、豌豆炒熟，再放入鱼肉、清汤少许，加盐调味，用水淀粉勾芡，淋入香油，装盘即可。

维持身体平衡——芝麻酥

材料： 面粉500克，芝麻、鸡蛋液各适量。

调料： 白糖、泡打粉、花生油各适量。

做法： 1.将面粉过罗，加入白糖、鸡蛋、花生油、泡打粉拌匀，叠压成表面光滑的面团。

2.将面团搓成条，下剂，搓成球形，按扁成饼。

3.再将饼上刷上蛋液，撒上芝麻，轻压一下成芝麻酥生坯。

4.将生坯放入烤箱中，用上火180℃、

下火170℃的炉温烤20分钟即可。

提高免疫力——凉瓜清煮花蛤

材料： 凉瓜300克，花蛤500克，咸蛋1只，盐3克，姜片5克。

调料： 冰糖30克，胡椒粉、植物油各适量。

做法： 1.将凉瓜洗净后切成长6厘米的段，用刀切除瓜皮，加入盐拌匀、抓透，待用。

2.把花蛤放入开水中煮至开口，捞起取肉。

3.锅内加入植物油烧热，放入姜片爆香，然后加入一碗清水，待水滚后放入咸蛋、凉瓜、花蛤及调料煮2分钟即可。

知识胎教：教宝宝认数字

教数字和教英语字母一样，每天教3~5个数字。数字中一定要运用形象思维及色彩组合，例如：1像铅笔可写字，2像小鸭水中游，3像耳朵听声音，4像小旗迎风飘，6像口哨嘟嘟叫，8像麻花两个圈。又例如：11、33、44等两位数可以分别运用左侧绿色，右侧蓝色这样既形象又富有色彩的组合。

美育胎教：DIY橄榄油护肤

在古希腊时代，人们已视橄榄油为良好的天然美容材料，并应用于护肤和润发上。至现代，很多护肤品均以橄榄油为主要成分，因为橄榄油有滋润防皱功能，更是干性肌肤的保养妙丹，使用后效果显著。

橄榄油润肤乳液

原料： 橄榄油2汤匙，毛刷1个。

用法： 用毛刷将橄榄油均匀地涂在脸上，并用双手轻轻按摩；按摩2~3分钟，清水洗净。

功效： 润肤。深层滋润，有效改善面部晦暗，淡化色斑，均匀肤色，让肌肤由内而外焕发健康青春光泽。

橄榄油护发素

原料： 橄榄油2汤匙。

用法： 把橄榄油放入小碗中，在微波炉内加热；将橄榄油涂抹在头发上，在发梢的部位轻轻按摩后用清水洗净头发即可。

功效： 橄榄油有很好的保湿效果，能帮助去燥，让头发柔软有光泽。

橄榄油鸡蛋面膜

原料： 鸡蛋1个，柠檬半个，橄榄油10克，盐少许。

用法： 将鸡蛋打散，加入半个柠檬量的汁液、盐、橄榄油一同拌匀，涂于脸上即可。

功效： 防皱，一周敷脸1~2次，只要持之以恒，不仅防皱，还可以促进皮肤的光滑。

运动胎教：运动黑名单

一般，适合健康孕妈妈选择的运动项目有跳舞、游泳、瑜伽、骑自行车、散步等。但下面这些运动不适合孕妈妈：

孕期运动项目黑名单还包括：蹦极、潜水、单双杠、跳高、跳远、滑冰、拔河、篮球、足球等。

快跑	剧烈快跑不仅会让孕妈妈全身紧张，对胎儿的舒适感也很有影响。过分剧烈地快跑还可能造成孕早期意外流产
负重登山	负重太多、路程过远地登山会让孕妈妈感觉疲惫，而且出汗过多或者不慎摔跤也是非常危险的。不过慢慢地、在不感觉疲惫的情况下登山，对孕妈妈来说是有益的
滑雪	温度过低，而且下身要负担沉重的滑雪工具和不断变化的坡度，即使对一般人来说，都有发生意外的可能，更不必说是孕妈妈了
快速爆发类运动	打羽毛球、网球等

语言胎教：准爸爸讲故事《小猫钓鱼》

宝宝，你要学会一心一意做事哟，只有这样才能成功。可不能像故事中的小猫一样三心二意的呀。

这一天，天气晴朗，空气清新，猫妈妈准备出去钓鱼。小猫看到了，也要跟着妈妈去，妈妈说，好吧！于是它们就扛着渔竿出发了。

到了水塘边，它们架好渔竿，就开始等鱼上钩……

小猫等了没一会儿，坐不住了，开始东瞅瞅西望望。忽然它看到飞过来一只蜻蜓，于是它就放下渔竿，过去追蜻蜓。可是蜻蜓一飞飞到草窝里看不到了，小猫只好回到水塘边。又坐了一会儿，鱼还没有上钩，小猫又着急了。这时飞过来一只蝴蝶，小猫又放下渔竿，跑去捉蝴蝶。可是蝴蝶一下飞到花丛中，找不到了，小猫又回到水塘边，看到妈妈钓起了一条大鱼，羡慕极了。小猫对妈妈说，为什么我就不能钓上一条鱼呢？

猫妈妈说，你一会儿捉蜻蜓，一会儿追蝴蝶，三心二意，怎么能钓到鱼呢？

小猫听了知道自己错了，就坐下专心致志地钓鱼啦。不一会儿，小猫也钓上了一条大鱼。它和妈妈兴高采烈地带着自己钓的鱼回家啦！

第18周

营养胎教：增强骨骼发育——酸菜鱼汤

● **材料**：鲈鱼1条，酸芥菜250克，香菜少许。

● **调料**：料酒、味精各1匙，精盐、胡椒粉、猪油少许，鲜汤6杯。

● **做法**：1.把鲈鱼洗净去内脏，入沸水锅焯后再洗净。

2.把酸芥菜洗净，切成薄片，用清水浸1小时，备用。

3.将净锅放鲜汤，烧热后，投入鲈鱼，煮至断生时下酸菜片。

4.加料酒，撇去浮沫，加盐、胡椒粉、味精，撒上香菜，淋猪油起锅即成。

情绪胎教：读《美丽的心灵》，感受心灵之美

相信这个时候的你，完全能心领神会《美丽的心灵》这个题目本身所包含的特有的生活魅力。那么胎宝宝是否也能心领神会呢？你不妨读一读，他或许也有所感知哦。

美丽的心灵

美丽的心灵是火红的太阳在微笑。

美丽的心灵是晶莹的月光在畅谈。

美丽的心灵是闪烁的星斗在私语。

美丽的心灵是七色的彩虹在舞蹈。

美丽的心灵是蔚蓝的晴空在呼唤。

美丽的心灵是广阔的宇宙在共鸣。

美育胎教：捏个漂亮的泥娃娃

今天教孕妈妈捏一个可爱的小娃娃，不过孕妈妈首先要购买一些橡皮泥。

捏泥娃娃的方法

1. 用黑色的橡皮泥捏出娃娃的头发、眉毛、耳朵、圆圆的小眼睛和嘴巴。

2. 用肉色的橡皮泥搓一个小圆球做娃娃的头部，然后粘上头发、眉毛、耳朵、眼睛和嘴巴。

3. 用个红色的橡皮泥搓一个大一些的圆球做娃娃的身体部分，将上面搓尖。

4. 在身体尖的部分插上火柴棒或者是牙签，然后将头部插上固定住。

5. 稍作休整，安装完成。

运动胎教：放松骨盆的体操

到了怀孕第5个月，胎宝宝比较稳定了，你可以适当多做些运动，加大运动量，像孕期体操、孕期瑜伽、散步等运动也是这一时期不错的选择。这里介绍一种放松骨盆的

121

体操，这个体操可以放松骨盆的关节和肌肉，使其柔韧，对于将来顺产有帮助。

1. 平躺，单膝曲起，膝盖慢慢向外侧放下，左右各10次。

2. 双膝曲起，一起左右慢慢摇摆，放松身体，左右各10次。

知识胎教：你知道十二生肖吗

你知道自己属什么吗？有属小白兔的，有属大老虎的……有属猫的吗？没有，怎么有属老鼠的，没有属猫的呢？这里有个故事。

很久很久以前，有一天，人们说："我们要选十二种动物作为人的生肖，一年一种动物。"天下的动物有多少呀？怎么个选法呢？这样吧，定好一个日子，这一天，动物们来报名，就选先到的十二种动物为十二生肖。

猫和老鼠是邻居，又是好朋友，它们都想去报名。猫说："咱们得一早起来去报名，可是我爱睡懒觉，怎么办呢？"老鼠说："别着急，别着急，你尽管睡你的大觉，我一醒来，就去叫你，咱们一块儿去。"猫听了很高兴，说："你真是我的好朋友，谢谢你了。"

到了报名那天早晨，老鼠早就醒来了，可是它光想着自己的事，把好朋友猫的事给忘了，就自己去报名了。

结果，老鼠被选上了。猫呢？猫因为睡懒觉，起床太迟了，等它赶到时，十二种动物已被选定了。

猫没有被选上，就生老鼠的气，怪老鼠没有叫它，从这以后，猫见了老鼠就要吃它，老鼠就只好拼命地逃。现在还是这样。

你知道哪十二生肖吗？

它们是：老鼠、牛、老虎、兔子、龙、蛇、马、羊、猴、鸡、狗、猪。

怎么让小小的老鼠排在第一名呢？这里也有个故事。

报名那天，老鼠起得很早，牛也起得很早。它们在路上碰到了。牛个头大，迈的步子也大，老鼠个头小，迈的步子也小，老鼠跑得上气不接下气，才刚刚跟上牛。老鼠心里想：路还远着呢，我快跑不动了，这可怎么办？它脑子一动，想出个主意来，就对牛说："牛哥哥，牛哥哥，我来给你唱个歌。"牛说："好啊，你唱吧——咦，你怎么不唱呀？"老鼠说："我在唱哩，你怎么没听见？哦，我的嗓门太细了，你没听见。这样吧，让我骑在你的脖子上，唱起歌来，你就听见了。"牛说："行罗，行罗！"老鼠就沿着牛腿一直爬上了牛脖子，让牛驮着它走，可舒服了。它摇头晃脑的，真的唱起歌来：

牛哥哥，牛哥哥，过小河，爬山坡，驾，驾，快点儿罗！牛一听，乐了，撒开四条腿使劲跑。跑到报名的地方一看，谁也没来，高兴得昂昂地叫起来："我是第一名，我是第一名！"牛还没把话说完，老鼠从牛脖子上一蹦，蹦到地上，吱溜一蹿，蹿到牛前面去了。结果是老鼠得了第一名，牛得了第二名，所以，在十二生肖里，小小的老鼠给排在最前面了。

第19周

音乐胎教：童谣《洗澡》，和宝宝一起洗澡

小喷头，沙沙沙，
我们洗澡笑哈哈。
打香皂，擦一擦，
身上开满泡泡花。
你帮我，擦擦背，
我帮你，洗头发。
阿姨拍手喊大家，
别忘洗洗小脚丫。

知识胎教：爱护花草树木，关爱动物

123

当你在讲完下面这个故事的时候，可以告诉胎宝宝以后要爱护身边的花草树木，不要随意采摘。还有，别忘了告诉胎宝宝一些关于萤火虫的小知识哦。

森林里要举行音乐会，小松鼠也要参加，可是爱美的它却被难住了，不知道怎么打扮自己才好，裙子换了好多件都不是很满意，这个时候，它想，要是用草编个小帽子戴在头上一定很好看，想到这，它来到草地上，刚要采些小草，就听到小草在哭："别采我别采我，我会疼的。"小松鼠听到这个就没采；往旁边一看，好多漂亮的小花，小松鼠想在头上戴些小花也很好看，刚要伸手去摘，就听着小花大喊："别摘我，别摘我，我会疼的。"小松鼠也没忍心去摘小花。

两只萤火虫正好飞到这里，看到了这一幕，心想，小草和小花是我们平时玩的地方，小松鼠没有摘，我们也要帮助它，就悄悄地跟在小松鼠的身后，夜幕降临了，音乐会开始了，第一个演唱的就是小松鼠，满天的星星都出来了，小松鼠唱的歌非常好听，而且今天的小松鼠也是最漂亮的，因为，它的两只耳朵上闪着两颗漂亮的星星，大家都没看出来，那是两只萤火虫在耳朵上呢。

124

美育胎教：《西斯廷圣母像》，净化心灵

　　这是拉斐尔最为成功的一幅圣母像，温柔美丽的圣母踏着云朵渐入我们的视线，圣子的眼神中有孩童的懵懂清澈，却又不乏睿智，画面下方的小天使童稚可爱。这一切将使你的心灵仿佛受到了洗涤、净化和提升。

营养胎教：清香怡人——冰糖湘莲

● 材料：湘白莲200克，鲜菠萝50克，罐头青豆、罐头樱桃、桂圆肉各25克。

● 调料：冰糖300克，水650毫升。

● 做法：1.把莲子去皮去心，放入碗内加温水150克，上笼蒸至软烂。

2.把桂圆肉用温水洗净，泡5分钟，滗去水。

3.把鲜菠萝去皮，切成1厘米见方的丁。

4.把炒锅置中火上，放入清水500毫升，再放入冰糖烧沸，待冰糖完全溶化，端锅离火。用筛子滤去糖渣，再将冰糖水倒回锅内，加青豆、樱桃、桂圆肉、菠萝，上火煮开。

5.将蒸熟的莲子滗去水，盛入大汤碗内，再将煮开的冰糖及配料一起倒入汤碗，莲子浮在上面即成。

情绪胎教：每天问好 心情也好

小家伙可以听懂妈妈的话喽，从现在开始，把他当成家里正式的一员吧，每天早晚爸爸妈妈都与他问好，他会很开心的。

宝宝好，

妈妈好，

每天早上问一声，

妈妈宝宝乐陶陶。

宝宝好，

爸爸好，

每天晚上问一声，

呼噜呼噜就睡着。

美育胎教：给胎宝宝织围巾

如果你是一位全职妈妈，时间一定很多，每天除了给宝宝做胎教，家里面做做卫生，定时散散步等之外，你们还会做什么呢？有没有觉得单调，乏味呢？ DIY是一个很不错的选择，有耐心的孕妈妈可以试试哦！

给宝宝编织围巾

孕妈妈可以在下午，用听音乐的时间，坐在软软的沙发上，给宝宝编织小小围巾、毛衣、袜子等（如果不会可以跟别人学最简单的，随意织也行）。相信你一定会感觉到惬意，心里面有种渴望，有种想象，幻想宝宝的样子，恨不得现在就在宝宝身上比划毛衣的大小，很期待，有种不言而喻的幸福感，你可以偶尔停下手里的活，感受一下宝宝在肚子里给你的感觉，用手摸摸肚子，跟宝宝说句："宝宝，你能感觉妈妈的手吗？"心里会美滋美滋的。

运动胎教：孕期瑜伽——阿帕那式

这个时候，给孕妈妈介绍一种有助于排除体内毒素的孕妇瑜伽姿势，可以帮助清除肺部的二氧化碳，促进消化和吸收，收到按摩腹部器官的作用。

阿帕那式做法

1. 仰卧，将膝盖并拢，双脚分开，弯曲至胸前。
2. 双手分别放在两膝上，整个练习中双手都要放在这个位置。
3. 吸气时伸直手肘，缓慢推动膝部与身体分离。
4. 呼气时双膝收回至胸前。
5. 重复10~20次。

胎教小·贴士

如果在练习时觉得下背部疼痛，在抱住膝盖向胸前靠拢时，将背窝部位紧贴住地面，这样有助于减轻疼痛。

互动胎教：和胎宝宝一起做踢肚游戏

胎宝宝到了5个月大的时候，会在子宫内踢孕妈妈的肚子，因此，这个月孕妈妈不妨经常和胎宝宝玩一玩踢肚游戏。做法是：

1. 孕妈妈平卧，双手轻轻放在腹部。
2. 胎宝宝开始踢孕妈妈肚子时，孕妈妈用手指轻轻压抚或拍打被踢的部位。
3. 等待第二次踢肚，通常1~2分钟后胎宝宝会再踢。
4. 胎宝宝再次踢肚时，孕妈妈可改换拍的部位，轻拍几下然后停下来，胎宝宝会向着改变的地方去踢，但改变的位置不要离上次踢的部位太远。
5. 这种游戏每天可进行2次，每次可玩5分钟。
6. 游戏过程中，手指抚摸被踢部位时最好能顺一个方向，这样胎宝宝能找到规律，可激发胎宝宝的运动积极性。

Tips 动作训练应以刺激胎宝宝的运动积极性和动作灵敏性为目的，可以轻轻拍打或抚摸，动作要轻柔。

孕6月（21~24周）：
美妙的世界在眼前

宝宝，你爸爸还怂恿我利用长假去旅行呢，

好像一说到玩，你就在肚子里兴奋不已，

是不是特想看看外面的世界啊？

等你出生后，妈妈带你去海边拾贝壳，好不好？

胎宝宝： 有两个橘子般重了

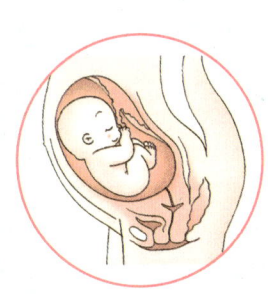

　　妈妈，你知道吗，我现在已经能够模糊地闻到你的味道了， 而且还能记得你的心跳声了呢。好想快快长大，看看妈妈的模样。我大概已经有25～35厘米高了，重量在600～800克，身体各个部位的比例也变得匀称了。我的五官已经发育成熟了，面目很清晰哦，可以清楚地看到我的眉毛和睫毛呢。

　　妈妈，你做梦的时候会梦到我的样子吗？是不是很可爱？ 你一个人闷的时候可以跟我说说话，我可不会像爸爸那样嫌你啰唆哦。

孕妈妈： 胎动更加明显了

　　怀孕第6个月（孕21～24周），是整个怀孕过程中最有趣的时候。你的体重会持续以每周450克的速度增长，所以如果你的宝宝没有同步成长的话，就是一个警讯。在你增加的1～3千克中，有450克体重会长到宝宝身上。

● 子宫底上升到肚脐上一指幅的高度，从耻骨到子宫底的长度在18~20厘米之间	● 久站时，下肢的静脉可能浮肿弯曲，形成静脉曲张，因此应避免站太久
● 腹部明显凸出	
● 即使是初产妇也能感觉到胎动	

128

本月胎教重点

营养胎教，补铁很关键

怀孕后，孕妈妈的血容量从第2个月开始增加，到第5个月，孕妈妈的血容量已经增加了不少，孕晚期时孕妈妈的血液会增加30%~50%。正常非孕妇女的血浆容量约为2600毫升，孕妈妈约增加50%，即大约增加身体水分约1000毫升，红细胞数量平均增加20%。

到了这个月，孕妈妈比其他人群更可能出现缺铁性贫血，就是因为血容量扩张，胎宝宝和胎盘快速增长，铁需求量猛然增加，但是，所需要的铁的量已经不容易完全由日常膳食来满足，因此孕妈妈比较容易缺铁。

现在，孕妈妈每天补铁的供给量应该为每天25毫克，可以多吃一些动物血液类食物，以及菠菜这类含铁丰富的蔬菜，同时，多吃一点水果可以增加铁的吸收。

语言胎教，用乳名呼唤胎宝宝

准父母可以给胎儿起一个中性的乳名，以方便呼唤的叠字为好，如"宝宝"、"豆豆"等，经常呼唤，能让胎儿牢牢记住。这样呼唤下去，在婴儿出生后哭闹时再呼唤乳名，宝宝会感到子宫外的崭新环境并不陌生，会有一种安全感，能很快地安静下来。

对话的同时，准父母要把胎儿当做一个懂事的宝宝，经常和胎儿说话、聊天或唱歌谣给宝宝听。这样，不仅能增加夫妻间的感情，还能把父母的爱传递给胎儿，对胎儿的情感发育具有莫大益处。

129

抚摸胎教，配合音乐轻拍胎宝宝

抚摸胎教可以促进胎儿运动神经的发育。抚摸胎教应以每晚胎动较频繁时进行。每次持续时间为5~10分钟，每日1次，每周3日。在抚摸胎儿时如能配以轻松、愉快的音乐进行，效果更佳。

宝宝对妈妈的手法习惯后，孕妈妈手一按压抚摸，宝宝就会主动迎去。到了六七个月，差不多已能分辨出胎儿的头和脊，就可以轻轻推着宝宝在子宫中"散步"了，宝宝如果"发脾气"，用力顿足，或者"撒娇"，身体来回扭动时，孕妈妈则可以用爱抚的动作来安慰胎儿，而胎儿过一会儿也会以轻轻地蠕动来感谢母亲的关心。

抚摸时听的音乐，在宝宝出生后也可以听，有的宝宝哭闹，但是一听到这些熟悉的音乐就安静了。

Tips　宫缩出现过早的孕妈妈不宜使用这种方法。

音乐胎教，别让噪音伤害胎宝宝

噪音会给胎宝宝带来严重的危害，6个月的胎宝宝能清晰地听到3米以外讲话声、开门声和汽车通过的声音，他所感受的声音只比外界低25~30分贝。

另外，孕妈妈要谨慎使用"胎教仪器"或耳机，在你不确定能否一次性扣在胎宝宝尚未发育完全的耳膜上，那就别做这个。胎宝宝的耳蜗在6个月还是很稚嫩，尤其是内耳基底膜上面的短纤维极为娇嫩，如果受到高频声音的刺激，很容易受损伤，这对胎宝宝的伤害是无法挽回的。

130

优生孕事ABC

本月产检：妊娠糖尿病的筛检

糖筛是指怀孕期对"妊娠期间糖尿病"的筛查，一般在孕6月间进行。妊娠期糖尿病成了现代孕妈妈的高发病，因此孕妈妈一定要重视妊娠糖尿病的筛检。

糖筛怎么做？

第一次：50克葡萄糖负荷实验

筛查前空腹12小时，将葡萄糖粉50克溶于200ml水中，5分钟内喝完，喝第一口开始计时，1小时后抽血查血糖，如果你的血糖值<7.8mmol。恭喜你，你的"糖筛"通过了。

如果你的血糖值≥7.8mmol，那说明糖筛检查结果为异常，医生会再次抓你来做第二步检查：葡萄糖耐量试验(OGTT)。

第二次：葡萄糖耐量试验(OGTT)

试验前空腹12小时，先空腹抽血查血糖，然后将50%葡萄糖注射液150ml加入100ml水中，或将葡萄糖粉75克溶于200ml水中，5分钟内喝完，喝第一口开始计时，1小时、2小时、3小时后抽血查血糖，正常值标准：空腹<5.6mmol/L；1小时<10.3 mmol/L；2小时<8.6 mmol/L；3小时<6.7 mmol/L。

如果四项都在正常值以内，相当值得高兴，虽然吃了不少苦头，总算是过了。

如果仅1项高于正常值，则诊断为糖耐量异常。

其中有2项或2项以上达到或超过正常值，则可诊断为"妊娠期糖尿病"，你就是传说中的"糖妈妈"了。

孕期也"挺"好

因为子宫增大，孕妈妈的肚子也增大了很多，身体的重心开始发生变化，孕妈妈走路的姿势也发生了变化。

孕妈妈会发现，现在总是情不自禁地就用两只手分别顶住自己的后腰，挺起肚子，走路的时候还会情不自禁地划动两条胳膊，就像划船一样，其实这些都是孕妈妈对胎宝宝的自觉保护行为。因为自己重量太重了，而突出的腹部又使得身体重心前移，为了保持平衡，孕妈妈不得不挺起肚子来走路。

在孕中期，孕妈妈的食量大增，体重也在稳定增长，因此，孕妈妈身体的重心前移得比较迅速，走路的时候，孕妈妈只有自觉地挺起肚子，让重心落在脚部才不至于摔倒。

胎宝宝的正常体重值

准爸爸孕妈妈都对胎宝宝现在的生长情况十分关心，怎么知道胎宝宝到底长得怎样呢？可以通过测量体重来预测，足够的体重和身长是胎宝宝发育成熟、生命力强的主要条件。

测量胎宝宝体重的方法是较多的，有的则相当复杂，但是所有的方法都是大略的估计，所以应以简便为佳，大致有两种比较简便的计算方法：

胎宝宝先露部分尚未入骨盆时：
胎宝宝体重（克）＝［子宫底高度（厘米）−12］×155
胎宝宝先露部分已入骨盆时：
胎宝宝体重（克）＝［子宫底高度（厘米）−11］×155

131

例如，孕妈妈妊娠40周，宫底高度为33厘米，用上述第2个公式计算，得胎宝宝体重为3410克，这个结果表示胎宝宝发育良好。

穿回长筒袜，预防静脉曲张

近年来，夏季不再穿长筒袜已成为一种时尚，甚至到了秋天也不例外，殊不知，对孕妈妈来说，这种时尚是不利于腿部保护的。

孕妈妈肚子大起来以后，动得会越来越少，久坐久站缺少运动很容易导致下肢静脉曲张，具体表现为腿部肿胀，下肢静脉犹如蚯蚓状弯曲或结节成团，皮肤发紫，特别是踝和小腿内侧更为严重。下肢静脉曲张是一种治疗起来比较麻烦的疾病，最好的方法还是防患于未然，穿长筒袜就是一种很简便的方法。

长筒袜可帮助血液进入较大且较深处的静脉，能以适当的压力，让静脉失去异常扩张的空间，在长期穿着后，所有因静脉曲张引起的不适，包括疼痛、抽筋、水肿等，都将随着静脉逆流的消除与静脉回流的改善逐渐消除。

孕妈妈泡澡，讲究不少

孕6月，宝宝比较稳定了，孕妈妈可以适当地泡热水澡，达到舒经活络、消除疲劳的作用。但孕妈妈泡澡还有不少需要注意的：

温度：水温以35℃～39℃为佳。高于39℃的水温在20分钟内就能够让孕妈妈的体温上升至38.8℃甚至更高，高温刺激会使得心脏和脑部负荷不了刺激而出现休克、晕眩和虚脱等情况。

时间：泡澡的时间不能超过30分钟。长时间浸泡在高温热水中，会破坏羊水的恒温，损害胎宝宝的中枢神经系统。

安全：浴室内应增添防滑垫以防滑倒。泡完澡之后不要随意对脚部进行按摩，因为脚底是身体的很多部位的反射区，随意按摩可能引起宫缩。

补钙要适量

孕6月，孕妈妈每天补充钙的量达到1000毫升，以后还会有所增加，很多孕妈妈选择了购买钙剂进行补充。

补充钙制是孕妈妈补钙比较有效的途径，如果孕妈妈的饮食无法保证足够的钙摄取量，必要时可在医生的指导下服用钙制剂。

如果孕妈妈每天喝一杯牛奶，那么专家会建议孕妈妈每天补充含元素钙600毫克的钙剂，其余的钙质可以从食物中摄取。

这里提到了"含元素钙600毫克的钙剂"，其中的"600毫克"指的是含钙量，而不是指1片600毫克的钙片。要知道，1片600毫克的钙片，它的含钙量可能只有60毫克。因此，在补充钙剂前，孕妈妈最好能先弄清楚该钙片的"含药量"与"含钙量"的区别。

 常见的钙剂有葡萄糖酸钙、乳酸钙、碳酸钙等。

泡脚解乏注意事项

热水泡脚对舒经活络、消除疲乏很有用，但泡脚对于孕妈妈来说还是有一些注意事项的：

1. 泡脚时间不要太长。都说"冷水洗脸、热水泡脚"，热水泡脚的确可以起到疏通经络、温暖全身的作用，但泡脚时间太长则有害无益。

2. 冬天放点生姜片、花椒。俗话说："风寒从脚下生"，冬天天气寒冷，坚持用热水泡脚可以促进气血运行，缓解手脚冰凉，促进脑部供血。在热水中加入生姜片、花椒等辅料，效果会较好。

3. 热水泡脚并非人人适用。患有脚气的人，病情严重到起泡时，就不宜热水泡脚，不然很容易造成伤口感染。

4. 20分钟最佳。一般来说，孕妈妈每天临睡前泡脚20分钟为佳，最好不要超过半个小时。

 孕妈妈在怀孕期间切勿做足底按摩，以免发生流产。

排除胎儿畸形有哪些产检手段

能够诊断胎儿畸形的有两个方法：

一个是孕期筛查畸形的B超，做这个B超的时间主要是在怀孕第20~26周，主要是为了筛查胎儿的畸形。

另外一个是筛查染色体异常的检查，主要采用羊水穿刺检查胎儿的染色体有没有异常。目前主要检测手段就是这两个。

但是这些不能检查出所有可能存在的畸形。

准爸爸，你好

学一套测量宫高、腹围的方法

宫高和腹围的增长是有一定规律和标准的，孕晚期通过测量宫高和腹围，还可以估计胎宝宝的体重。

宫高的测量：从下腹耻骨联合处至子宫底间的长度为宫高。
腹围的测量：通过测量平脐部环腰腹部的长度即可得到。

宫高和腹围的标准

宫高（宫高正常标准表 单位：厘米）

妊娠周数	下限	上限	标准
满20周	15.3	21.4	18
满24周	22	25.1	24
满28周	22.4	29	26
满32周	25.3	32	29
满36周	29.8	34.5	32
满40周			

腹围（腹围正常标准表 单位：厘米）

妊娠周数	下限	上限	标准
满20周	76	89	82
满24周	80	91	85
满28周	82	94	87
满32周	84	95	89
满36周	86	98	92
满40周	89	100	94

学会监听胎心音

胎宝宝的心音，约于妊娠20周以后才能听到。正常的胎心音为120~160次/分，它是一种类似钟表的"滴答"声，是双音，胎心音是世界上最美妙的音乐。

家庭中，孕妈妈自己监护胎心音是不可能的，通常由你来监听。听取胎心音时，你帮助孕妈妈躺成仰卧位，褪下裤子，暴露腹部。监听前，应先弄清胎宝宝背部，因为胎心音在胎儿背侧听诊最清楚。确定胎背侧后，你将特制的直筒听诊器，放在孕妈妈腹壁上听取。

正常头位胎儿的胎心音可在左下腹部或右下腹部寻找，臀位者可在脐左上腹或脐右上腹部寻找。每天早、晚各听1次，每次1分钟。若发现胎心率>160次/分，或<120次/分，或胎心音不规律时，再重复听2分钟，如仍未改善，提示胎儿在子宫内出现了险情，应立即去医院急诊。

在听胎心音前，先由医生传授听诊方法及注意要点后，才有可能掌握听诊方法，开始数胎心率时，常常跟不上胎心跳动的速度，会"掉队"，练习一段时间后，就可做到准确数数了。听取胎心音时，应注意与孕妇腹主动脉搏动音区别，腹主动脉搏动音是"夫""夫"的单音，每分钟搏动与孕妈妈的脉搏或心率一致，约80次/分左右。

按摩消除妊娠纹，准爸爸是最佳拍档

通过按摩，孕妈妈腹部的妊娠纹可以得到有效的预防或淡化，准爸爸是孕妈妈进行这项按摩的最佳拍档。

不过，为了保护好腹中的胎宝宝，在做腹部按摩之前，准爸爸一定要做好准备：去掉手上的戒指、手表等物件，洗净双手，擦干，把手搓热，然后给孕妈妈的腹部抹上一层按摩霜或按摩油，用指尖轻柔地做缓慢的环行运动，就像在给皮肤挠痒，要避免过度强烈的拉扯。

除纹霜或者按摩膏要以安全温和为标准，橄榄油对于消除妊娠纹是一个不错的选择。坚持做轻柔的腹部按摩，可以增加皮肤弹性，配合除纹霜同时使用，可以有效预防妊娠纹生成或淡化已形成的细纹。

孕妈妈可以调暗室内灯光，放一些轻音乐，然后选择一个尽可能舒适的姿势躺着，愉快地享受准爸爸的贴心服务。

好名伴好运

曾记得一个故事，一天一家人请一个秀才帮他们家孩子取名字，秀才想了半天，说就叫："能龙吧！"听了这个名字，男主人非常生气拿着扫帚把这个秀才赶出了门，秀才怎么也想不通，"能龙"两个字在一起挺好的啊，准备跟男主人理论，男主人一边关门，一边说："还是秀才呢？连我这个大老粗都不如，我家姓吴，居然叫我的孩子是无能龙，气人不气人了。"于是非常生气地关上了门。

有准父母感言："取一个好名比生孩子还难！"真是这样的，有些准父母眼看宝宝再有几个月就要出世了，可是那个让所有人都满意的姓名还迟迟没有孕育出来——哎呀，这个小家伙还没出生就给我们出难题啦！准父母们是不是正在被这个问题困扰呢?一起来解决它吧！

给宝宝取名字的6大雷区

宝宝对父母来说是独一无二的，寄予了我们太多的期望，名字自然是表达愿望的最佳出口。所以就有了"取名全家总动员"，为一个卓尔不凡的好名字绞尽脑汁、搜肠刮肚。可是，因过分追求完美，反而无意中触及取名"雷区"的例子也不少。

谐音字 "董茜——东西"，不好的谐音容易出现姓名笑话，在起名时最好避免。

常见字 "李丽、王红"，使用率太高的名字，会给学习生活带来麻烦。

135

想想看，如果一个班有几个孩子重名，那点名、考试、甚至奖惩时都会遇到困扰。建议可通过计算机查询得知使用量，如果重名太多，应考虑放弃。

同声调 "张章－zhang zhang"，名字用字都为同一个声调，容易发生吃字现象，使名字叫不响亮。

反字型 "薄一"，字形组合变化要讲究节奏，不能厚此薄彼，太不协调。

违背自然规律 "夏雪"，宝宝的名字应该符合自然规律，显然，夏季飘雪是违反自然规律的，会让人感觉别扭。

性别置换 男取女名，女取男名都会给今后的交往带来困扰，引起不必要的麻烦。建议最好不要这样标新立异，要不至少取个中性一点的名字也比"性别错位"要好。给宝宝取名字，应避免生僻字，否则以后办理户口登记、证照、银行存款……麻烦连连。

日常生活中父亲的角色

作为"预备役"的父亲，怎样才能参与到胎教当中来呢？

首先是要养成对胎儿讲话的习惯。胎儿对常常听到的声音有着特别敏感的反应，如果经常对胎儿讲话，那么，宝宝会通过对父亲声音的感受，使记忆力的发育超出一般。

胎教绝不是一个人完成的，丈夫不仅在孕妈妈保持安定平和的心境方面有着重大作用，而且还可以直接参与胎教。如想让胎儿了解母亲比较生疏或不擅长的领域，就可以让丈夫承担任务。

当然，胎儿和母亲是连体的，母亲可以通过思维的形象化、视觉化将知识传授给胎儿，而父亲就不行，除非胎儿具备某种特殊的功能，但这并不是说父亲就不能关心胎儿的成长。那么，父亲怎样才能参与到育儿中去呢？

在早晨起床后，对胎儿说"早上好"，出门时说"宝宝，爸爸上班去了，再见"，回家时说"我回来了"，睡觉前说"晚安，祝你做个好梦"等，这样做下来，至少一天能有4次向胎儿打招呼。

第21周

营养胎教：孕6月饮食原则与食谱推荐

孕6月饮食原则

1. 钙的摄取量至少达到每天1000毫克，补充钙质应以食补为主，不要超量。可以多吃豆制品。一般来讲摄取100克左右豆制品，就可摄取到100毫克的钙。乳酪也是不错的补钙食品。

2. 多吃富含铁质的食物（如：瘦肉、鸡蛋、动物肝、鱼）和含铁较多的蔬菜及强化铁质的谷类食品。还应注意多吃一些含维生素C较多的食品，以帮助身体吸收更多的铁质。

3. 这段时间还要注意不要摄入过多糖类食品（如蔗糖、果糖、葡萄糖等），注意能量平衡，否则易引发妊娠糖尿病。

4. 在这一时期很多孕妈妈会发现自己异常能吃，很多以前不喜欢的食品现在反倒成了最喜欢的东西，因此，妈妈可以好好利用这段时间调整自己的饮食习惯，加强营养，增强体质，为将来分娩和产后哺乳做准备。

5. 这个时期孕妈妈很容易被便秘困扰，发生便秘现象后，要注意饮食调节，多吃一些润肠通便的食品，如各种粗粮、蔬菜、黑芝麻、香蕉、蜂蜜等。也应该注意适当运动，促进肠蠕动，利于消化。

6. 香辛性的食物佐料如辣椒、花椒、胡椒、小茴香、八角、桂皮、五香粉等，容易消耗肠道水分，使胃肠分泌减少，造成肠道干燥、便秘，应该少食。

7. 菠菜一直被认为含丰富的铁质，具有补血功能，所以被当做孕期预防贫血的佳蔬。其实，菠菜中含铁不多，而是含有大量草酸。草酸会影响锌、钙的吸收。所以孕妈妈还是少吃。

孕6月一周食谱推荐

餐次	周一	周二	周三	周四	周五	周六	周日
早餐	豆包或全麦面包50克，牛奶250毫升	香菇菜心面1碗（100克），鹌鹑蛋3个	黑芝麻糊1碗，煮鸡蛋1个，生菜少许	馒头50克，玉米粥1碗，蔬菜适量	面包50克，肉松25克，蔬菜适量	薄饼50克，豆浆250毫升，蔬菜适量	紫苋菜粥1碗，牛肉饼1个，蔬菜适量
加餐	苹果1个	牛奶250毫升，麦麸饼干50克	黄豆芝麻粥1碗	牛奶250毫升，强化营养饼干50克	酸奶适量，猕猴桃1个	酸奶200毫升，香蕉1根	枣糕80克
午餐	米饭100克，豌豆鸡丝150克，草莓汁、蔬菜适量	芦笋蛤蜊饭150克，凉拌苦瓜100克，米粥1碗	面条150克，香菇炒菜花100克，大米绿豆猪肝粥1碗	米饭100克，京酱西葫芦150克，鲫鱼丝丝瓜汤、蔬菜各适量	虾肉水饺150克，奶汁烩生菜100克，肉丝银芽汤适量	青柠饭150克，盐水鸡肝80克，鲤鱼冬瓜汤适量	米饭100克，山药五彩虾仁150克，杂粮皮蛋瘦肉粥1碗，蔬菜适量
加餐	银耳羹1碗	全麦面包50克，牛奶250毫升	枸杞红枣茶1杯，榛子或核桃适量	菠萝100克	小米红枣粥1碗	奶油手卷50克，干鱼片适量	点心80克
晚餐	肉丝面150克，素什锦适量	牛肉饼100克，孜然鱿鱼100克，香菇红枣粥1碗	米饭100克，芝麻卷心菜100克，小米鸡蛋粥适量	包子100克，鲤鱼冬瓜汤、蔬菜各适量	猪肉酸菜包100克，蒜蓉空心菜100克，虾皮紫菜汤适量	米饭100克，百合炒牛肉100克，鱼头木耳汤适量	米饭100克，鲜虾芦笋100克，米粥1碗，蔬菜适量

孕6月一周食谱推荐

🍅 强身防病——香肠炒油菜

材料：嫩油菜200克，香肠50克，葱、姜各少许。

调料：酱油、盐各1小匙，料酒半小匙，鸡精少许。

做法：1.将香肠洗净,切成薄片备用。油菜洗净，将梗、叶分开，切成小段备用。葱、姜洗净，葱切成葱花，姜切成姜末备用。

2.锅中加植物油烧热，下入葱花、姜末煸炒出香味，先下入油菜梗炒2分钟左右，再下入油菜叶炒至半熟。

3.放入香肠，加入酱油、料酒，大火快炒几下，加入盐、鸡精，炒匀即可。

🍅 利尿消肿——糯米红豆炖莲藕

材料：莲藕90克，红豆40克，莲子、圆糯米各20克。

调料：白糖适量。

做法：1.莲藕洗净后切片备用；红豆、莲子、圆糯米洗净备用。

2.将锅置于火上，倒入7杯水，放入红豆、莲子、圆糯米、藕片，先用大火煮滚后改为小火慢熬2个小时。

3.起锅前加入适量白糖调味即可。

🍅 清香鲜美——珍珠翡翠白玉汤

材料：豆腐1盒（重约400克），菠菜150克，花生米50克，干红小辣椒3条。

调料：花生油20毫升,精盐5克,鲜汤600毫升。

做法：1.将花生米用开水烫一下，剥去花生衣，洗净待用。

2.将豆腐用清水略冲，划成小块待用。

3.把炒锅上炉，用旺火加热，倒入花生油，烧至八成热，投入干红小辣椒油爆。

4.放入花生米煸炒，待炒出香味，倒入豆腐略煸，加入鲜汤烧沸，加入精盐，再投入菠菜，待烧滚后即可。

🍅 解除疲劳——肉末胡萝卜炒毛豆仁

材料：猪绞肉、毛豆仁各100克，胡萝卜200克。

调料：酱油1小匙、淀粉半小匙，黑胡椒粉、盐各1/4小匙，香油少许。

做法：1.毛豆仁洗净，放入沸水中汆烫，捞出、泡冷水，沥干待凉。

2.胡萝卜去皮，切1厘米小丁，放入沸水中汆烫，捞出。

3.猪绞肉放入碗中加酱油、淀粉、黑胡椒粉抓拌均匀备用。

4.锅内加入植物油烧热，放入猪绞肉用大火炒匀，加入1小匙水将肉炒散，再加入胡萝卜丁、毛豆仁一起翻炒数下，加入盐、香油调匀即可。

🍅 补充能量——果味猪排

材料：猪小排500克，姜末、葱花各2小匙。

调料：果酱2大匙，醋1大匙，白糖、盐各1小匙，料酒、香油各适量。

做法：1.猪排洗净剁成小块，加入盐、料酒、姜、葱腌渍20分钟。

2.锅内加入植物油烧至六七成热，放入猪排炸至外表起壳，捞出控油。

3.锅内留少许底油烧热，倒入小排、果

酱、白糖、醋炒匀，小火烧至肉熟，大火收汁，淋入香油即可。

🍅 **润肺、养胃、滋补——黄瓜银耳汤**

材料： 嫩黄瓜100克，泡发的银耳100克，红枣3颗。

调料： 盐1小匙，白糖适量。

做法： 1.将黄瓜洗净，去籽，切成薄片。银耳撕成小朵，洗净。红枣用温水泡透备用。

2.锅内加入植物油烧热，加适量清水，用中火烧开，放入银耳、红枣，煮5分钟左右。

3.放入黄瓜片，加入盐、白糖，煮开即可。

音乐胎教：宝宝学唱儿歌《打电话》

儿歌，是最单纯的歌，是最自由的歌，是快乐的游戏，儿歌的内容往往十分浅显，于天真稚气中表达幼儿对周围生活的模仿和思考，节奏鲜明，朗朗上口，易念易记易传。现在就给宝宝唱首儿歌吧。

> 两个小娃娃呀，正在打电话呀，
> "喂喂喂，你在哪里呀？"
> "哎哎哎，我在幼儿园。"
> 两个小娃娃呀，正在打电话呀，
> "喂喂喂，你在干什么？"
> "哎哎哎，我在学唱歌。"

运动胎教：孕产瑜伽——吉祥式

方法：

1. 坐正，做深呼吸。

2. 两脚合掌，脚跟靠近会阴处，挺直腰背，停留数秒，做深呼吸。

3. 还原，放松双腿，调息。

注意事项：

双手抓住双脚板，停留时，尽量感觉腰脊挺直，同时将肛门闭紧，膝盖也应尽力压在地板上。

效果：

可调整骨盆，使髋关节柔软健壮，刺激肛门强化其功能，多练习有利顺产。因分娩时产妇需要柔软度极佳的骨盆，帮助胎儿顺利出生，所以适当地伸展骨盆关节及肌肉，可使生产时骨盆能够扩张至极限，这样胎儿便能轻松地通过产道。

语言胎教：读书时间——《仿佛》

今天，当华灯初上的时候，工作一天的你，是否可以坐在安静的书房里，在温馨的淡淡的橘黄的灯光下读首诗来给自己和胎宝宝听听。

仿 佛

> 我不记得我的母亲
> 只是当我从卧室的窗口

139

外望悠远的蓝天
我仿佛觉得母亲凝住我的眼光
布满了整个天空

我不记得我的母亲
只是在游戏中间
有时仿佛有一段歌调
在我玩具上回旋
是她在晃动我的摇篮
所哼的那些歌调

我不记得我的母亲
但是在初秋的早晨
合欢花香在空气中
浮动庙殿里晨祷的馨香
仿佛向我吹来母亲的气息

这首诗的作者是泰戈尔，泰戈尔的这一首《仿佛》是在他65岁时所写，而他在13岁时失去了母亲。52年的春华秋实，冲洗着这位诗人的心。可他仍然清晰地记着他的母亲。"我不记得我的母亲。"开头给人以震撼，给人以悬念。所震撼的是，当所有的人的笔都细致地描绘出母亲在他们心中的形象时，他却不随大流，写出了如此诗句。所悬念的是，他为什么不记得？是真的不记得了吗？还是另有隐情？接着诗人是由转折的词汇——例如：只是、但是。哦，原来他开始解开悬念了。并不是不记得，是记得太深，"不思量，自难忘。"接着他开始使用意象——例如：眼光、歌调、馨香……那是母亲留给她的最后的记忆，可这一切都像是烙在泰戈尔的心

中，永远挥之不去。

美育胎教：赏年画《骑着鲤鱼的孩童》

年画是中华民族祈福迎新的一种民间工艺品，承载着人们对未来的美好憧憬，每逢过农历新年时，人们都会买几张来贴在家里，烘托欢乐热闹的气氛。这张骑着鲤鱼的孩童的年画有没有让你想起小时候过年的情景呢。和胎宝宝一起分享一下吧。

准爸爸讲百科

月亮的脸为什么会变化？

日常生活中我们都会发现，月亮有时像把弯弯的镰刀，有时像参差不齐的半个烧饼，也有时像个圆圆的银盘。那么，月亮的脸为什么会变化呢？

原来，月亮是围绕地球运行的一颗卫星，它和地球一样本身不会发光，它是靠反射太阳光而亮的。因此，它和地球一样，总是半个球明亮，半个球黑暗。月球在绕地球运转的同时，又和地球一起绕太阳有规律地公转。

由于月球在绕地球运行的同时又同地球一起绕太阳公转，所以三者之间的相对位置会不断发生变化，这就造成我们在地球上见到月球的光明与黑暗的部分不是相等的两半，即有时光明部分多，有时黑暗部分多，从而形成月球明暗两部分不断发生变化。

第22周

营养胎教：职场孕妈妈健康零食集锦

杏仁	平底锅稍焖，香脆且富含蛋白质
半个香蕉卷+全麦面包	钾加蛋白质，营养的超级零食
全熟的白煮蛋	随时可以取得的蛋白质
猕猴桃	完美的维生素C来源
芒果块	含有丰富的维生素A
烤土豆洒上纯酸奶	土豆皮含有丰富的铁
苹果+奶酪片	取得纤维素和钙的很好来源
香甜果粒酸奶+燕麦片	富含丰富的钙质、蛋白质以及纤维素

Tips 不要边看书或边看电视边吃零食，这样一来不卫生，二来不利于消化。每次吃零食的量不要太多，最好在两餐之间吃，离正餐远一点儿，这样就不会影响正餐的进食量。

141

音乐胎教：《杜鹃圆舞曲》，感受春天的朝气

　　一年之计在于春，春天是一个充满了希望和朝气的季节，胎宝宝的到来在每个孕妈妈心里都是一个春天的开始，虽然春天一年只有一次，但是在音乐中我们一年四季都可以听到春天的声音，美妙的《杜鹃圆舞曲》就是一首春意盎然的曲子。

怎么听这首曲子

　　这首手风琴曲欢快而迷人，带有浓浓的春意，孕妈妈在早晨醒来后或是午间小憩后听一听这首《杜鹃圆舞曲》，会给接下来的时光带来一个充满朝气和活力的心情，能赶走孕妈妈进入孕晚期后的心理压力。

　　此外，孕妈妈带着这首音乐到林荫小道上散散步，置身林木中可以让孕妈妈更快乐地体会到曲中所渲染的春意盎然的景致。

国学胎教：读《三字经》，启蒙智慧

　　在传统教育中，小孩子们都是通过背诵《三字经》来识字知理的，它是中国传

统文化的缩写，短小的篇幅蕴含着深刻的道理，是国学中的经典。今天我们来了解和朗诵一下《三字经》。

《三字经》节选

人之初，性本善。性相近，习相远。
苟不教，性乃迁。教之道，贵以专。
昔孟母，择邻处。子不学，断机杼。
窦燕山，有义方，教五子，名俱扬。
养不教，父之过。教不严，师之惰。
子不学，非所宜。幼不学，老何为？
玉不琢，不成器。人不学，不知义。
为人子，方少时，亲师友，习礼仪。
香九龄，能温席。孝于亲，所当执。
融四岁，能让梨。弟于长，宜先知。
首孝悌，次见闻，知某数，识某文。
一而十，十而百，百而千，千而万。
三才者，天地人。三光者，日月星。
三纲者，君臣义，父子亲，夫妇顺。
曰春夏，曰秋冬，此四时，运不穷。
曰南北，曰西东，此四方，应乎中。
曰水火，木金土，此五行，本乎数。

知识胎教：给宝宝取个好名字

如果已经为胎宝宝取好了名字，你和丈夫可随时随意地呼唤他，在日常生活中有很多这样的机会，例如，散步的时候可以说："可可，我们在散步，有没有打扰到你睡觉呢？"如果遇到胎动，还可以说："可可，你是在翻身呢，还是告诉妈妈你没睡呀？"只要在做每件事情的时候，都不忘记让胎宝

宝也参与进来，那么你们将有足够的机会和胎宝宝取得良性互动。

给宝宝取名的大方向

见证爱情：从爸爸妈妈的名字里各取一个汉字组合成宝宝的名字，或者选取爸爸妈妈最具纪念意义和相互默契的文字来命名，用宝宝的名字见证爱的甜蜜。

美好寓意：爸爸妈妈希望宝宝要健康，要品德好，要快乐，要优秀，要……查看中国文字：怪(快乐)、辉(光明)、嘉(优秀)、健(健康)……很多字词都能表达你的美好意愿。

延续家谱：家谱是中国特有的文化遗产，很多家谱在立谱时，便确定了家族世系命名的辈分序列。不妨考虑宝宝在家谱中的辈分用字，再以这个固定用"字"展开取名。

性别取名：男孩用名可刚毅、有气势一些；女孩用名可温婉可人一些。当然也可以选用一些男女通用的字。

全家总动员：全家共同参与，采用投票形式，录用票数最高的名字。

衡量好名字的标准

好名字的标准：简单易记，语音流畅，笔画均匀，兼顾姓氏，独具韵味。

语言胎教：读好书——《芒果街上的小屋》

《芒果街上的小屋》是一本优美纯净的小书，一本"诗小说"，讲述一个关于成长，关于追求现实和精神家园的故事，书中每一个散落的韵脚都会敲打到你微小的神经，每一个纤细的笔触都将牵动起你久远的记忆，心里有清泉的人都会爱上它，相信你和胎宝宝也会爱上它。

爱上它的简单

它的自然而不故作高深，一眼可以看到底的心，以及记忆深处一小块朴素的青草地，它们会让你想要停下来，回望自己走过的路，以及自己的内心，这是一本会让你和胎宝宝感到温暖的书。

143

运动胎教：可以游泳了

在国外，游泳是孕妇们普遍参加的一项运动，一般可持续到孕晚期。所以孕妈妈们大可不必认为游泳是一项危险运动，孕妈妈可以在上午10时到下午2时之间穿上漂亮的泳衣去游泳。

游泳的注意事项：

• 水温在29℃~31℃之间，低于28℃会刺激子宫收缩，易引起早产；水温高于32℃容易疲劳。

• 胎膜破裂后，应停止此项运动。

• 去游泳时，最好结伴而行。

• 身孕未满4个月、有过流产、早产史、阴道出血、腹痛、患高血压综合征、心脏病者不能游泳。

音乐胎教：《动物叫》

有人说，小孩子天生就喜欢动物，也喜欢模仿动物，特别是动物的叫声，如果你也这么认为，就将这首童谣唱给宝宝听吧，他会很高兴的。

小猫怎么叫，喵喵喵；　　　　小羊怎么叫，咩咩咩；

小狗怎么叫，汪汪汪；　　　　老牛怎么叫，哞哞哞；

小鸡怎么叫，叽叽叽；　　　　老虎怎么叫，噢噢噢；

小鸭怎么叫，嘎嘎嘎；　　　　青蛙怎么叫，呱呱呱。

情绪胎教：简单十字绣，孕出好心情

十字绣是一种古老的民族刺绣，是任何人只要有耐心，都可以绣出同样效果的一种刺绣方法。

绣"福"字的方法

你可能不会或没有足够的时间来进行十字绣，所以你可以到十字绣专卖店挑选一些简单的图案，绣字是比较合适的，因为线的颜色比较少，记得在店员的帮助下配齐针线，这样，在家里你随时都可以拿出来绣一绣了，不妨试一试"福"字，让胎宝宝也体会一把"幸福"的手工。

首先认真地看一下所买图案中附带的十字绣色线符号对照表。

从图案的中心动针，绣完一种颜色，再绣另一种颜色，直至完工。

知识胎教：妈妈宝宝猜谜语

宝宝肚子饿了，想吃饭，你能从下面的谜语里面找出他所需要的东西吗？

（一）

颜色白如雪，身子硬似铁，

一日洗三遍，夜晚柜里歇。

（二）

一个娃娃身体胖，不吃饭菜只喝水，

只因为人心肠热，开起口来暖洋洋。

（三）

兄弟俩，一样长，

有好菜，一起尝。

（四）

一物真新鲜，头大尾巴尖，

平时少干活，吃饭它抢先。

144

第24周

情绪胎教：你是我的小太阳

或许在怀孕前你一直畏寒，冬天穿得再多都是手脚冰凉。现在你有宝宝，你有没有觉得手脚一直都是热烘烘的？有没有觉得这个冬天一点也不冷？因为你的肚子里有个小太阳啊。

我的小太阳，
我为你写下这一篇。
这一篇里的祝福，
祝福你健康成长。
这一篇里的希望，
希望你才智超群。

我的情感，
流经你的心田之前，
已淋湿了我的全身。
我的闲暇时间，
全用在你身上。

对你的祝福，对你的希望，
日夜在我的心头回荡。
你的每一个动作，都使我的心飞扬。

语言胎教：户外活动随时跟宝宝说

散步不仅有利于孕妇的身体健康，也可以为进行胎教的母亲提供了解社会、接触更多事物的机会。看到菜场、花店、超市、高楼大厦，都可以告诉胎儿那里是干什么的。也可以到风景宜人的公园，感受大自然的勃勃生机和人们的快乐。把你的所见所闻一一描述给胎宝宝听。

干巴巴地讲，自然收不到好的效果，要创造出情景相生的意境。例如，你到大自然中散步，一边走一边看，感到轻松愉快，有一种安详、宁静的情绪荡漾在心头的感觉。这时，你就用这样的心情把所见所闻讲给胎宝宝听：宝宝，你看见红花和绿草了吗？它们是那么的美丽，等你长大了和妈妈再一起来这里好吗？

智力胎教：尝试一下推理题吧

5个人来自不同地方，住不同房子，

145

养不同动物，吸不同牌子香烟，喝不同饮料，喜欢不同食物。根据以下线索确定谁是养猫的人。

1. 红房子在蓝房子的右边，白房子的左边（不一定紧邻）。

2. 黄房子的主人来自香港，而且他的房子不在最左边。

3. 爱吃比萨的人住在爱喝矿泉水的人的隔壁。

4. 来自北京的人爱喝茅台，住在来自上海的人的隔壁。

5. 吸希尔顿香烟的人住在养马人的右边隔壁。

6. 爱喝啤酒的人也爱吃鸡。

7. 绿房子的人养狗。

8. 爱吃面条的人住在养蛇人的隔壁。

9. 来自天津的人的邻居（紧邻）一个爱吃牛肉，另一个来自成都。

10. 养鱼的人住在最右边的房子里。

11. 吸万宝路香烟的人住在吸希尔顿香烟的人和吸"555"香烟的人的中间（紧邻）。

12. 红房子的人爱喝茶。

13. 爱喝葡萄酒的人住在爱吃豆腐的人的右边隔壁。

14. 吸红塔山香烟的人既不住在吸健牌香烟的人的隔壁，也不与来自上海的人相邻。

15. 来自上海的人住在左数第二间房子里。

16. 爱喝矿泉水的人住在最中间的房子里。

17. 爱吃面条的人也爱喝葡萄酒。

18. 吸"555"香烟的人比吸希尔顿香烟的人住的靠右。

（答案：养猫的人来自北京）

美育胎教：折一朵漂亮的百合花

百合花素有"云裳仙子"之称，是圣洁、吉祥的象征。你在折叠的过程中，千万不要偷懒，除了要将折叠的步骤与胎宝宝分享外，有关于百合的一些小知识，如花的颜色、香味等等，你也要告诉腹中的胎宝宝哦。

折百合花的方法：

1. 准备一张正方形的纸折成双菱形。

2. 两侧沿虚线向中心折。

3. 再向中心线折。

4. 向下折，其他三片也一样。

5. 把花瓣尖端用笔或圆形的东西卷一卷。

6. 好了，一朵美丽的百合花折好了，放在床前给胎宝宝欣赏一下吧。

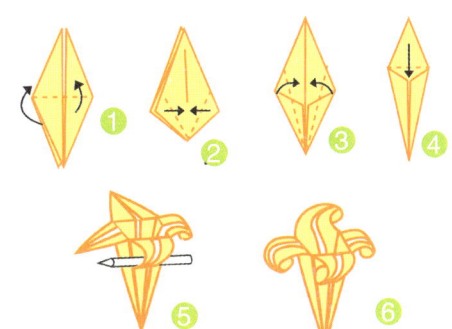

运动胎教：孕产瑜伽——肩转动

孕妈妈进入了孕中期后，因为体重增加变快，身体各部位会出现一些酸痛的现象，现在来介绍一种消除肩膀紧张感的居家瑜伽练习法——肩转动练习。

1. 在舒适的位置坐好，用胜利式呼吸法（即紧闭嘴唇，用两鼻孔呼吸）吸气呼气各1次，再吸气。

2. 缓慢将肩膀向前移动，然后带动肩膀向上移动。

3. 呼气，肩胛骨向后挤压。

4. 然后肩膀下拉，恢复正常姿势。

5. 重复1~4步3次。

6. 肩膀朝相反的方向转动4次，也就是吸气时肩胛骨先往后拉，然后向上运动，呼气时肩膀向前转动，然后恢复正常。

知识胎教：古诗中的四季

古诗中之春

春眠不觉晓，处处闻啼鸟。

（孟浩然《春晓》）

好雨知时节，当春乃发生。

（杜甫《春夜喜雨》）

红豆生南国，春来发几枝？

（王维《相思》）

春色满园关不住，一枝红杏出墙来。

（叶绍翁《游园不值》）

不知细叶谁裁出，二月春风似剪刀。

（贺知章《咏柳》）

古诗中之夏

力尽不知热，但惜夏日长。

（白居易《观刈麦》）

深居俯夹城，春去夏犹清。

（李商隐《晚晴》）

首夏犹清和，芳草亦未歇。

（谢灵运《游赤石进帆海》）

仲夏苦夜短，开轩纳微凉。

（杜甫《夏夜叹》）

农夫方夏耘，安坐吾敢食。

（戴复古《大热》）

古诗中之秋

秋风萧瑟，洪波涌起。

（曹操《观沧海》）

解落三秋叶，能开二月花。

（李峤《风》）

窗含西岭千秋雪，门泊东吴万里船。

（杜甫《绝句》）

银烛秋光冷画屏，轻罗小扇扑流萤。

（杜牧《秋夕》）

欲说还休，却道天凉好个秋。

（辛弃疾《丑奴儿·书博山遭中》）

古诗中之冬

墙角数枝梅，凌寒独自开。

（王安石《梅花》）

孤舟蓑笠翁，独钓寒江雪。

（柳宗元《江雪》）

不知近水花先发，疑是经冬雪未销。

（张谓《早梅》）

柴门闻犬吠，风雪夜归人。

（刘长卿《逢雪宿芙蓉山主人》）

明月照积雪，朔风劲且哀。

（谢灵运《岁暮》）

孕7月（25~28周）：
大脑发育高峰期

宝宝，刚才和你玩踢肚子游戏的，猜猜是谁？

呵呵，猜对了，是妈妈！

你爸爸说是我作弊了，他总是说你偏心。

呵呵，其实哪里有呢，

母子连心，这个道理还用解释吗？

胎宝宝： **像个粉红色的小老头**

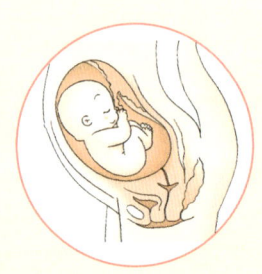

　　妈妈，你知道吗，我现在已经可以睁开眼睛了，不过我的视觉神经还没有发育成熟，目前还看不到什么东西。这一阶段我正在学习着如何思考问题，而且已经开始有记忆了，没有事的时候你要多陪我说说话，也可以放点好听的音乐给我听哦。

　　到这个月底，我就能长到35~40厘米高了，体重估计会有1000~1200克，我现在的皮下脂肪还比较少，皮肤皱皱的，看上去会有点像老爷爷、老奶奶哦，等我再长大一些的时候可能就会好一些了。妈妈，我要睡觉啦，要是想跟我聊天的话，叫我一声就可以了，我能听得见哦。

150

孕妈妈： **大腹也翩翩**

　　这个月，孕妈妈的肚子明显变大，内部的器官也逐渐改变，长时间地站或坐会感到很累，而且手和脚会有水肿现象发生。孕妈妈在睡觉时可能要把脚稍微垫高一点才舒服些。

- 从耻骨至子宫底的长度为21~24厘米，可在肚脐上方二指幅的地方触摸到子宫底

- 开始出现痔疮，愈到怀孕末期愈严重，生产时最严重，应避免久站、久坐及便秘

- 腿部可能抽筋，可按摩抽筋的肌肉

- 腰、背容易酸痛，易感觉疲劳

- 本月份可能开始出现下肢静脉曲张、外阴静脉曲张（静脉瘤）的现象。建议穿弹性绷带袜，避免久站以减轻症状，但不可以按摩静脉曲张的部位。静脉曲张愈到怀孕末期愈严重

本月胎教重点

营养胎教，给胎宝宝"脑黄金"

保证胎宝宝大脑和视网膜正常发育的DHA、EPA和脑磷脂、卵磷脂等物质和在一起，被称为"脑黄金"，它是胎宝宝7个月大时的主打营养素。"脑黄金"对于怀孕7个月的孕妈妈也具有重要意义。

首先，"脑黄金"能预防早产，防止胎宝宝发育迟缓，增加胎宝宝出生时的体重。其次，此时的胎宝宝神经系统逐渐完善，大脑细胞发育速度比孕早期明显加快。如果能摄入足量的"脑黄金"，就可以保证胎宝宝大脑和视网膜的正常发育。

光照胎教，促进宝宝视觉发育

胎儿的视觉较其他感觉功能发育缓慢。孕27周以后，胎儿的大脑才能感知外界的视觉刺激；孕30周以后，胎儿还不能凝视光源，直到孕36周，胎儿对光照刺激才能产生应答反应。因此，从孕24周开始，每天定时在胎儿觉醒时用手电筒（弱光）作为光源，照射孕妇腹壁胎头方向，每次5分钟左右，结束前可以连续关闭、开启手电筒数次，以利胎儿的视觉健康发育。但切忌强光照射，同时照射时间也不能过长。

音乐胎教，时间、强度要适度

有人在进行音乐胎教时，长时间把音箱对着腹部开大音量，致使胎儿在腹腔中烦躁。出生以后的孩子会变得十分神经质，甚至对音乐反感和敌视。

如果成天没完没了地听音乐、听诗歌，孕妈妈会感到疲惫不堪，胎儿感觉也绝对好不了。实施胎教和欣赏音乐、诗歌、文学艺术作品，以自己感觉没有疲劳感为最佳。因此，最好每次不要超过半小时。

在妊娠中期选择胎教音乐，除非专业和特殊需要，最好少听摇滚、重金属、强节奏的打击乐，以免影响到孕妈妈和胎儿的生物节律。徐缓、温和、抒情、写意一类的室内乐、古典音乐才是比较适宜的。

优生孕事ABC

大脑发育的另一高峰期

胎宝宝在第25周的时候，也就是怀孕第7个月时，胎宝宝的大脑发育进入了又一个高峰期，这个时候，胎宝宝处于孕中期与孕晚期的交接时段，脑细胞增长很快，胎宝宝大脑细胞在这时候迅速增殖分化，体积增大。

很快胎宝宝的大脑功能就可以发育得比较完善了，一起来看看宝宝在整个孕期大脑的发育情况。

时间	大脑发育情况
妊娠第20天左右	胚胎的大脑原基存在
妊娠2个月时	大脑沟回的轮廓已经很明显
妊娠3个月时	脑细胞发育进入第一个高峰时期
妊娠4～5月时	脑细胞仍处于高峰时期，并偶尔出现记忆痕迹
妊娠6个月时	大脑表面出现沟回，大脑皮层的层次结构也基本定形 脑细胞140亿个，具备了一生的脑细胞数量
妊娠7个月时	大脑中主持知觉和运动的神经已经比较发达，开始具有思维和记忆的能力。进入脑细胞分裂的第二个高峰期
妊娠8个月时	大脑皮层更为发达，表面的主要沟回已经完全形成
出生后的3个月内	脑细胞分裂进入第三个高峰期

胎宝宝可以睁眼、闭眼了

我们总以为胎宝宝睁开眼睛是在出生以后，出生的时候宝宝是闭着眼睛的，直到几天后他才能睁开眼睛看这个多彩的世界。可事实是宝宝还在子宫里时，他就已经睁眼了，而且他还会主动地练习睁眼、闭眼，这一点我们都很难想象到。胎宝宝长到第7个月时，他的眼睑会打开，由此胎宝宝的眼睛就可以睁开了，此时的胎宝宝已经有了发育完好的眼睫毛及眉毛，到怀孕后期，胎宝宝的眼睛还能在眼眶里转动。

这个时候，胎宝宝不仅会进行睁眼锻炼了，他的几种感觉，如嗅、视、听、味、触等都已经在渐渐发挥功能了，正在为即将到来的出生做充分的准备。

托腹带，减重量

孕妈妈要在医生的指导下使用腹带，需使用腹带的情况：

1. 悬垂腹：腹部很松弛，以致形成了悬垂腹，增大的腹部就像一个大西瓜垂在腹部下方，几乎压住了耻骨联合。这时应该使用托腹带，目的是兜住下垂的大肚子，减轻对耻骨的压迫，纠正悬垂腹的程度。

2. 腹壁发木、发紫：腹壁被增大

的子宫撑得很薄。腹壁静脉显露，皮肤发花，颜色发紫，孕妈妈感到腹壁发痒、发木，用手触摸都感觉不到是在摸自己的皮肤，这就要用托腹带保护腹壁了。

3. 双胞胎的孕妈妈。

4. 胎儿过大。

5. 有严重的腰背痛。

6. 纠正胎位不正。

建议在医生的指导下使用托腹带。第一次使用托腹带一定要请医生指导，准爸爸或家人在旁边认真学习，学会后再回家使用。托腹带的松紧要随子宫的增大而不断变化。

大肚妈妈的洗头窍门

选择适合自己发质且性质比较温和的洗发水：如果原先使用的品牌性质温和，最好能沿用，不要突然更换洗发水，特别是不要使用以前从未使用过的品牌，以防皮肤过敏。

洗发姿势：短发的孕妈妈头发比较好洗，可坐在高度适宜，可让膝盖弯成90度的椅子上，头往前倾，慢慢地清洗；长发的孕妈妈最好坐在有靠背的椅子上，请准爸爸帮忙冲洗。如果自己清洗，尽量不要保持弯腰洗头发的姿势太久，以免腰酸背痛或者因此而引起子宫收缩。

解决失眠孕妈妈的苦恼

怀孕之后，孕妈妈的睡眠需求会自然增加，然而不少孕妈妈孕期的睡眠质量反而有所下降，可能是因为体内激素分泌的变化以及精神和心理上的压力，容易引起失眠。解决失眠问题，孕妈妈平时需要注意的问题有：

培养睡眠气氛：不在卧室内办公，不要在床上打电话、看电视或进行其他活动，只把床当成一个睡眠的场所。

改正睡眠姿势：孕期最好的睡觉姿势是侧卧，左侧卧尤佳，可以在两腿之间垫一个枕头。避免仰睡或俯睡。

保证作息规律：建立自己的生物钟，建议孕妈妈每天晚上能在11点之前进入睡眠。

临睡前不受刺激：睡前半小时内要避免过分劳心的工作，不要带着思考中的难题上床。

胎教·小贴士

有睡意的时候再上床，早早上床等着往往"欲速则不达"，反而加重心理压力。

孕妈妈打鼾也分良性和恶性

打鼾，俗称打呼噜，有良性和恶性两大类。入睡后鼾声较轻且均匀，或偶尔出现的打鼾，这类打鼾对身体并没什么害处，称为良性打鼾。

入睡时不仅鼾声很大，而且不均匀，总是打着打着就停止了呼吸，或被憋醒，一夜反复多次发作，早晨起来感觉头昏脑

153

涨，就像整夜没睡一样，这类打鼾往往后果较为严重，会对胎宝宝的正常发育产生影响，故称为恶性打鼾。

肥胖是引起恶性打鼾的重要原因之一，体重的增加会让孕妈妈感到呼吸不顺畅，导致机体组织出现缺氧，避免恶性打鼾应控制体重。睡觉时尽量不要采取仰卧体位，以免肥厚的喉部肌肉和舌根后坠堵住气道，采取左侧卧比较适宜。

准爸爸，你好

和孕妈妈一起买宝贝用品

在怀孕中后期，宝宝离出世越来越近，准爸爸孕妈妈应该提前做好准备，将宝宝出生的时候需要的东西买好，避免宝宝出生之后准备不周，手忙脚乱。

买婴儿用品前，准爸爸要多与孕妈妈商量，以确定买些什么和什么时候去买等，越到后期，孕妈妈的行动会越来越不方便，因此，准爸爸最好是能陪同孕妈妈一起前去购买。

另外，准爸爸可以不时去逛逛商店，考察一下，看看哪家商店比较适合孕妈妈去买东西，以后需要买的时候可以直接陪孕妈妈过去。

买东西前，准爸爸要先问问医院配备了什么东西，以免买重了，一般医生会对需要买的东西给出建议。

准爸爸可以在孕妈妈的指点下写一张清单，买的时候看看有没有遗漏的。列清单的时候还可以多参考其他过来人的建议。

准爸爸理财小九九

打探市场行情

在选择婴儿用品之前，准爸爸最好打探一下市场行情，了解各类商品的价格，货比三家不吃亏，多走几家比较同型商品的价格，不要急着下决定。

请求亲朋好友援助

奶瓶、尿布等消耗品，是在宝宝出生前必须准备好的用品，其余像婴儿床、婴儿车等单价高的物品使用期限也长，而且宝宝长得快，淘汰也很快，不妨考虑向亲朋好友请求援助。兼具资源利用再回收的环保功能，何乐而不为。

154

适量选购

第一次购买婴儿用品，最好酌量选购。大型量贩店出现后，许多准爸爸孕妈妈习惯一次大量购买婴儿用品，然而这种行为往往在无形中浪费了资源而不自知，有时候东西太多也容易搞丢。

准爸爸的"精打细算"可以为日后一家三口的舒服生活提供保障。

监督孕妈妈的饮食

怀孕生子不是孕妈妈一个人的事，准爸爸除了埋头赚钱，还应该与妻子一起享受这一美好的怀孕过程，同时也要担负起家庭的细节工作和监督孕妈妈饮食、体重、情绪、健康等的工作。

孕妈妈的饮食、生活习惯会在某种程度上影响到肚子里的宝宝。因此，准爸爸的一个重要任务就是提醒孕妈妈摒除一些饮食起居中的坏习惯。怀孕以后，孕妈妈可能会变得越来越挑食、偏食等，准爸爸这时应该发挥自己的监督和辅助作用，例如，孕妈妈不爱吃核桃的话，可以将核桃磨成粉，加在孕妈妈喜欢喝的豆奶或者其他饮料中，这样就不会引起孕妈妈的排斥心理。

孕妈妈在孕期的饮食起居要注意细节的很多很繁琐，准爸爸的监督和帮助能使孕妈妈更安全地度过孕期。

准爸爸不妨将孕期需注意的事项列一个清单，提醒自己和孕妈妈时刻记住这些事项，以免记不清楚。

准爸爸的赞美，很受用

因为孕育新生命，孕妈妈会失去之前的美丽与苗条，有些孕妈妈还会承受越来越大的压力，比如，担心宝宝的成长，担心自己的形象，担心分娩的剧痛，担心产后恢复困难等等，如果孕妈妈的压力得不到舒缓，会使得孕妈妈和胎儿的健康受到影响。

准爸爸应学会发现并赞美孕妈妈的美，孕妈妈在怀孕后通常都会变得更可爱，她们身上有一种慈爱之心，准爸爸如果能对孕妈妈的这些魅力加以赞美，会令整个家庭都积极温馨起来。

孕妈妈心情低落的时候，准爸爸不妨多加开导，让孕妈妈说出自己的苦闷，并认真倾听，准爸爸少说多倾听会让奇迹发生，孕妈妈也会感激准爸爸的倾听。

在孕中期的时候，准爸爸可以制定一个短期的旅行计划，带上孕妈妈出去放松身心，用一种享受的心态来感受美妙孕期带来的奇异身心变化。

155

第25周

营养胎教：孕7月饮食原则与食谱推荐

孕7月饮食原则

1．为了能保证宝宝大脑和视网膜的正常发育，孕妈妈可以交替地吃些富含DHA类的物质，如富含天然亚油酸、亚麻酸的核桃、松子、葵花子、杏仁、榛子、花生等坚果类食品，海鱼、鱼油等也含有DHA。

2．孕妈妈每天需要的蛋白质量为75～95克。蛋白质在肉、鱼、奶酪、蛋、豆类中含量最高，尤其是豆类，是孕期极好的营养来源。谷物类如米、小麦、大麦和玉米中含量也很丰富。日常饮食中，孕妈妈要学会合理安排各类饮食的比例。

3．孕妈妈要注意保持食物的酸碱平衡。如肉类、鱼类、蛋类、虾贝类、糖类等食物属于酸性食物，蔬菜、草莓、葡萄、柠檬等属于碱性食物。两类性味不同的食物合理地搭配起来，才能保证身体的健康。

4．如果孕妈妈现在体重增加较快的话，可以用玉米、土豆、白薯、山药、南瓜、板栗、莲藕代替米面作为主食。反之，可以多吃一些米、面、巧克力、甜点及核桃、松子、瓜子、肉类等食物。这样粗细搭配调换着吃，可以达到控制热量、脂肪摄入的目的。

5．孕妈妈每天需饮用6～8杯水，有水肿症状的妈妈晚上临睡之前少喝一些水。建议容易水肿的孕妈妈每天进食足量的蔬菜、水果，因为它们具有解毒利尿的作用；少吃或不吃难消化和易胀气的食物（如油炸的糯米糕、白薯、洋葱、土豆等），以免引起腹胀，使血液回流不畅，加重水肿。

6．少吃罐头食品，因为罐头食品在制作过程中都会加入一定量的添加剂，如人工合成色素、香精、防腐剂等，这些添加剂对胎儿的健康不利。另外，罐头食品营养价值并不高，经高温处理后，食物中的维生素和其他营养成分都已受到一定程度的破坏。

孕7月一周食谱推荐

餐次	周一	周二	周三	周四	周五	周六	周日
早餐	面包50克，肉松30克，牛奶250毫升	蔬菜炒饭100克，牛奶250毫升	豆腐脑150克，馒头50克	黑芝麻糊50克，奶酪面包100克，蔬菜适量	麦片粥1碗，豆沙包50克，蔬菜适量	鸡蛋羹1碗，花卷50克，蔬菜适量	馄饨150克，蔬菜适量
加餐	奶酪适量，苹果1个	牛奶250毫升，面包4片	鲜牛奶250毫升，蛋糕50克	核桃糕80克	水果沙拉100克	奶酪蛋糕100克	蛋糕80克
午餐	米饭100克，土豆炖牛肉150克，蔬菜适量	米饭100克，双鲜拌金针菇150克，骨萝卜汤适量	面条150克，熘肝尖80克，奶汁烩生菜适量	黑豆饭100克，小米蒸排骨150克，冰糖五彩玉米羹适量	虾肉水饺150克，芝麻卷心菜100克，芪枣枸杞茶1杯	米饭100克，什锦烧豆腐150克，小米鸡蛋粥1碗，蔬菜适量	米饭100克，京酱西葫芦150克，咖喱蔬菜鱼丸煲、蔬菜各适量
加餐	小米鸡蛋粥1碗	猕猴桃拌酸奶	葡萄100克	莴笋猪肉粥1碗	牛奶250毫升，鸡蛋1个	水果沙拉100克	牛奶200毫升，蛋糕50克
晚餐	猪肉酸菜包100克，鲜蘑炒豌豆100克，早晚养胃粥1碗，蔬菜适量	米饭100克，枸杞松子爆鸡丁100克，蔬菜适量	米饭100克，豌豆鸡丝100克，虾皮紫菜汤适量	米饭100克，桂花糯米糖藕80克，蔬菜适量	花卷100克，香菇炒菜花100克，鲤鱼冬瓜汤、蔬菜各适量	面条100克，鲜虾芦笋100克，鸭肉冬瓜汤、蔬菜各适量	馒头80克，百合炒牛肉100克，莴笋猪肉粥1碗，蔬菜适量

孕7月美味营养餐

🌸 色泽艳美——香菇酱肉面

材料： 拉面200克，水发香菇100克，酱肉150克，红辣椒、青菜各适量，葱、姜末各适量。

材料： 鲜汤700毫升，植物油1大匙，精盐、味精各1/2小匙，绍酒、酱油各1大匙，白糖1/3小匙。

做法： 1.香菇、酱肉、红辣椒分别切成小丁。青菜切成段。

2.汤锅上火，加2/3清水，烧沸后下入拉面，煮8分钟至熟，捞出装碗。

3.炒锅置火上，下油烧热，放入葱、姜末炝锅，加香菇、酱肉、红辣椒丁煸炒片刻，再加入调味料，添汤，见汤沸腾时下入青菜，端离火口，盛入面碗即可。

157

健脑益智——花生鱼头汤

材料： 鲢鱼头1只（300克左右），生花生米100克，干腐竹10克，姜2片。

调料： 盐适量。

做法： 1.将鱼头洗净，剁成两半。将花生米洗净，用清水浸泡半小时左右。

2.将腐竹用热水泡发，洗净，切成1寸来长的小段。

3.锅内加入植物油烧热，将鱼头放入锅中略煎，加入清水，放入腐竹、花生米、姜片，先用大火烧开，再用小火炖1小时左右，加入盐调味即可。

营养全面出击——青椒肚片

材料： 青椒400克，熟猪肚150克，蒜2瓣。

调料： 高汤2大匙，料酒1大匙，水淀粉2小匙，盐、醋各1小匙。

做法： 1.猪肚洗净切片，放入加有醋的沸水锅中汆烫透捞出。青椒、蒜均洗净切片备用。

2.锅内加入植物油烧热，放入蒜片爆香，加入青椒煸炒。

3.随后放入肚片、料酒、盐、高汤炒匀至熟，用水淀粉勾芡即可。

利水消肿——青松鱼球

材料： 草鱼中段肉400克，肥膘肉200克，鸡蛋1个，面包粉100克，青菜叶50克。

调料： 精制植物油250克（实耗约35克），精盐、味精、葱姜汁、胡椒粉、干淀粉各适量。

做法： 1.将草鱼洗净，去鱼皮和鱼骨，鱼肉切碎后剁成鱼蓉。肥膘肉剁成蓉。

2.青菜叶择洗干净，沥干水，切成菜丝，备用。

3.将鱼肉蓉、肉蓉同放入容器内，加入精盐、味精、葱姜汁（葱姜拍碎加少许水）、胡椒粉搅拌上劲成鱼泥。

4.再把鱼泥挤成元宵大的丸子，将鱼丸滚粘上干淀粉，拖上鸡蛋液再放入面包粉内搅拌均匀。

5.炒锅置中火上，放油烧至五成热，将鱼丸分批下锅，翻炸至金黄色时捞出，沥油后装在盘子里。

6.将青菜丝下油锅炸成菜松，沥油后围在鱼球四周即成。

清热解毒——冬笋肉丝

材料： 猪肉100克，冬笋100克，葱、鲜姜各适量。

调料： 花生油、精盐、味精、绍酒各适量。

做法： 1.将猪肉冬笋分别洗净，切成同样的细丝。

2.葱切成丝。

3.姜洗净，去皮，切成极细的末。

4.炒锅置旺火上，放入花生油、葱丝、肉丝、冬笋丝，急火煸炒，再放入精盐、味精、绍酒、姜末继续煸炒，最后淋入明油装盘即成。

🌸 典雅悦目——苋菜豆腐汤

材料： 豆腐250克，苋菜400克，水发海米20克，蒜10克。

调料： 食油20毫升，盐、味精各适量。

做法： 1.将苋菜清洗干净，切成段，放开水中焯一下，捞出沥干。

2.将水发海米切末；豆腐切成小块；蒜捣成泥。

3.将炒锅上火，倒入油，油热后下入蒜泥，煸出香味后下海米末和豆腐块，加少许盐焖一分钟。

4.再加水和适量盐，用小火将汤烧开，最后下入苋菜一滚即离火装盆，上桌前加味精调味即成。

运动胎教：孕产瑜伽——孕妇天线式

方法

1. 跪坐，腰背挺直。

2. 吸气时两手左右打开。

3. 吐气时上身后仰，停留数秒做深呼吸。

4. 还原，调息。

注意事项

动作完成后，尽量地扩胸做深呼吸，意念可放于胸部1/3处。

效果

可促进血液循环，尽量扩胸来增加氧气的吸入以促进新陈代谢，并可解除忧郁，使心情愉悦，神清气爽，有助精神安宁，顺利生产。

情绪胎教：几种保持良好心态的方法

我们常说"儿行千里母担忧"，其实胎宝宝也是有感情的，和母亲心灵相通，母亲受惊，胎宝宝也会出现受惊反应，而母亲高兴则胎宝宝也安心，可以说是母惊儿担忧，母安儿舒畅啊！

1.陶冶情操，多听一些优雅的音乐、多看美好的风景和图片，这样可以心态平和。

2. 做做白日梦，幻想一下腹中宝宝的样子，猜猜胎宝宝在想什么，在心里跟胎

159

宝宝说说话，这是和胎宝宝联络感情的好方法。

3. 写日记，日记是个抒发感情的好方法，写日记时要怀着一种让宝宝长大后来看的想法，这样你会发觉更多令人愉快的事情。

知识胎教：一二三——宝宝识字正当时

希望宝宝以后的文艺细胞更活跃的话，就要多给胎宝宝补充点文学营养，不妨先从教胎宝宝识字开始。

歌谣认字法

● 一人大， 二人天，天字出头就是夫，夫字两点夹夹牢，夹子站好来来来。

认：一，人，大，天，夫，夹，来

● 一二三，加一竖，就是王，王上一点叫做主，泡在水里变成注。

认：一，二，三，王，主，注

● 小孩子，戴帽子，头上一点写大字，小孩子，戴帽子，头上三点上学去。

认：子，字，学

诗词歌赋法

咏雪诗

一片两片三四片，

五六七八九十片。

千片万片无数片，

飞入芦花总不见。

谜语识字法

● 有时挂在天边，有时落在树梢，有时像个圆盘，有时像把镰刀。

答案：月

● 东边升，西边落。看时圆，写时方。

答案：日

音乐胎教：温馨的童谣——《板凳谣》

你还记不记得小时候坐在妈妈的腿上，妈妈微笑着给你念着："板凳板凳歪歪、上面坐着乖乖……"现在你也将成为妈妈，提前让胎宝宝体会这种温馨的感觉吧。

板凳板凳歪歪，上面坐着乖乖；

乖乖出来踢球，上面坐着小猴；

小猴出来赛跑，上面坐着熊猫；

熊猫出来拔河，上面坐着白鹅；

白鹅参加拉拉队，大家来开运动会。

第26周

营养胎教：素食妈妈的饮食方案

肉类为人体提供的营养主要是蛋白质，而动物性蛋白质是人体最容易吸收利用的蛋白质。此外，动物的内脏是无机物质如磷、铁、镁、锌等以及B类维生素的重要食物来源。

因此，不爱吃肉的孕妈妈很容易缺蛋白质和B族维生素。平时孕妈妈饮食要注意营养补充，建议：

多食用奶制品： 这类孕妈妈可以每天喝3杯牛奶，或每天250毫升牛奶、1杯酸奶，也可以每天吃2~3块奶酪。

多选用豆制品： 豆类富含植物蛋白，并且其必需的氨基酸组成与动物性蛋白近似，比较容易被人体吸收利用。可以常吃豆腐、豆芽、豌豆、扁豆。

选择全谷物粮食： 全麦面包和麦片都是全谷物粮食。

胎教小·贴士

孕妈妈每天早餐时，可以适当吃几粒坚果和两个鸡蛋，如果有时间和条件，也可鲜榨豆浆来喝。

知识胎教：交通常识——《红绿灯》

"姐姐走，我也走，我和姐姐手拉手，手拉手，慢慢走，一走走到马路口，看见红灯停一停，看见绿灯开步走。"哼唱着这首儿时的歌谣，带着你的胎宝宝一道去体验手工制作的快乐吧！

制作材料： 硬纸一张（牙刷、香皂的包装壳都可以）、水彩笔、1角钱硬币。

工具： 剪刀、胶水。

制作步骤：

1. 在硬纸板上分别剪一个长8厘米，宽3厘米和一个长3厘米，宽2厘米的长方形。

2. 用1角硬币做模板，在大的长方形纸板的中心线上画3个间距相等的圆圈；三个圆圈中分别涂上红、黄、绿，三种颜色，其余的地方用水笔涂成黑色。

3. 将小的长方形卷成筒状，用胶水粘住，表面用水笔涂成黑色。

4. 在圆筒的上端剪开两道裂口，插入纸板（红灯朝上），自制的红绿灯就完成了。

161

运动胎教：孕妈妈不妨多多"手舞足蹈"

怀孕是一个较漫长的过程，现在孕妈妈很快就要进入孕晚期了，运动的项目又比较有限，行动也不十分方便了，很多孕妈妈会感觉烦闷，其实，孕妈妈也可以去跳跳舞，改变一下花样。 跳舞其实和游泳一样，可以通过锻炼，使生产更顺利。孕妈妈可以配合旋律，使手、脚、腰等部位自然摆动，充分伸展、放松肌肉，从而使得健身的目的得以实现。

妊娠期间，虽然肚子很大，可是由于卵细胞激素的作用，会使身体令人意外地自由和柔软、如果能很愉快地运动，身体内就会分泌快乐激素，就会通过胎盘让宝宝感受到，使得胎宝宝身心健康成长，也可以促进生产的顺利进行。怀孕是一个较漫长的过程，现在孕妈妈很快就要进入孕晚期了，运动的项目又比较有限，行动也不十分方便了，很多孕妈妈会感觉烦闷，其实，孕妈妈也可以去跳跳舞，改变一下花样。 跳舞其实和游泳一样，可以通过锻炼，使生产更顺利。孕妈妈可以配合旋律，使手、脚、腰等部位自然摆动，充分伸展、放松肌肉，从而使得健身的目的得以实现。

胎教小贴士

如果孕妈妈从来没有跳过舞，也不必特意去学跳舞，只要顺着身体的感觉做到手舞足蹈也可以。

美育胎教：《伞》，幻想胎宝宝清澈的眼神

这是雷诺阿最迷人的作品之一，生动描绘了雨天人物的表情、动作及繁忙的都会气息。透过雨伞呈现出拥挤路上摩肩接踵的烦恼，宛如一场雨伞的群舞，使人仿佛听到了伞面上叮咚的雨点声。孕妈妈应该仔细体会画面中雨伞的表现及韵律，还有小女孩那童稚的眼神。

环境胎教：赶紧布置婴儿房吧

怎么样选颜色？

房间应以红、黄、蓝三色为基本色调，再用其他颜色加以调节。另外，最好备两幅颜色不同的窗帘，一幅暖色的，在宝宝休息时使用；一副冷色调的，在宝宝活动时使用。

怎样选玩具？

一些可爱或古灵精怪的小玩具和小装饰也是很吸引宝宝眼球的，小动物或小植物样子的灯饰、靠垫、相架等都很不错，另外，房间内还可挂一些可爱、简洁的图画，这对于提高审美情趣很有益。

第27周

情绪胎教：陶冶情操练毛笔字

一提起毛笔字，人们往往和书法挂钩，事实上练毛笔字并不是书法家的专权，每一个中国人都有练习毛笔字的权利，孕妈妈练习毛笔字更是一箭多雕。

怎样练毛笔字

1. 准备好工具，买齐毛笔、墨汁，刚开始练习用宣纸太浪费了，可采用学生用的十五格纸，用废报纸也行，刚开始练习时练颜体比较好。

2. 从笔画开始练起比较好，再循序渐进，穿插带笔画的字进行练习，如"三、王"练横画，练熟后可以临古诗帖。

3. 毛笔最好能天天练，两三天练一次也可以，坚持不懈地练习对身体及性格调整会有益处，不过你不必拘泥于形式，随心所欲也可。

营养胎教："辣妈"有理，喜食辛辣无害

不少南方寒湿带地区的人有习惯于吃辛辣食物的习惯，北方城市的人们也越来越适应辣味饮食，辣味饮食颇受众多女性青睐，更不消说因为怀孕而"变馋"的孕妈妈了。

到孕中期以后口感变化，喜食辣味食物的孕妈妈也很多，然而，有不少人认为孕期最好少吃刺激性较强的食物，辛辣食物被列入孕期禁忌食物清单。

其实，辛辣食物可以刺激食欲，孕期适当吃一些也并无大碍，尤其是生活在习惯食辛辣味食物的地区，太禁止孕妈妈吃辣椒，会让孕妈妈不习惯。

但对于有便秘、痔疮、较重妊娠浮肿症状的孕妈妈来说，则有必要从食谱中剔除辛辣味重的调味品，包括辣椒、花椒、胡椒、小茴香、八角、桂皮、五香粉等，这些食物容易消耗肠道水分，加重便秘，造成胎儿不安、羊水早破、自然流产、早产等不良后果。

运动胎教："善待"腿脚莫马虎

孕中期，一些孕妈妈会被水肿所困扰，约有75%的孕妈妈在怀孕期间或多或少会有水肿情形发生。脚掌、脚踝、小腿是最常出现水肿的部位。这种情况越接近生产日越严重，如果碰上天热，水肿会更加明显。

孕妈妈平时睡觉应尽量保持侧卧睡

163

眠的姿势，并保证充分的休息，这样可以最大限度地减少早晨的浮肿。孕妈妈在睡前可以把双腿抬高15～20分钟，可以加速血液回流、减轻静脉内压，从而缓解腿脚水肿。

　　孕妈妈要避免久坐久站，经常改换坐立姿势。走动时间也不应太久；坐着时可以放个小凳子搁脚，促进腿部的血液循环通畅，站立一段时间之后就应适当坐下休息，另外孕妈妈还要给自己挑选一双轻便、合脚的鞋。

语言胎教：读唐诗——《江上渔者》

　　哇！宝宝也喜欢鲈鱼吧，那宝宝

你知不知道，味美肉鲜的鲈鱼，是渔人驾着一叶扁舟，搏风斗浪，捕捞得来的呢？这首小诗就是要告诉胎宝宝：世间一切美好的东西，同鲈鱼一样，都离不开辛勤的劳动。所以我们要用心品味，并珍惜身边来之不易的东西。

江上渔者

江上往来人，但爱鲈鱼美。
君看一叶舟，出没风波里。

释义

　　江岸上来来往往的行人，只喜欢鲈鱼味道的鲜美。你看江中那小小的渔船，在风浪中飘荡，一会儿看得见，一会儿看不见。

第28周

情绪胎教：别老问是男孩还是女孩

　　孩子没出生以前，性别是一个最大的谜，带给人们无尽的猜测余地。喜欢经常问这样问题的人多半有性别方面的情结，一旦回答不知道，有些人接着可能要看着孕妈妈的体形作预测，以过来人身份问孕妈妈妊娠反应的程度，或者安慰说：男孩女孩都好。

　　一般来说，自己心里对于孩子的性别自有期望，对于人们的猜测，太过于认真反而是自寻烦恼。所以，最好的应对方式就是反问："你看像什么？"然后不管对方的结论是什么，都一笑了之，把它当做一个小游戏。

音乐胎教：唢呐曲——《百鸟朝凤》

唢呐是我国极富民族特点的簧管乐器，特别适合于渲染气氛和表现热闹的场景。孕妈妈可以在情绪不佳、觉得烦闷的时候听听这首快乐的唢呐，孕妈妈别忘了将这份快乐的情绪传达给胎宝宝，要知道，胎宝宝感受音乐最重要的通道就是通过妈妈的心情、律动及对音乐的感知而进行的。

感受胎教音乐之美：百鸟啼鸣

《百鸟朝凤》是一首充分展示唢呐艺术魅力的优秀乐曲，具有异常丰富的表现力。乐曲前奏之后，唢呐先吹出一段热情欢快的旋律，渲染出热闹的气氛，而后在固定曲调伴奏下，奏出百鸟鸣叫的段落。百鸟鸣叫时而悠扬，时而短促，时而明亮，把百鸟啼鸣刻画得淋漓尽致、惟妙惟肖，呈现出一幅百鸟闹春图和大自然万物争荣的繁茂景象。

知识胎教：闪光卡片——宝宝学数字

用闪光卡片教胎宝宝学数学，即是通过深刻的视觉刺激，把卡片上描绘的数字、图形的形状和颜色，以及孕妈妈的轻柔声音一起传递给胎儿。使胎教成功的诀窍是不要以平面的形象而是以立体的形象传递。例如"1"这个数字，即使视觉化了，对胎儿来说也是一个极为枯燥的形象。为了学起来饶有兴趣，窍门在于加上由"1"联想起来的各种事物，如"竖起来的铅笔"、"一根电线杆"等让"1"这个数字具体又形象。在教"2"这个数字时，可以想象"浮在水面上的天鹅的倩影"……尽可能从身边的材料中找出恰当的例子来，当然，同时还要记得清楚地发好"1"、"2"的读音。

美育胎教：丰收的田野——《拾穗者》

1857年画家米勒43岁时，完成了《拾穗者》。在已经收割后的田野里，三个贫苦的农妇正在捡拾麦田里散落的麦穗，她们神态疲惫，头顶着盛夏的烈日，在似火的骄阳烧烤着的大地上寻找失落的麦穗，辛劳的汗水已浸透了粗布衣衫。

画面的背景是堆成小山似的麦垛，主人骑在马上监督农民们干活，丰收远景和前景3个农妇形成鲜明的对比。作品问世以后产生了惊人的社会反响，资产阶级评论家凭着他们的敏感，从政治上作出论断："画里有农民的抗议声"，"这3个拾穗者如此自命不凡，简直就像3个同命运的女神"。

米勒是伟大的农民画家，他的艺术是公认的农村生活的庄严史诗。他用画笔和颜色表达了农民对土地的依恋，也揭示了人类围绕土地而争斗的喜悦与悲哀。人们称米勒是"乡巴佬中的但丁、土包子中的米开朗基罗"。

语言胎教：感受生命的灵气——《春》

《春》是朱自清先生的一篇脍炙人口的佳作，文中所描绘的景物充盈着跃动的活力与生命的灵气，你可以打开想象的翅膀去体验春天里的一切美好的事物，想象一下春天的脚步声亦如新生命来临的声音。

盼望着，盼望着，东风来了，春天的脚步近了。

一切都像刚睡醒的样子，欣欣然张开了眼。山朗润起来了，水涨起来了，太阳的脸红起来了。

小草偷偷地从土里钻出来，嫩嫩的，绿绿的。园子里，田野里，瞧去，一大片一大片满是的。坐着，趟着，打两个滚，踢几脚球，赛几趟跑，捉几回迷藏。风轻悄悄的，草软绵绵的。

桃树、杏树、梨树，你不让我，我不让你，都开满了花赶趟儿。红的像火，粉的像霞，白的像雪。花里带着甜味儿，闭了眼，树上仿佛已经满是桃儿、杏儿、梨儿！花下成千成百的蜜蜂嗡嗡地闹着，大小的蝴蝶飞来飞去。野花遍地是：杂样儿，有名字的，没名字的，散在草丛里像眼睛，像星星，还眨呀眨的。

"吹面不寒杨柳风"，不错的，像母亲的手抚摸着你。风里带来些新翻的泥土气息，混着青草味儿，还有各种花的香都在微微润湿的空气里酝酿。鸟儿将窠巢安在繁花嫩叶当中，高兴起来了，呼朋引伴地卖弄清脆的喉咙，唱出宛转的曲子，与轻风流水应和着。牛背上牧童的短笛，这时候也成天嘹亮地响。

雨是最寻常的，一下就是两三天。可别恼。看，像牛毛，像花针，像细丝，密密地斜织着，人家屋顶上全笼着一层薄烟。傍晚时候，上灯了，一点点黄晕的光，烘托出一片安静而和平的夜。乡下去，小路上，石桥边，有撑起伞慢慢走着的人；还有地里工作的农夫，披着蓑，戴着笠。他们的房屋，稀稀疏疏的，在雨里静默着。

天上风筝渐渐多了，地上孩子也多了。城里乡下，家家户户，老老小小，也赶趟儿似的，刚起头儿，有的是工夫，有的是希望。

春天像刚落地的娃娃，从头到脚是新的，它生长着。

春天像小姑娘，花枝招展的，笑着，走着。

春天像健壮的青年，有铁一般的胳膊和腰脚，领着我们上前去。

PART
9

孕8月（29~32周）：
开始耳聪目明

现在妈妈的感觉，就像抱着一个大西瓜，

真正是雄赳赳气昂昂，

每次散步，总会有很多注视的目标，

妈妈在这些目光中看到羡慕和祝福，

正是你赐予了我这无比的幸福。

胎宝宝：

有三颗水梨般重了

妈妈，我大概有40～44厘米长了，体重在1700克左右，我长得是不是很棒呀，这可都是妈妈的功劳呢！到这个月末的时候，我可能就没有自由活动的余地了，我会头朝下蜷曲在妈妈的肚子里面。医生说这是正常的胎位。

我的骨骼已经基本上发育完成了，不过都非常的柔软，没有爸爸妈妈的坚硬。还有肌肉系统、神经系统也都逐渐地发育完整哦。我的听觉神经也变得更发达了，如果外面有什么强烈的声音和震动的话，我会很害怕的，所以爸爸妈妈千万不要乱发脾气哦，那样会吓着我的。

好期待与妈妈见面的那天呀……

孕妈妈：

带"球"运动

这个时期孕妈妈的体重也增加很快，每周约为500克，比妊娠前重8～9千克，这个时期的孕妈妈可能会出现胃灼热、便秘、背部疼痛、尿急等妊娠期的不适症状，所以，孕妈妈应注意休息，不要过于劳累。

- 从耻骨到子宫底的长度为25～28厘米，在肚脐与心窝间可触摸到子宫底。

● 下腹明显扩张，开始出现妊娠纹	● 下腹中央，由肚脐至耻骨间出现一条明显的、由色素沉着而形成的线，称为"黑线"
● 胎动明显	● 脸部可能出现褐色斑点，称为妊娠斑，在生产后多半会消失
● 久站时，脚部容易浮肿	● 乳头、乳晕及外阴部颜色变深

本月胎教重点

情绪胎教，努力保持心情愉快

怀孕后不要为别人的某句话前思后想，就做个单纯快乐的人吧，不需那么深沉，也不要那些无名的烦恼来打扰！

于是乎，开始更多地发现别人的长处，想想别人的好，变得更宽容了。世界是什么样子？就是眼睛看到的样子。用愉快的心情来看这周围的一切，因为这不光是为自己，也是为了宝宝，妈妈就是胎儿的眼睛，要用它来为宝宝寻找、欣赏最美的风景！

有人说怀孕的女人最美丽，那种美丽是从心中溢出的幸福、满足的爱意！孕妈妈的美丽都是因为有了新的小生命！

语言胎教，形象化、立体化的语言刺激

讲故事，朗诵童话或对话，应当先把自己要讲的内容过一遍，尽量讲得形象化一些，像是用摄像机镜头来展示画面一样，用自己的声音与画面结合，把想象出来的动态、画面、过程都用语言表达出来。

欣赏图画、美术作品，要尽可能地用自己的生动语言，把画面上表现出的意境用视觉化、动态化的表达方式讲述给胎儿听。例如，这是一只大鱼缸，里面有红色、白色和黑色的金鱼，它们悠闲自在地游来游去。这条金鱼有长长的尾巴，大大的眼睛鼓起来像一对水泡，不紧不慢、优雅、从容地摆动着长尾巴，像轻轻地舞动长长的绸带一样……

光照胎教，帮助胎宝宝训练昼夜节律

孕妈妈可能都已经注意到了，在你睡觉的时候，胎宝宝经常会醒来并开始活动，那是因为胎宝宝在子宫内是先睡几个小时，然后醒来并活动几个小时，接着他又会入睡，睡醒后再开始活动，这样往复。这说明胎宝宝的活动具有周期规律。

怀孕第8个月时，每当胎宝宝在妈妈腹中活动时，他的手肘、小脚丫和头部可能会清楚地在孕妈妈的腹部突现出来，因为此时孕妈妈的子宫壁和腹壁已变得很薄了，因此会有更多的光亮透射进子宫，这会使胎宝宝逐步建立起自己每日的活动周期。光亮照进腹部的时候，胎宝宝会开始活动，到了晚上的时候，胎宝宝也会休息，逐渐地建立起了胎宝宝的每日活动周期。

互动胎教，亲情互动的胎教游戏

怀孕晚期，是孕妈妈和胎儿体重增长最快，也是胎儿生长发育最快的时候，除了摄入必需的营养，同时注意适当控制体重外，与胎儿的亲情互动也很重要。经常与胎儿交流，对胎儿的智能和感觉发育都有益处。不妨常与胎儿一起做做胎教游戏。

优生孕事ABC

孕产的基本概念

一些概念的具体解释	
围产期	指怀孕满28周到产后1周的这段时间。在这段时间里，孕妈妈经历怀孕、分娩、产褥这三个重要阶段。
高危妊娠	一般认为凡是能危害母婴或导致难产的妊娠状况，称高危妊娠。
足月儿	妊娠满37~42孕周之间分娩的新生儿为足月儿。
早产儿	妊娠满28周但未满37周分娩的新生儿。
过期儿	妊娠满42周以后分娩的新生儿为过期儿。
低体重儿	出生体重低于2500克的新生儿为低体重儿，包括早产儿和足月儿。
极小未成熟儿	出生后未满1000克的新生儿
巨大儿	出生后体重达4500克以上的新生儿为巨大儿

早产的紧急应对方案

当孕妈妈出现早产征兆时，一定不要过于慌乱，导致手足无措，事先可以先了解一下早产，并做好一些应对的准备。以下方法可供参考：

1. 孕妈妈一旦发现产兆，要先放松心情，可以做一做深呼吸、听听音乐，或者卧床观察与休息，及时补充水分，并尽快打电话给为自己做产检的医生询问情况。

2. 如果有落红及破水现象，孕妈妈应立刻就医。

3. 如果出现以上早产征兆经过半小时仍然无法改善，那么应立刻到住所附近设有"新生儿加护病房"的医院就诊，这样可以防止宝宝出生后再次转院而错过急救黄金时间，从而缓解宝宝早产的危机。

早产的征兆为： 孕妈妈未满孕36周却有"见红"并伴有规律宫缩、持续性下腹痛、下背酸痛、阴道有温水样的东西流出等异常情况出现。

胎位，关乎顺利生产

所谓胎位，通俗地说就是胎儿在子宫内的位置。正常情况下，胎宝宝在母亲腹中是"头朝下，屁股朝上"的，但有3%~4%的胎宝宝是倒过来的，形象地说就是"坐在妈妈的肚子里"，这就是臀位。在孕中期，臀位较为多见，但如果到了怀孕后期还没有转为头位，一般就很难自然回转了。如果B超显示是"混合臀位"，就需要比预产期提前两周左右住院，通常以剖宫产结束妊娠。

脐带绕颈一定要剖宫产吗

脐带绕颈不一定要剖宫产。

脐带绕颈指脐带缠绕在胎儿颈部，少者缠绕一周，多者可达到7周。多数是因为脐带过长或胎儿在宫活动过多、不断翻转造成。发生脐带绕颈后，如果脐带足够长，对胎儿不会造成危害，但如果剩余的脐带过短，勒紧胎儿形成缺氧则会很危险。胎儿脐带绕颈，是经常见到的一种现象，很少会造成胎死腹中或神经系统损伤的情况，只要宝宝的活动正常，不需要特别的紧张与强调。生产方式仍以自然生产为主，除非遇到胎儿心音监测出现窘迫的现象、并且无法矫正时，才采取剖宫产的方法。没有人会单纯因为脐带绕颈而直接剖宫产，只要医生能随时处理，宝宝的健康不会受到影响。

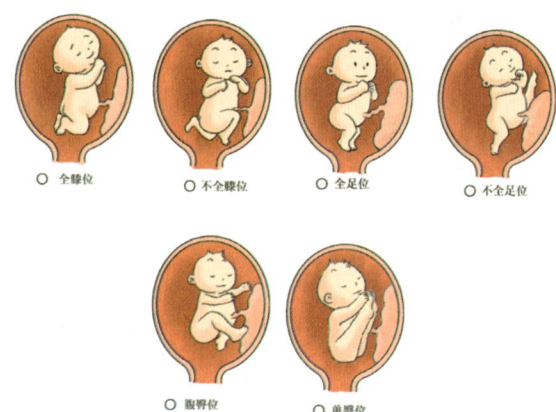

○ 全臀位　　○ 不全臀位　　○ 全足位　　○ 不全足位

○ 腹臀位　　○ 单臀位

第二次妊娠反应

母体子宫底升高到肚脐与剑突之间，直接挤压到胃部，则会使孕妈妈的食欲受到极大影响，使胃容量受限，饭量明显变小。偶然间子宫挤压到腹部的大血管，会使人猝然发生神志昏迷。同样，因为变大的子宫在腹腔中占有空间的原因，孕妈妈会出现一系列类似妊娠初期的各种不适症状，包括失眠、恶心、呕吐等。

这一系列生理变化，会引起种种不适感，一般被称作"第二次妊娠反应"期。

除此之外，因为身体负担加重，孕妈妈如果稍微多走一点路，就会感到腰酸背痛、小腿和脚跟痛，下肢会经常肿胀，浮现静脉曲张。有时候在清晨起床后会发现，头一天脸部和腿部的浮肿依然没有消失。

职场孕妈妈的工作交接

从这个月开始，职场孕妈妈要开始考虑与工作代理人交接工作，在产假前，让代理人了解你工作的脉络与流程，并提前进入工作状态，万一你出现早产症状，可轻松离开。同时，让代理人同与工作有密切联系的同事熟悉，并告知同事，代理人将在产假期间接替你的工作。

在产假期中可以与代理人通电话，关心一下他的工作状态，虽然有时会比较麻烦，但不吝啬这点时间与耐心，才是以后在职场生存的长久之道。

当你还沉浸在与宝贝快乐相处的产假时，会突然发现产假要结束了，所以假期结束前的一两周妈妈要收心了！您可以与同事，尤其是工作代理人聊聊工作进展的程度，现阶段有哪些工作是迫在眉睫，也可以拿出那张工作明细表，让代理人详细说明每件工作的最新状况。这样，你一回到公司就可以迅速找回原来的感觉！

172

准爸爸，你好

帮她洗脚、剪脚指甲

到了8个月，孕妈妈的肚子会大到看不到自己的脚，这就会使一些需要弯腰去做的事变得难以实施了，比如洗脚和剪脚指甲。

准爸爸每天准备好一盆热水，帮妻子舒舒服服泡个脚，再帮她擦干，定期修剪脚指甲，既解决了妻子面临的难题，又能让妻子倍感欣慰，何乐而不为呢？

学一点推拿按摩

按摩，能缓解疼痛，是舒展肌肉组织、放松身体的良方。可以经常适度做一些家庭推拿按摩，能为准妈妈调整种种不适感。

孕期的日常生活中，保持某种姿势的时间过久，或持续运动、站立、下蹲过度，都会使肢体的各部位发生肌肉酸痛、僵硬、疲劳、乏力甚至肌肉、软组织痉挛。

长时间紧张的工作，也容易使人处在持续、慢性疲劳状态。通过不同部位和穴位的按摩和自我按摩，能舒缓压力，放松肌肉、消除疲劳，有利于消除慢性疲劳症。

肩部：取坐位，准爸爸站在准妈妈身后，用双手采取揉法、捏法，由内侧向外侧施行，轮流按摩左右双肩肌肉组织，直至放松。

腰部：取俯卧位，准爸爸站立在准妈妈侧面，用拇指采用按法、揉法到指掌、臂肘的滚法，沿着腰部到臀部按摩肌肉组织，到准妈妈有肌肉组织松弛感为度。

肢体：取坐位、侧卧位或俯卧位，准爸爸站立在准妈妈侧面，分别对四肢的肌肉群采用揉捏法、指压法、拿法、摇法和滚法，依次按摩四肢各大主要肌群，包括臂部的肱二头肌、肱三头肌、前臂肌群，腿部的四头肌、腿后侧肌群、内侧肌群和外侧肌群，力度宜由轻渐重、由缓渐疾，直到各组肌群有松弛感为度。然后，再用掌摩法、擦法，对各组肌肉群做缓解和放松。

关爱孕妈妈的出行

出行别坐自行车、摩托车

孕妈妈怀孕期间不能剧烈运动，准爸爸尽量不要让她选择自行车、摩托车作为交通，自行车稳定性差，颠簸路面也无法减震；摩托车车速快、风速大，也容易剧烈震动而可能动胎气，严重者会导致流产。

尽可能不坐公交车

孕妈妈出行，通常可选择乘坐公交车，但人多拥挤时，尽量不要去挤。尤其是孕晚期，若被人挤到肚皮容易引起流产、早产。准爸爸可陪同孕妈妈一同乘坐公交车，以便照顾她。

给爱车贴上"孕妇车贴"

不少孕妈妈孕期会继续上班，如果有条件，您最好开车慢行送其上班最为稳妥（汽车都装有减震器，抗颠簸能力强），车尾可贴上孕妇车贴，可以提示后车，减少因前车行车慢而按喇叭催促的几率。

陪伴孕妈妈出行

孕妈妈出行，您最好陪同或安排家人陪同。这样，孕妈妈既可以得到心理安慰，同时又可以得到照顾，以防不测。

禁止房事，避免早产

此时的胎宝宝已经8个月了，很容易受外界影响而早早出世，孕妈妈的肚子也比较大；两种因素要求准爸爸节制性生活，即便是非常轻柔的方式也要注意，选择姿势也要再三斟酌，在孕妈妈相对安稳的前提下才能进行，也只能偶尔。资料表明，有10%~18%的流产是由于性生活不当所造成的。因此，不能贪图一时的快乐而惹出麻烦。

第29周

营养胎教：孕8月饮食原则与食谱推荐

孕8月饮食原则

1. 孕晚期，胎儿的骨骼、肌肉和肺部发育正日趋成熟，营养需求达到了最高峰，妈妈需要摄入大量的蛋白质、维生素C、叶酸、B族维生素、铁质和钙质，每天大约需要1000毫克的钙用于胎儿的骨骼发育。

2. 这一时期如碳水化合物摄入不足，会造成蛋白质缺乏或酮症酸中毒，所以孕8月应保证热量的供给，增加主粮的摄入，如大米、面粉等。一般来说，孕妈妈每天平均需要进食400克左右的谷类食品，这对保证热量供给、节省蛋白质有着重要意义。另外在米、面主食之外，要增加一些粗粮，比如小米、玉米、燕麦片等。

3. 这段时间正好是胎宝宝开始在肝脏和皮下储存糖原及脂肪的时候，孕妈妈自身的基础代谢和胎儿的生长速度都达到最高峰。所以建议孕妈妈依旧实行少量多餐的进食方式，及时补充食物，保证营养供给。

4. 这段时间是胎宝宝大脑增殖高峰期，大脑皮层增殖迅速，丰富的亚油酸可满足大脑发育所需。植物油中就含有丰富的亚油酸，此外，玉米、花生、芝麻等果实也含亚油酸。

5. 海参、海米、海带、紫菜、海蜇等海产品含有丰富的微量元素，而且食用安全，还不会使孕妈妈增重过快，所以不妨多吃一些。

孕8月一周食谱推荐

餐次	周一	周二	周三	周四	周五	周六	周日
早餐	牛奶250毫升，面包50克	黑木耳粥1碗、鸡蛋1个、蔬菜适量	牛奶250毫升，奶酪三明治1个	虾片粥1碗，奶汁烩生菜适量	素蒸饺100克，鸡蛋1个，蔬菜适量	紫菜包饭100克，鸡蛋1个，海带汤适量	红薯粥1碗，鹌鹑蛋5个，糖拌西红柿50克
加餐	苹果1个	香蕉1根	草莓100克，坚果适量	牛奶250毫升，酸奶布丁1个	果粒酸奶100克	什锦沙拉100克	牛奶250毫升，坚果适量
午餐	米饭100克，丝瓜金针菇150克，老鸭汤、蔬菜各适量	荞麦凉面150克，软熘虾仁腰花丁100克，牛奶香蕉木瓜汁、蔬菜各适量	米饭100克，凉拌海蜇150克，冬瓜山药淮山汤、蔬菜各适量	糯米香菇饭150克，香干拌青芹100克，芪枣枸杞茶1杯	米饭100克，土豆炖牛肉150克，猪骨萝卜汤、蔬菜各适量	黑豆饭150克，蜜汁南瓜80克，羊肉山药汤、蔬菜各适量	水饺150克，双鲜拌金针菇100克，黑豆红糖水、蔬菜各适量
加餐	橙子1个，坚果适量	银耳羹1碗	梨1个	三鲜包子100克	猕猴桃2个，坚果适量	香蕉1根，坚果适量	苹果1个
晚餐	芝麻花生粥1碗，花卷50克，香干拌青芹100克	米饭100克，栗子扒白菜100克，紫菜虾皮汤、蔬菜各适量	浓汤菠菜面100克，素火腿100克，蔬菜适量	米饭100克，鲜蘑炒豌豆100克，猕猴桃拌酸奶适量	面条120克，蒜蓉空心菜100克，百合汤适量	黑木耳粥1碗，牛肉饼100克，蔬菜适量	米饭100克，芝麻菠菜100克，虾皮紫菜汤适量

175

孕8月美味营养餐

🍅 补充蛋白质——三鲜烩鱼唇

材料：水发鱼唇500克，叉烧肉、西兰花各100克，冬菇（干）6朵，红萝卜5片，姜3片，葱2棵。

调料：高汤1碗，生抽、水淀粉各1大匙，料酒2小匙，盐1小匙，糖半小匙，香油、胡椒粉各少许。

做法：1.葱洗净切段，姜洗净备用。将鱼唇洗净，加入少量姜、葱、放入开水中煮5分钟取出，冲洗干净，切成小段。

2.西兰花洗净择成小朵，放入沸水锅中，加少量油、盐余烫熟盛起。冬菇泡软去蒂，叉烧肉切片备用。

3.锅内加入植物油烧热，放入姜片、葱段爆香，倒入高汤，加入剩余的调味料煮开。

4.放入鱼唇烩软，加入红萝卜、叉烧肉、西兰花炒匀，用淀粉勾芡，收至汤汁浓稠即可。

🍅 滋润肌肤——糖醋银鱼豆芽

材料：黄豆芽300克，鲜豌豆、胡萝卜各50克，银鱼20克。

调料：醋1大匙，葱花2小匙，白糖、盐各1小匙，鸡精少许。

做法：1.将银鱼洗净，投入沸水中余烫一下，捞出来沥干水。

2.将豌豆煮熟，过一遍凉水，沥干水备用。黄豆芽洗净，胡萝卜洗净切丝备用。将白糖、醋、盐、鸡精放入一个碗里，兑成调味汁。

3.锅内加入植物油烧热，放入葱花爆香，倒入黄豆芽、银鱼及胡萝卜丝略炒。

4.加入煮熟的豌豆，翻炒几下，倒入调味汁略炒即可。

🍅 滋养脾胃——萝卜炖牛腩

材料：白萝卜400克，牛腩300克，姜2片。

调料：盐2小匙，八角2粒，鸡精、胡椒粉各少许。

做法：1.牛腩切成块，用水冲净血污；白萝卜洗净切块；姜洗净。将白萝卜、牛腩分别放入沸水中余烫一下，捞出备用。

2.将牛腩、姜片、八角放入炖盅内，加入水，放在火上烧沸。

3.撇去表面浮沫，盖好盖，用小火煲2小时左右。

4.至牛腩七八成熟时，揭去盖，加入白萝卜块，再盖好盖继续用小火炖1小时左右。

5.至牛腩和白萝卜熟烂时，放入盐、鸡精、胡椒粉调味即可。

🍅 鄂州甜香饼——东坡饼

材料： 上白面粉1000克，白糖200克。

调料： 香油35毫升，生油1000毫升，精盐3克。

做法： 1.先将面粉倒入钵内，再将盐加水化开，徐徐倒入钵内拌揉不粘手不粘钵时，再将面团分成约300克一块的面块，并将每块擀成直径25厘米左右的圆片，抹上香油（另一面不抹）。

2.从两端同时向中央卷拢，使一片成为两个条形，再从条的一端开始卷拢，使其成一个长筒形，再将每个长筒分为两段，并逐段擀成约60厘米长、40厘米宽的长条。

3.再逐条抹上一层香油后卷成圆筒，接着用手揿开，再用擀面杖擀成直径约20厘米的薄圆饼。

4.将饼一个个（一次放一个）放入六七成热的生油锅内（油要浸没整个饼，不可太多，也不可太热），炸至浮起，即用铲和竹筷迅速将饼边转边揿，直至裂开起层将近变硬时，出锅沥去油（需4~5分钟），盛盘撒白糖食用。

🍅 益气清肠——甜脆银耳盅

材料： 银耳20克，罐头红樱桃3颗。

调料： 白糖4小匙，香油适量。

做法： 1.将银耳用温水泡发，除去根及杂质，洗净，撕成小朵。红樱桃用清水投洗一遍，切成小片。

2.将锅置于火上，加适量清水，放入银耳、白糖，大火烧开，再改用小火炖至银耳软烂。

3.取几个小碗洗净，擦干水，抹上香油，放入樱桃片，倒入熬好的银耳汤，冷却后放入冰箱，食用时取出即可。

🍅 清淡爽口——沙锅豆腐

材料： 老豆腐250克，韭菜、黑木耳（水发）各50克，黄花菜25克（水发），虾米20克。

调料： 精盐3克，料酒、香油各10毫升，生抽5毫升，生粉、白砂糖各5克。

做法： 1.将豆腐冲洗过，切成3厘米见方的块。

2.将水发黄花菜和木耳洗净撕开。

3.把韭菜洗净，切成小段，待用。

4.将生粉和白砂糖放入碗中，加少许清水拌匀，制成勾芡料，待用。

5.将虾米洗净，放入沙锅内加适量清水烧沸，加入料酒、黄花菜、黑木耳。

6.烧沸后再下豆腐，用中火滚10分钟。然后加入精盐、生抽，倒入勾芡料，使汤汁微稠，此时撒入韭菜，停火后，浇入香油上桌即可。

177

音乐胎教：《春之声圆舞曲》，缓解忧郁

《春之声圆舞曲》是奥地利作曲家约翰·施特劳斯于1883年所作，当时他已年近六旬，但这首曲子依然充满活力，处处散发着青春的气息。

这首曲子是约翰·施特劳斯不朽的名作，其节奏自由、充满变化，旋律生动而连贯，具有较强的欣赏性，全曲同样具有相当高的艺术性，雅俗共赏、经久不衰。曲中生动地描绘了大地回春、冰雪消融、一派生机的景象，宛如一幅色彩浓重的油画，永远保留住了大自然的春色。

据说这首欢快的曲子是约翰·施特劳斯在一个晚上用钢琴即兴创作出来的，因此它最早的版本是钢琴曲，后经剧作家填词而成为流行一时的声乐曲，直到现在，这首曲子一直深受世界人民喜爱。

听这首圆舞曲有助于解除孕妈妈的忧郁情绪。

语言胎教：讲故事《盐和棉花》

Tips 体积一样的一袋棉花和一袋盐，哪个更重呢？那么，把它们放在水里之后，又会发生怎样神奇的变化？听妈妈讲故事，做个爱动脑筋的小宝宝吧。

可怜的驴子背着几袋沉甸甸的盐，累得呼呼直喘气。突然，眼前出现了一条小河，驴子走到河边冲了冲脸，喝了两口水，这才觉得有了力气。它准备过河了，河水清澈见底，河床上形状各异的鹅卵石光光的，看得清清楚楚。驴子只顾欣赏美景，一不留神儿蹄子一滑，摔倒在小河里，好在河水不深，驴子赶紧站了起来。奇怪!它觉得背上的分量轻了不少，走起来再也不感到吃力了。

驴子很高兴："看来，我得记住，在河里摔一跤，背上的东西便会轻许多!"

不久，又运东西了，这次驴子驮的是棉花。前边又是那条小河了，驴子想起了上次那件开心的事，心里真是高兴："背上的几袋东西虽说不重，可再轻一些不是更好吗?"于是，他喝了几口水，向河里走去。到了河心，它故意一滑，又摔倒在小河里。这次驴子可不着急，它故意慢腾腾地站了起来。哎呀，太可怕了，背上的棉花变得好沉呀!比那可怕的盐袋还沉几倍。

知识胎教：宝宝学汉字——水

喝一口温开水，然后就开始今天的学习吧！告诉胎宝宝：今天要学的汉字是"水"，也是生活中常见的东西。并且，胎宝宝是泡在羊水里的，孕妈妈问问胎宝

宝："宝宝，你的周围就是水，明白了吧？"

"水"字构造比较曲折，孕妈妈细心看卡片上的字体构造，用心并且用手指去描这个字，做到你的头脑里只有这个字的时候，告诉胎宝宝这个字念"水"。多次重复读音。

什么是水？就是眼前这杯无色无味的液体吗？是的，它就是。

端起眼前的水杯，用眼端详，用鼻子辨味，用嘴去感觉，还可以倒一点在手上，告诉胎宝宝你体验到的感觉。

环境胎教：驱蚊有道

孕妈妈在怀孕后期，呼气量比没有怀孕的女性要大21%，呼出的潮湿气体与二氧化碳对蚊子具有相当的吸引力。和没有怀孕的女性相比，孕妈妈的腹部温度要高0.7倍，因此，孕妈妈皮肤表面所散发的挥发性物质也比较多，这种由皮肤细菌产生的化学信号极易被蚊子嗅到而成为叮咬目标。

孕妈妈驱蚊妙招

电蚊香：它散发出的气味对孕妈妈影响不大。

电蚊拍：这种灭蚊方法对胎宝宝来讲更安全。

挂蚊帐：如果蚊子多的话，这个是最保险的方法。

另外，孕妈妈可以趁着出门散步的机会点上蚊香，这样等到孕妈妈回家的时候，蚊子和蚊香的气味就都不会对孕妈妈造成太大的影响了。

孕妈妈最好不要使用风油精或清凉油，因为风油精或清凉油里的冰片对孕妈妈的刺激可能会导致早产。

第30周

运动胎教：忙里偷闲身体操

现在肚子已经很大了，你若还在上班，长时间保持一种姿势，难免会感觉腰酸背痛，更何况是有孕在身的你。此时一定要懂得忙里偷闲，在工作期间偶尔做几个小动作，放松一下自己的肌肉。

办公室体操

放松颈部的动作

颈部先挺直前望，再弯向左边，让左耳尽量靠近左肩，再把头慢慢挺直，然后把头弯向右边，让你的右耳尽量靠近右肩。重复做2~3次。

放松肩膀的动作

先挺腰，再把两肩往上耸，尽量贴近双耳，停留10秒后放松肩膀。重复做2~3次。

放松手部的动作

手部合十，把手腕下沉至前臂有伸展感，停留10秒后放松，重复做2~3次。接着翻转手掌，把手指指向下方，把手臂提升至有伸展的感觉，停留10秒后放松，重复做2~3次。

180

光照胎教：能分辨明暗了

在胎宝宝觉醒时，用光照对胎宝宝的视觉进行训练可以促进视觉发育，增加视觉范围，强化昼夜周期（即晚上睡觉，白天觉醒）和促进动作行为的发展。

光照胎教的方法

1. 选用一个电池手电筒，内装4节1号电池。

2. 紧贴妈妈腹壁照射胎头部位，持续3分钟左右，重复两次。

3. 手电筒放在孕妈妈腹部，反复关闭、开启手电筒数次，一闪一灭地进行光线照射。

4. 这个游戏每天可以进行3次，每次5分钟左右。

5. 照射的同时，准爸爸孕妈妈可以同时对胎宝宝进行语言胎教，告诉胎宝宝现在是什么时间或询问宝宝现在的感受等。

Tips 光照胎教最好从怀孕24周开始，早期也可适度刺激。每次照射时应记录下胎宝宝的反应，切忌用强光，照射的时间也不宜过长。

知识胎教：准爸爸讲百科

这个月的胎宝宝已经能分辨明暗了。博学的准爸爸不妨给宝宝讲讲人类的伟大发明之一电灯是谁发明的吧。

一般认为电灯是由美国人托马斯·阿尔瓦·爱迪生发明的。但是，另一美国人亨利·戈培尔早数十年已发明了与爱迪生使用相同原理和物料且可靠的电灯泡，而在爱迪生之前，其他很多人亦对电灯的发明做出了不少贡献。1801年，英国一名化学家戴维将铂丝通电发光。他在1810年亦发明了电烛，利用两根碳棒之间的电弧照明。1854年亨利·戈培尔使用一根炭化的竹丝，放在真空的玻璃瓶下通电发光。他的发明今天看来是首个有实际效用的白炽灯。他当时试验的灯泡已可维持400小时，但是并没有及时申请设计专利。

美育胎教：根据属相画张卡通全家福

十二生肖凝聚了我国几千年的文化与历史，是每一个中华儿女与生俱来、终生不改的标记和烙印，是我们每个人的吉祥物。画一幅卡通的属相全家福，祝愿亲爱的宝宝幸福吉祥。

画全家福的方法

1. 先画一个卡通背景，随意画，蓝蓝的天，白白的云，青青的草……
2. 再画准爸爸的生肖卡通像，也可随喜好画出准爸爸的特点。
3. 中间画胎宝宝的生肖卡通像，再画孕妈妈的生肖卡通像。

注意：不管画得怎么样，最重要的是你画得开心，画得有意思，还可以边画边跟胎宝宝说话。画完了可以贴在墙上，每天看一眼，想象胎宝宝的样子，会让你觉得很幸福的。

语言胎教：读故事《小黄莺学唱歌》

美丽的田园，小黄莺在唱歌。它也不是一出生就唱得这样好听，也是经过很多努力和练习才有这样动听。

小黄莺的歌唱得特别好听，但是她胆子特别小，只敢在没人的地方唱。

春天来了，森林里举行音乐会，大家都很高兴。小松鼠邀请小黄莺参加，小黄莺说："人太多了，我不敢唱。"小黄莺的妈妈就鼓励小黄莺说："孩子，你要勇敢些，去参加吧，大家一定会喜欢你的歌的。"小黄莺听了妈妈的话就去参加音乐会了。

小黄莺红着脸上了台，它心一慌，声音也发抖了，唱出的歌也走了调，大家一听都笑了起来，小黄莺难过地飞走了，它对妈妈说："以后，我再也不唱歌了。"妈妈说："孩子，只要在大家面前多练习，你一定能行的。"

从此，小黄莺每天在森林里大声地唱歌，唱呀，唱呀，胆子越来越大，渐渐地无论台下有多少人，小黄莺都能唱出美妙的歌声。

夏天，音乐会又开始了，小黄莺第一个上台表演，她大声地唱了起来，唱得又自然又好听，赢得了大家的阵阵掌声。

181

第31周

营养胎教：益智补脑——桃仁拌莴苣

- **材料：** 莴苣300克，核桃仁20克。
- **调料：** 香油1小匙，盐半小匙，鸡精少许。
- **做法：** 1.将莴苣去皮洗净，切成厚片，在每片中间竖切一个口，使之保持不断；核桃仁洗净切成条备用。
2.将锅置于火上，加入适量清水烧沸，放入莴苣片、核桃仁氽烫至变色后捞出备用。
3.把莴苣片中间开口处撇开，将桃仁嵌入莴苣片中，放入盘中，加入盐、香油、鸡精拌匀即可。

语言胎教：《夏洛的网》，感受友情

　　《夏洛的网》是一个诞生于50年前的经典童话，夏洛和威尔伯之间奇特而温馨的友情感染了无数人，相信你和胎宝宝也会被这种纯真的友情所感动的。

　　在朱克曼家的谷仓里，快乐地生活着一群动物，其中小猪威尔伯和蜘蛛夏洛建立了最真挚的友谊。然而，一个最丑恶的消息打破了谷仓的平静：威尔伯未来的命运竟是成为熏肉火腿。作为一只猪，悲痛绝望的威尔伯似乎只能接受任人宰割的命运了，然而，看似渺小的夏洛却说："我救你。"于是，夏洛用自己的丝在猪栏上织出了被人类视为奇迹的网上文字，彻底逆转了威尔伯的命运，终于让它在集市的大赛中赢得特别奖，和一个安享天年的未来。小猪得救了，但夏洛的生命却走到了尽头……

美育胎教：两款面膜轻松下"斑"

🌼 **蜂蜜双仁面膜**

　　冬瓜仁内含脂肪油酸、瓜胺酸等成分，有淡斑的功效。桃仁有丰富的维生素E、维生素B$_6$，不仅帮助肌肤抗氧化，还能减少紫外线的伤害。蜂蜜的保湿效果，让面膜的效果更好。

做法和用法 将冬瓜子仁、桃仁晒干后磨成细粉，加入适量蜂蜜混合成黏稠的膏状。每晚睡觉前涂在斑点上，第二天早晨洗净。敷3周后，斑点会逐渐变淡。治疗时要注意防晒。

🌸 红酒蜂蜜面膜

红酒中的葡萄酒酸就是果酸，能够促进角质新陈代谢，淡化色素，让皮肤更白皙、光滑。蜂蜜具有保湿和滋养的功能。

做法和用法 将一小杯红酒加2~3匙蜂蜜调至浓稠的状态后，均匀地敷在脸上，八分干之后，用温水冲洗干净。但容易对酒精过敏的人，要加以注意。

环境胎教：轻拍肚皮，去晒太阳

长期以来，人们大多忽略了维生素D对胎宝宝大脑健康发育的作用，其实，孕妈妈要经常晒晒太阳，宝宝大脑才会健康，今天若是阳光甚好，你不妨搬个舒服的椅子坐到院子里或阳台上晒晒太阳，再顺便进行抚摸胎教，一举两得哦。

边晒太阳边抚摸肚皮

在晒太阳前，可以轻拍一下肚皮，告诉胎宝宝："我们去晒太阳喽。"在晒太阳的过程中，你可以一边看书或听音乐，一边轻轻抚摸胎宝宝，这样可以激发胎宝宝触觉感受，你可能会明显感到宝宝发回的信号，缓慢而有节奏，轻轻地蠕动起来。

语言胎教：讲故事《哪吒哪里来》

——老爷，老爷！夫人生了！

——是男是女？

——呃……不知是个什么……

——哼！

——啊？！怀胎三年六个月，生下这么个东西！恐怕不是个好兆头。哼！

——哈哈哈哈，李总兵，金光洞太乙真人向你贺喜了！

——嗨，变了一个不成形的小人儿。

——哈哈，不成形也好，请让我看看。

——谁知道这小东西这会儿跑到哪去了？

——哈哈哈哈……你看，来呀来呀。他不是在这吗？哈哈哈，我给他起个名字叫哪吒。

——谢师父，师父是神仙，定和小儿有缘，就请仙师收为徒弟吧。

——俗话说，神仙也是凡人作，只是凡人心不坚。哪儿有什么神仙哪。我只是个好打抱不平，爱开玩笑的老头罢了。你父亲既然有意，那我就收你这个徒弟了。

——哦？真有意思！

——你以后有什么难处，到金光洞来找我。来！

——谢谢师父！

——后会有期！

第32周

情绪胎教：准爸爸的甜言蜜语录

❤ 老婆，我知道怀宝宝很辛苦，如果有可能，我愿意替你。

❤ 宝贝，瞧见了吗，长大一定要好好孝顺你妈妈。

❤ 今天下班是晚了点，我不是想多赚点钱，让你们过得好点嘛。

❤ 老婆、宝贝，你们是我工作的动力。

❤ 宝贝，不要折磨你妈妈了，小心，出来揍你。

女人是要哄的，孕妈妈高兴了，你在家里的日子就好过了。男人还是要多练习哄女人的口才，即使"战火纷飞"，一两句话就摆平了，多好啊！

音乐胎教：《b小调第一钢琴协奏曲》

你可爱的胎宝宝在你的腹中健康地成长着，你瞧，这小家伙的耳朵已经非常好了。说不定他还能分清什么是钢琴曲什么是小提琴曲呢，不信，来试试吧！

怎样听这首曲子

当你平心静气并反复地听这首小提琴与钢琴的合奏曲时，你会觉得这支乐曲既好像是波涛起伏的大海，又像是和煦扑面的春风，好似灿烂的阳光铺满了生活的大地，真正感受到生活的美好。当腹内的胎宝宝接受了你美好的心理信息以后，他也会与你产生同感。

语言胎教：民间儿歌大荟萃

摇摇船

摇，摇，摇

摇到外婆桥，

外婆叫我好宝宝。

请吃糖，请吃糕，

糖啊糕啊莫吃饱。

少吃滋味多，多吃滋味少。

小燕子

小燕子，真灵巧，

身上带把小剪刀；

上天剪云朵，

下河剪水波；

剪根树枝当枕头，

剪块泥巴搭窝窝。

新年到

新年到，放鞭炮，

噼噼啪啪真热闹。

耍龙灯，踩高跷，

包饺子，蒸甜糕，

奶奶笑得直揉眼，

爷爷乐得胡子翘。

星星和月亮

月亮姑姑要睡觉，

星星在旁边不停地闹，

吵得月亮睡不着，

所以整夜睁着眼。

知识胎教：闪光卡片——宝宝学算术

做算术时可以用教胎宝宝学数字的方法，例如教1+1=2的时候，可以说："这里有一个苹果，又拿来一个苹果，现在一共有2个苹果了。"把具体的、有立体感的形象，也就是三维形态的要素导入胎教中。

运动胎教：松弛操+产前腰腿活动操

学习松弛训练很重要，可以使自己平静下来，有效地应对以后的临产阵痛阶段，对缓解紧张具有效力，还可以增加输进胎盘的血流。

常发生的腰背痛，是因为日趋增加的胎儿体重改变了孕妈妈身体的重心。为了使身体获得平衡，只能让身体后倾，从而加重了腰背部韧带和脊柱的负担。

松弛操

站直，双脚尖朝前，两脚分开与肩同宽，双手放在两侧腰际，做吸气。

呼气，两臂支撑腰背部，身体向后倾，使腰背部呈拱形，反复做10次。

仰卧地上，双手放在身体两侧，双腿弯曲，双脚底着地，收缩腹部和臀部肌肉，使骨盆向上抬起，然后让腰背部因压地面，放松，反复做10次。

到了孕后期，会觉得肩膀和背的上部变得僵硬。为了放松僵硬的肩膀，可以做肩部环绕放松：双臂向体侧伸开，双手轻轻地搭在肩膀上方，轻缓地让双肘向前、向后、向上、向下做环绕运动。用慢节奏，重复做10次。

产前运动操

包括腰部运动、腿部运动、腹式呼吸运动和闭气等，主要用于锻炼身体各部分肌肉能力，减少临产阵痛期的疼痛；减少生产时情绪及全身肌肉的紧张；增加产道肌肉的强韧性，以便顺利生产；帮助缩短产程。

腰部运动：生产时加强腹压及会阴部的弹性，使胎儿顺利娩出。

手扶椅背慢慢吸气，同时手臂用力，脚尖立起，使身体同时向上，腰部挺直，使下腹部紧靠椅背，然后再慢慢呼气，手臂放松，脚还原，早晚各做5～6次。

腿部运动：加强骨盆附近肌肉及会阴部弹性。

以手扶椅背，右腿固定，左腿做360度转动划圈，做毕还原，交换双腿继续做，早晚各做5～6次。

PART
10

孕9月（33~36周）：
妈妈的情绪我知道

宝宝，妈妈还专门给你买了一个蚕砂的枕头，

听说这种枕头清心明目、清热去燥，

对小宝宝特别好，

不知道你会不会喜欢呢？

胎宝宝：

有一个哈密瓜般重了

妈妈，我现在的身高约45～50厘米，体重大约2500～3000克。我已经长成一个壮壮的宝宝啦，已经预备好要出生喽。一想到快要见到妈妈，我都高兴得睡不着觉呢，妈妈是不是也跟宝宝一样呢？

因为我的皮下脂肪开始增多，皮肤皱褶变得越来越少，身体也比以前更丰润了。皮肤是那种红润还带有色泽的呢，妈妈见到了一定会羡慕宝宝的。我现在已经具备了较强的呼吸和吸吮能力，如果现在出来的话，基本上有了生存的能力，不过我会耐心地等待着，等待着妈妈做好充分准备迎接我的那一天。

孕妈妈：

肚子坠坠的

- 从耻骨可触摸到子宫

- 腹部外凸更明显，容易造成腰痛

- 胃肠、肺脏、心脏受到压迫，会有胃胀、胸闷、呼吸不顺等现象

- 阴道分泌物增加，容易感染白色念珠菌

- 小便次数增加，老觉得小便解不干净

- 按压乳房，有乳汁流出

- 胎儿的位置大多已经固定，不容易再改变

本月胎教重点

饮食胎教，多吃富含膳食纤维的食物

孕9月的孕妈妈由于胃酸减少，体力活动减少，胃肠蠕动缓慢，加之胎儿挤压肠部，肠肌肉乏力，常常出现肠胀气和便秘，严重时可发生痔疮。为了防治便秘，孕妈妈应养成每日定时大便的好习惯，要有适当的活动，要多喝水，还要多吃含粗纤维较多的食物。

语言胎教，母子"对话"开始了

胎儿具有辨别各种声音并能做出相应反应的能力，孕妈妈应该抓住这一时机经常对胎儿进行呼唤训练，也可以说是"对话"。孩子出生就会马上识别出父母的声音，刚来到这个完全陌生的世界时如果能听到一个他所熟悉的声音，对他来说是莫大的安慰，同时消除了由于环境的突然改变而带给他心理上的紧张与不安。

抚摸胎教，关注宝宝的回应

妊娠9个月后，由于胎儿的进一步发育，孕妈妈或准爸爸用手放在孕妈妈的腹壁上，便能清楚地触到胎儿头部、背部和四肢。

此时，可以轻轻地抚摸胎儿的头部，有规律地来回抚摸宝宝的背部，也可以轻轻地抚摸宝宝的四肢。胎儿感受到触摸的刺激，可做出相应的反应，有利于感觉系统、神经系统及大脑的发育。

用触摸方式实施抚摸胎教最好定时，可选择在晚间9时左右进行，每次5~10分钟。

189

优生孕事ABC

本月产检重点项目：胎心监护

怎样做胎心监护

怀孕第9个月起，孕妈妈每周去医院做产前检查时，都要进行胎心监护。

胎心监护是通过绑在孕妈妈身上的两个探头进行的，一个绑在子宫顶端，是压力感受器，用来了解有无宫缩及宫缩的强度；另一个放置在胎宝宝的胸部或背部，　进行胎心的测量。从仪器的屏幕上，孕妈妈可以清楚地看到自己宝宝的心跳频率。

另外还有一个按钮，当孕妈妈感觉到胎动时可以按压此按钮，　机器会自动将胎动记录下来。胎心监护仪将胎心的每个心动周期计算出来的心跳数，依次描记在图纸上以显示胎心基线变化。在一定范围内，胎心基线变化表示胎心中枢自主神经调节和心脏传导功能建立，胎心有一定的储备力。

胎心监护怎么看

胎心监护上主要是两条线，上面一条是胎心率，正常胎心音120～160次／分钟，一般基础心率线表现为一条波形直线，出现胎动时心率会上升，出现一个向上突起的曲线，胎动结束后会慢慢下降。下面一条表示宫内压力，主要在宫缩时会增高，随后会保持20mmHg左右。

如果胎心率在160次／分钟以上或持续10分钟以上都小于120次／分钟，表明胎心率异常，可能有胎儿宫内缺氧状况，应及时就医。

胎心监护曲线平直是由于胎心变异小所导致的，提示胎儿对缺氧的耐受性较差。如果多次复查结果都出现胎心监护曲线平直的情况而且孕妇伴有胸闷、

出虚汗等症状时需要及时住院采取措施，如果胎儿已经成熟，应该住院进行详细的检查，必要时决定分娩的方式，尽早让孩子出生。

进行胎心监护前的注意事项

正常的胎心率会时刻发生变化，这也是胎宝宝在子宫内状态的表现。胎心监护的使命是尽早发现胎宝宝的异常，采取有效的急救措施，使新生儿及时安全地娩出。在做胎心监护前。孕妈妈需要注意的是：

1．在做胎心监护30分钟至1小时前吃一些食物，比如巧克力。

2．最好选择一天当中胎动最为频繁的时间进行，避免不必要的重复。

3．选择一个舒服的姿势，但要避免平卧位。

4．如果做监护的过程中胎宝宝不愿意动，极有可能是睡着了，可以轻轻摇晃腹部把他唤醒。

5．如果胎心监护的效果不是非常满意，那么监护会持续地做下去，40分钟或者1小时是非常有可能的，因此，孕妈妈不要太过着急。

Tips 往往胎心过慢的风险更大，提示胎宝宝面临缺血缺氧的危险，应及时予以处理。

分娩方式大扫盲

自然分娩

自然分娩即顺产，生产过程中不需

要借助外力，胎儿经阴道自然娩出。这是人类进化中最本能最自然的方式。

剖宫产

以手术的方式，剖开腹壁及子宫，取出胎儿。是唯一不需经过阴道的分娩方式。

水中分娩

现代社会的进步、医学条件和科技的发展，使得孕妈妈对分娩方式的选择已经不再仅限于上面两种分娩方式。水中分娩一般会在一间特殊的产房进行，在一只形似按摩浴缸的"分娩水池"内，待产孕妈妈泡在经过特殊处理的温水中，在助产护士的引导下，合理换气、放松……慢慢地，一个可爱的天使就诞生了。

无痛分娩（硬膜外麻醉）

医学上称"分娩镇痛"，本质上还是自然分娩，只不过是使用麻醉药或镇痛药使分娩时的阵痛减轻甚至消失。

虽然有很多分娩方式可供选择，但究竟采取什么样的分娩方式还是需要根据孕妈妈的自身状况来决定。

警惕胎盘早剥

在待产过程中，如果孕妈妈的阵痛转变为持续性的腹痛，且阴道出血有所增加，则可能为胎盘早期剥离。出现这种情况，孕妈妈要立即告诉医生。若确诊为胎盘早期剥离，医生必须紧急为孕妈妈实施剖宫产手术。

羊水过多或过少

正常情况下，直到孕晚期之初，孕妈妈的羊水量会一直增长。在第9个月初时，羊水量约为1000毫升，这之后，一直到宝宝出生，羊水量会逐渐减少。

孕妈妈腹中的羊水量若少于300毫升，称为羊水过少。最少者只有几十毫升甚至几毫升黏稠、浑浊、暗绿色液体。羊水过少较为少见，发生率约占分娩数的0.5%~5.5%。

如果羊水量达到或超过2000毫升时，称为羊水过多。羊水过多的发病率约占分娩数的0.5%~1.56%。羊水在数天内急剧增加者称为急性羊水过多，这种情况占少数，大多数是在较长时间内缓慢增加，称为慢性羊水过多。如果被诊断出羊水过多，医生一般会建议做高清晰B超检查，看胎儿是否存在畸形，也可能会让孕妈妈做羊水穿刺，看是否有遗传缺陷。被诊断出羊水过多的孕妈妈，一定要做好早点到医院待产的准备工作。

191

不同孕周的羊水量

孕周	羊水量
孕8周	5~10毫升
孕20周	400毫升
孕34~38周	1000毫升
足月	800毫升

分娩的决定因素

决定分娩是否顺利，有三个要素，即产力、产道和胎儿。如果三者正常，相互适应，配合协调，产程会顺利，实现顺产。否则，会造成难产。

因素一：产力

产力是指把胎儿及其附属物从母体子宫内逼出的力量。包括新妈妈的子宫收缩力，腹肌和肛提肌的收缩力，以及膈肌的收缩力。正常情况下，子宫收缩应当有一定的强度和频率，并持续一定的时间，随着产程的进展不断加强，持续时间相应延长，在第一产程中使子宫颈口逐渐开全，胎儿先露部位逐渐下降。腹肌、膈肌及肛提肌的收缩，主要运用于第二、第三产程。

因素二：产道

分骨产道和软产道，是娩出胎儿的通道。骨产道指母体的骨盆，大小、形态直接影响到分娩。软产道是指宫颈、阴道及外阴，如果宫颈口开全、阴道没有阻力，胎儿就能顺利娩出。

因素三：胎儿

胎儿的大小、有无畸形及胎位正常与否，直接与分娩有关。纵产式时，通过产道较易，头位较臀位易于娩出。发生臀位时，会因胎头娩出时无变形的机会，致使胎头娩出困难。发生横位时，足月的活胎也不能够经阴道分娩。胎儿过大或者颅骨过硬、可塑性差、不易变形，也常常发生分娩困难。

分娩过程中，助产人员会注意观察产程进展，发现异常情况，医生会及时纠正，争取顺产。了解顺产的三个要素，即产力、产道和胎儿。如果三者正常，相互适应，配合协调，产程就会十分顺利，实现平安顺产。

腹部瘙痒应对策略

近期内，孕妈妈经常会觉得肚皮痒痒的，这是因为肚皮扩张造成的皮肤瘙痒，可以涂抹一些保湿乳液或按摩霜，来减轻、舒缓症状，还有抑制妊娠纹的作用。

如果痒到睡不着觉，发现从肚子到大腿，有慢慢形成的丘疹，或是一块一块大的斑块时，就必须请教医生，可能是患了痒疹。医生会开具处方，以止痒药或口服药作为治疗方法。

一般通过质量认证、性能较温和的保养品都可以选用。注意尽量选择针对孕妇设计的保养品，因为它多采用适合孕期和胎儿健康的配方。

如果孕妈妈属于易出现妊娠纹的体质，更要在孕期努力作好保养。只要感觉到皮肤有痒痒的、紧绷绷的不适感，就涂抹妊娠霜，需要勤快一些，有时候一天擦拭2～3次。此外，勤于按摩、使用托腹带、控制体重，在生产后会恢复得很好，不会留下妊娠纹的迹象。

准爸爸，你好

分娩医院怎么选

到了孕晚期，孕妈妈最关心的问题就是到底选择哪家医院分娩了。大部分情况下，妇产科医生会建议高龄产妇选择专科医院或综合医院，但根据孕妇的健康状态，也可以有不同的选择。

根据不同医院的优缺点，慎重地选择医院

在怀孕与分娩的过程中，孕妇会得到综合医院、专科医院、私人医院、助产医院等机构的帮助。在选择医院时，必须根据不同医院的优缺点，慎重地选择适合自己的医院。但高龄产妇、有分娩失败经历的孕妇、出现妊娠毒血症等异常症状的孕妇、胎儿出现异常症状的孕妇，则应该选择综合医院或妇产科专门医院。

选择距离住家最近的医院

住家与医院之间的距离，也是选择医院的重要标准。从怀孕前后到分娩结束，必须到医院接受定期产检，在出现异常症状时，必须在最短时间内接受治疗。因此尽量选择距离住家最近，而且交通便利的医院，从住家到医院所花的时间不要超过一小时。

除了怀孕与分娩外，还应该考虑产后护理

最好在同一家医院完成妊娠、分娩和产褥的过程，这样才能在出现异常症状时，以最快的速度找出病因，而且可以接受更有系统的治疗。

另外，在同一家医院接受同一个医生的治疗，可以减轻孕妇对分娩的恐惧感。因此在选择医院时，不能只考虑怀孕时期，还应该考虑分娩及产后调理。

根据分娩方法选择医院

过去的分娩方法比较简单，一般只采用自然分娩和剖宫产，但最近流行水中分娩、秋千分娩、家庭分娩等各式各种的分娩方法。

如果选择自己喜欢的分娩方法，就能减少对分娩的恐惧感。比如：如果想采用水中分娩法，就应该选择具备相关设施的医院。

必须参考过来人的建议

对于初产妇来说，过来人的建议非常重要。因此必须搜集各种资讯，然后再选择口碑最好的医院。

必须认真地考虑产后护理的问题

除了分娩外，还应该认真地考虑产后护理的问题，这样才能避免很多不必要的麻烦。比如：医院是否具备基本的设备、能否喂母乳、分娩费用是多少、小儿科与病房的距离有多远等。

入院待产物品清单

证件

孕妈妈和准爸爸的身份证、户口本，孕妈妈的保健手册、病历本等。

现金

办住院手续时需要用的钱款。

卫生巾

日用、夜用多准备几包，要勤更换。

衣物

2～3套睡衣，方便更换；拖鞋1双；舒适的帽子1顶；防止乳汁渗漏乳垫2副；哺乳胸罩2个；一次性纸内裤1包。

洗漱用品

牙刷，牙膏，毛巾，脸盆等。毛巾至少3条，洗脸、擦身、洗下身各1条；脸盆至少2个，洗脸，擦身各一个。

日用品

饮水杯、饭盒等。

食物

待产有时是漫长的，要准备些食物补充能量，可准备巧克力、果汁(配上弯曲的吸管，可以方便喝水)。

宝宝用品

小衣服，小被子，小毛巾，纸尿裤，湿纸巾。

哺乳用品

吸奶器，奶瓶，奶粉，奶嘴，奶瓶消毒锅、消毒钳，宝宝专用电暖水壶。

其他

准爸爸也要准备一些自己的必需物品。还可以准备好相机，拍摄宝宝出生后的珍贵照片。

营养胎教：孕9月饮食原则与食谱推荐

孕9月饮食原则

1. 孕后期逐渐增大的胎宝宝给孕妈妈带来负担，孕妈妈很容易发生便秘。孕妈妈应该注意摄取足够量的膳食纤维，以促进肠道蠕动。全麦面包、芹菜、胡萝卜、白薯、土豆、豆芽、菜花等，各种新鲜蔬菜水果中都含有丰富的膳食纤维。孕妈妈还应该适当进行户外运动，并养成每日定时排便的习惯。

2. 孕妈妈要多吃粗制谷物、豆类食品来补充维生素B_1，如果维生素B_1补充不足，容易引起呕吐、倦怠、体乏，还可能影响分娩时子宫收缩，使产程延长，分娩困难。还要注意适当摄入动物肝脏及绿叶蔬菜等，来补充维生素K。如果缺乏维生素K，会造成新生儿在出生时或满月前后出现颅内出血。

3. 孕妈妈要保证每天75~100克蛋白质的摄入量。可以多吃一些海产品，比如味道鲜美的干贝，营养丰富，可食部分每100克含蛋白质63.7克，比鸡蛋高3.2倍，还含有脂肪、糖类、钙、磷、铁等营养元素。与鸡肉、蛋类一起烹调食用，能更好地发挥补益作用。

4. 这个月胎宝宝的肝脏以每天5毫克的速度储存铁，直到储存量达到240毫克。如果此时铁摄入不足，可影响胎儿体内铁的存储，出生后易患缺铁性贫血，动物肝脏、绿叶蔬菜是最佳的铁质来源。

5. 孕妈妈要保证每天60克脂肪的摄入量，来补充足够的体力。可以适量食用一些南瓜、红薯、土豆、藕来代替米面等作为主食，它们不仅含淀粉、糖，还含有纤维素和一些微量元素，可提供更全面的营养，而且热量较低。

6. 玉米很适合孕后期的妈妈食用。因为玉米是低热高营养食物，每100克含热量196千卡，而粗纤维却比精米、精面高4~10倍。还含有大量镁，可加强肠壁蠕动，促进肌体废物的排泄，有利尿、降脂、降压、降糖作用。

195

孕9月一周食谱推荐

餐次	周一	周二	周三	周四	周五	周六	周日
早餐	芝麻烧饼1个，豆浆250毫升	西红柿鸡蛋面100克，蔬菜适量	馒头50克，米粥1碗，蔬菜适量	燕麦粥1碗，面包2片，蔬菜适量	牛奶250毫升，面包2片，蔬菜适量	早餐饼2块，牛奶250毫升，蔬菜适量	紫米粥1碗，鸡蛋1个，香蕉1根
加餐	木瓜1个，坚果适量	酸奶布丁1个	橙子1个，黄瓜1根	果粒酸奶100克	什锦沙拉100克	南瓜饼1块	酸奶200毫升，面包1片
午餐	米饭100克，清蒸鲈鱼150克，猕猴桃拌酸奶、蔬菜各适量	米饭100克，牛蒡炒肉丝150克，西红柿培根汤、蔬菜各适量	荞麦凉面150克，丝瓜金针菇100克，牛奶香蕉木瓜汁、蔬菜各适量	米饭100克，菠菜鸡煲150克，鸭肉冬瓜汤、蔬菜各适量	海鲜炒饭150克，凉拌海蜇100克，肉丝银芽汤、蔬菜各适量	米饭100克，铁板烤牛肉150克，山药奶肉羹、蔬菜各适量	什锦果汁饭150克，香豉牛肉片100克，蔬菜适量
加餐	牛奶250毫升，全麦面包2片	苹果1个，坚果适量	牛奶250毫升，坚果适量	猕猴桃2个	香蕉1根，坚果适量	香蕉银耳百合汤1碗	黑芝麻粥1碗
晚餐	猪肉酸菜包100克，海米炒洋葱100克，西红柿炖豆腐、蔬菜各适量	西葫芦饼2块，三丝木耳100克，黑木耳粥1碗，蔬菜适量	米饭100克，咖喱鸡肉100克，芹菜茼蒿汁、蔬菜各适量	花卷80克，香豉牛肉片100克，米粥1碗，蔬菜适量	面条100克，栗子扒白菜100克，羊肉山药汤适量	南瓜饼2块，鱼香肝片100克，米粥1碗，蔬菜适量	水饺150克，什锦烧豆腐80克，蔬菜适量

孕9月美味营养餐

🥬 防止反胃、呕吐——小米蒸排骨

材料： 猪排骨300克，小米100克，葱1根。

调料： 干豆豉1大匙，料酒2小匙，甜面酱、盐、冰糖各1小匙，姜、植物油、鸡精少许。

做法： 1.小米淘洗干净后用水浸泡20分钟左右。将排骨洗净，剁成4厘米长段备用；豆豉剁细；冰糖研碎；姜切末，葱切成葱花备用。

2.将排骨加豆豉、甜面酱、冰糖、料酒、盐、鸡精、姜末、少许植物油拌匀，装入蒸碗内，在上面撒上小米，上笼用大火蒸熟。

3.取出扣入圆盘内，撒上葱花即可。

🍅 促进机体废物排泄——奶油玉米笋

材料： 玉米笋400克，鲜牛奶80克。

调料： 面粉、水淀粉各1大匙；白糖2小匙，盐半小匙，鸡精、奶油各适量。

做法： 1.将玉米笋洗净，在每个玉米笋上横竖交叉划成花状，投入沸水中略微氽烫，捞出来沥干水分备用。

2.锅内加入少量植物油烧热，放入面粉，用小火炒散（不能等到面粉变色）。

3.加入鲜牛奶、白糖、盐、鸡精及玉米笋，用小火焖至入味。用水淀粉勾芡，淋入奶油即可。

🍅 汁多味甜——菠萝酥排骨

材料： 炸排骨300克，菠萝罐头半罐，青椒、红椒各半个。

调料： 番茄酱3大匙，糖2大匙，酱油、料酒、水淀粉各1大匙，盐少许。

做法： 1.将青椒、红椒洗净去籽切块。

2.起锅热油，将炸排骨炒酥再盛出。锅中留少量油，将罐头菠萝炒熟。

3.将全部调味料放入小碗中拌匀。

4.锅中再入油，将调味料炒匀，下排骨酥、青椒、红椒、菠萝，炒匀即成。

🍅 回味无穷——橙汁蜜藕

材料： 莲藕200克，橙汁100毫升，蜂蜜1大匙。

调料： 盐半小匙，白糖适量。

做法： 1.将莲藕洗净去皮，切成片，泡在凉水盆中（换水两次）。

2.将锅置旺火上，倒水烧开，然后将藕片在开水中迅速氽烫一下，取出过冷水后沥干。

3.藕片摆在盘中，加入橙汁、蜂蜜、盐、白糖拌匀。

4.腌至色泽呈淡黄色即已入味，可入冰箱冷藏后食用。

🍅 味道鲜美——沙茶韭菜煮鸭血

材料： 鸭血1条（约500克），韭菜1小把，酸菜2片，红椒丝少许。

调料： 高汤6碗，盐适量，沙茶酱2大匙。

做法： 1.将鸭血洗净切片，用开水氽烫后捞出待用。

2.把酸菜洗净切丝；韭菜洗净切段。

3.起锅，注入高汤，下酸菜丝、鸭血，煮熟。

4.放入盐、韭菜即熄火，加沙茶酱调味，撒上些许红椒丝调色即成。

🍅 温补强壮——糯米包

材料： 面团150克，糯米（蒸熟）100克。

调料：白糖30克。

做法：1.把糯米放入碗中，调入白糖搅拌均匀。

2.在砧板上撒一层面粉，取出面团揉匀，再搓成细长条，下成大小均匀的剂子，按扁，擀成薄面皮。

3.将拌匀的馅料放入面皮中央，右手托住底部，左手将边缘向中间靠拢，用拇指与食指将边缘挤成花瓶状，即成生坯。

4.将生坯放置饧发1小时后，旺火蒸熟即可。

情绪胎教：准爸爸也有"妊娠反应"

约90%即将做父亲的男子会出现妊娠症状，如恶心欲吐、食欲不振，或想吃特定食品。妻子分娩时丈夫又会焦虑、食欲不振、腹胀，有时还会抑郁失眠、易怒、头痛。这主要是心理因素造成的，女性孕期的气味也会促使准父亲们的荷尔蒙产生条件反射性变化。

准爸爸的"妊娠反应"，通常来自几个方面，一是对孩子性别的过分关注，二是孕妈妈的生理反应和焦躁情绪会影响到准爸爸，特别是性格比较外向的男性，更容易在孕妻分娩前夕出现焦虑反应。需要做的，是多关怀爱妻，感受和分享胎宝宝带给家庭的喜悦，了解孕产知识，参与胎教活动，就能够认识到孕育的艰辛，增加对爱妻的关怀和体贴，用男性宽广的胸怀来分担孕妈妈的情绪，伴随爱妻一起迎接挑战。

语言胎教：宝宝学成语——狐假虎威

有一天，狐狸不小心被老虎抓住了，狐狸吓得要死，以为这下要命丧虎口了。可是他马上冷静下来，他对着老虎说："慢着慢着！你怎么敢吃我啊？我是森林之王啊！"老虎奇怪了："我才是森林之王呢，怎么会是你狐狸啊？"狐狸趁着老虎发愣的时候又说："你不相信的话我带你去四处看看，小动物们见到我就吓得到处乱跑呢。"老虎有些怀疑地说："好吧！我跟你去看看！"

于是，老虎跟着狐狸到森林里到处走。小动物看见狐狸大摇大摆地走过来都很奇怪，可是马上就发现狐狸后面跟着一只大老虎，吓得马上四处逃窜！狐狸得意地对着老虎说："看看，怎么样，我没有骗你吧！我才是森林之王！"老虎惊呆了，只好让狐狸走了。

其实狐狸并不是森林之王，他只是借着老虎的威风吓跑了其他小动物的，老虎被狐狸给欺骗了！所以碰到问题要冷静分析，不要给表面的假象给迷惑了啊。

环境胎教：有些花草，室内不宜摆放

并非所有的绿色植物都绝对安全、环保，室内的绿色植物不宜摆放过多，特别是卧室，孕妈妈在室内摆放绿色植物时，要格外注意这些花草：

容易产生过敏的花草： 如洋绣球、紫荆花等。紫荆花所散发出来的花粉会诱发哮喘症或使咳嗽症状加重；洋绣球花散发的微粒，会使孕妈妈的皮肤过敏而引发瘙痒症。

本身含有毒性的花草： 含羞草、郁金香、夹竹桃、秋水仙等有微毒。

松柏类植物： 包括玉丁香、接骨木等，这类植物会分泌脂类物质，放出较浓的松脂味，对人体的肠胃有刺激作用，会引起恶心、食欲下降。

耗氧性花草： 如丁香、夜来香等，它们进行光合作用时，大量消耗氧气，在室内容易影响孕妈妈和胎宝宝的健康。夜来香、兰花、百合花的香气还会让孕妈妈过度兴奋而引起失眠。

Tips 有些花草摆放在室内会影响孕妈妈健康，但如果孕妈妈特别喜欢花花草草，家中又有条件的话，可以在院子里种些容易成活的植物，如美人蕉、月季花等。

知识胎教：闪光卡片——宝宝学拼音

斯瑟蒂克说"从怀孕第5个月开始，我就开始用事先准备好的'闪光卡片'，教胎宝宝学习文字、数字和图形了，这些卡片都是在白纸上用鲜艳的颜色描绘出来的，这样会更加醒目。"

教a这个单韵母时，一边反复地发好这个音，一边用手指写笔画。这时最重要的是通过视觉将"a"的形状和颜色深深地印在脑海里。这样一来，发出的"a"这一字母信息，就会以最佳状态传递给胎儿，从而有利于胎儿用脑理解记住。

汉语拼音学完了后，可以接着教声母和简单汉字，如"大""小""天""儿"等。

营养胎教：易饿怎么办

随着胎儿头部入盆，胎体下降，"第二次妊娠反应"症状减轻，孕妈妈的食欲恢复而且变得特别容易饿，显得特别能吃。

"怎么会饿得这么快呢？"难免会有疑问，已经施行了几个月的营养胎教内容，如何坚持下去呢？

一般来说，只要不偏食，食物选配得当，在孕晚期中适当增加一些副食品的种类和数量，就能满足胎儿和母体自身营养储备的需要。

本阶段供给充足的蛋白质、卵磷脂和维生素，能使胎儿脑细胞数目增殖，有利于胎儿的智力发育。孕妈妈的食量近期会明显增加，但因为腹部容量受限的因素，又会总是感觉到吃不饱、饿得快。应当多吃一些含蛋白质、矿物质和维生素丰富的食物，如牛奶、鸡蛋、动物肝脏、鱼类、豆制品、新鲜蔬菜和新鲜水果。此外，还要多吃富含铁、维生素B_{12}和叶酸的食物，如动物血、内脏和深色蔬菜等。

要尽量少吃过咸的食物，避免过量饮水，以防止妊高征的发生。

还要注意少吃高能量食物，避免自己过于肥胖和胎儿长得过大。

情绪胎教：童言无忌

畅想一下，你的小宝宝将来会冒出什么稀奇古怪的话来。肯定你想都想不到，现在就先做做预习吧！你会发现小孩子的想象力原来这么丰富。

童言有趣

问：为什么小孩子是从妈妈肚子里生出来的，不是从爸爸肚子里生出来的？

答：● 男的生男孩子，女的生女孩子。

● 爸爸的肚子里都是啤酒，生出来的孩子都是醉的。

● 爸爸是男的，如果生孩子，就会难产的。

问：为什么大人能生孩子，小朋友不能？

答：大人肚子里有小孩子，小朋友肚子里都是饭呀。

问：小朋友的脸是干什么用的？

答：● 我的脸可以用来洗脸。

● 没有脸的话，舌头、牙齿、鼻子、眼睛和嘴巴都要露在外面了。

● 我的脸是给爷爷、姐姐捏的。

运动胎教：拉玛泽呼吸法（1）

从现在开始，你可以和老公一起练习拉玛泽呼吸法，它可以帮助你缓解分娩时的疼痛。

练习时须具备以下条件：舒适的环境；柔和的灯光；轻柔的音乐；愉快的情绪；眼光的定点，可以选择喜爱的图案或玩具。

（一）胸式呼吸

时间：初级阶段

此阶段为子宫收缩初期，收缩程度较轻，每次收缩时间30~50秒钟，间隔5~20分钟收缩一次，此时子宫颈开口2~3厘米。

方法：

1. 完全放松。

2. 眼睛注视一定点。

3. 由鼻孔吸气，嘴巴吐气，腹部保持放松。

4. 每分钟6~9次吸气及吐气，每次呼吸速度平稳，吸入及呼出量保持均匀。

5. 每天练5次，每次以60秒为计。

口令：

1. 收缩开始。

2. 廓清式呼吸（慢慢用鼻子深深吸口气，再缓缓以口呼出，像吹灭蜡烛一样）。

3. 吸二、三、四、吐二、三、四；

吸二、三、四、吐二、三、四；

吸……

4. 廓清式呼吸。

5. 收缩结束。

（二）浅而慢加速呼吸

时间： 加速阶段

此阶段是分娩中最久、最辛苦的阶段。子宫2~4分钟收缩一次，每次约60秒，子宫开口4~8厘米。

方法：

1. 完全放松。

2. 眼睛注视一定点。

3. 由鼻子吸气，由口吐气。

4. 随子宫收缩的增强而加速呼吸，随子宫收缩减慢而减缓呼吸。

5. 每天至少练5次，每次1分钟。

口令：

1. 收缩开始。

2. 廓清式呼吸。

3. 吸二、三、四、吐二、三、四
　吸二、三　　吐二、三
　吸二　　　吐二
　吸、吐、吸、吐……
　吸二　　　吐二
　吸二、三　　吐二、三
　吸二、三、四、吐二、三、四

4. 廓清式呼吸。

5. 收缩结束。

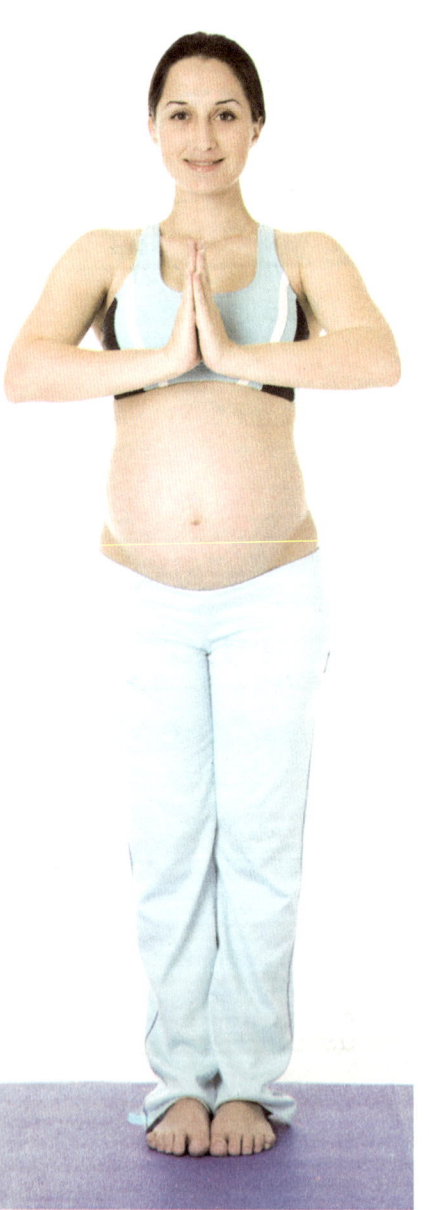

运动胎教：拉玛泽呼吸法（2）

（三）浅的呼吸

时间： 转变阶段

此期收缩强烈、且频率高。子宫收缩时间为60~90秒，每30~90秒收缩一次。子宫口开8~10厘米。

202

方法：

1. 完全放松。

2. 眼睛注视一定点。

3. 微张开嘴巴吸吐（发出"嘻嘻嘻"的声音）。

4. 保持高位呼吸，在喉咙处发声。

5. 呼吸速度依子宫收缩强度调整。

6. 吸及吐的气，一样量，以免换气过度。

7. 连续4~6个快速吸吐再大力吐气，重复至收缩结束。

口令：

1. 收缩开始

2. 廓清式呼吸

3. 嘻嘻嘻嘻吐

　嘻嘻嘻嘻吐

　嘻嘻嘻嘻吐

　……

4. 廓清式呼吸。

5. 收缩结束。

（四）闭气用力运动

时间： 子宫颈口全开（10厘米）

此阶段胎儿随时会娩出，是最困难的时刻。此时期时间的长短取决于您是否会用力，因此要把握子宫收缩时用力，而子宫停止收缩时休息并完全放松，以便获得力量再奋斗。

方法：

1. 平躺地板上，两脚抬高放椅子上或沙发上，臀部尽量移到椅子边缘，两膝弯曲，两腿分开，手握住椅子的脚。

2. 大口吸气后憋气，往下用力。

3. 头略抬起向肚脐看，下巴向前缩。

4. 尽可能憋气20~30秒，吐气后马上再憋气用力直到收缩结束。

5. 预产期前三周每天练习。（注意：练习时只要模拟即可，注意不要太过分用力。）

口令：

1. 收缩开始。

2. 廓清式呼吸。

3. 吸气，憋气，向下用力，用力……吐气。

吸气，憋气，向下用力，用力……吐气……

4. 廓清式呼吸。

5. 收缩结束。

美育胎教：国粹京剧

中国的国粹中，有一样不得不提，那就是京剧，或许你想把一些唱段当成胎教音乐给胎宝宝听，只要你和胎宝宝喜欢，这未尝不可。

京剧脸谱是一种写意和夸张的艺术，常以蝙蝠、燕翼、蝶翅等为图案勾眉眼面颊，结合夸张的鼻窝、嘴窝来刻画面部的表情。开朗乐观的脸谱总是舒眉展眼，悲伤或暴戾的脸谱多是曲眉合目。

203

204

营养胎教：生血益气——素烩腰花

- **材料：** 小黄瓜2根，干香菇6朵。
- **调料：** 生粉、猪油、姜片、葱汁、高汤、香油、鲜味露各适量。
- **做法：** 1.香菇泡软，洗净后去除蒂梗，从香菇内面斜切十字形。黄瓜斜切成薄片状备用。

2.将香菇水分略挤干后，沾满生粉，再将其卷在筷子上成圆筒状，切花的部分须露向外侧。所有香菇卷好备用。

3.将猪油烧热，倒入卷好的香菇卷炸约3分钟，捞出并将油倒出。

4.姜片放入锅中爆香后，倒入炸好的香菇卷，加葱汁、高汤及鲜味露，以小火煮至汤汁收干，淋入香油，盛在铺排了黄瓜片的盘上即可。

知识胎教：准爸爸讲百科

秋天树叶为什么变黄、变红？

在植物的叶子里，含了许多天然色素，如叶绿素、叶黄素、花青素等。春夏季节阳光和水分都很充足，植物生长旺盛，叶绿素非常活跃，便把其他色素的颜色遮掩了，到了秋天，气温降低，叶子叶绿素被破坏而逐渐消失，这时候黄色的叶黄素就会显现出来，绿叶变成黄叶；在强光、低温、干旱的条件下，红色的花青素也开始活跃，遇到阳光多于叶黄素时，树叶就变成艳丽的红色了。

运动胎教：增加骨盆关节和腰肌的运动

做法：

1. 孕妈妈仰卧在床上，两手伸直放在身体两边，右腿屈膝，右脚心平放在床上，膝盖慢慢向右倾倒，待膝盖从右侧恢复原位后，左腿屈膝同样向左侧倾倒。

2. 两腿屈膝，并拢，慢慢有节奏地用膝盖画出半圆形，带动大小腿左右摇摆，双肩要紧靠在床上。每天早晚各做1次，每次3分钟。

作用：这个动作能够增强骨盆关节和腰部肌肉的弹性。

美育胎教：民间刺绣

刺绣是针线在织物上绣制的各种装饰图案的总称。就是用针将丝线或其他纤维、纱线以一定图案和色彩在绣料上穿刺，以缝迹构成花纹的装饰织物。它是用针和线把人的设计和制作添加在任何存在的织物上的一种艺术。

刺绣是中国民间传统手工艺之一，在中国至少有两三千年历史。中国刺绣主要有苏绣、湘绣、蜀绣和粤绣四大门类。刺绣的技法有：错针绣、乱针绣、网绣、满地绣、锁丝、纳丝、纳锦、平金、影金、盘金、铺绒、刮绒、戳纱、洒线、挑花等等，刺绣的用途主要包括生活和艺术装饰，如服装、床上用品、台布、舞台、艺术品装饰。

语言胎教：唐诗《清明》变化趣事

唐代著名诗人杜牧的七绝《清明》，是一首脍炙人口的诗歌经典。原诗为：

205

清明

清明时节雨纷纷，
路上行人欲断魂。
借问酒家何处有，
牧童遥指杏花村。

短短的四句话，描摹出初春、梅雨季节，人在路途，困顿、疲劳、饥渴交加，寻找客店的场景和过程，写景、记事，情景兼容，身感、体会齐全，不愧为唐诗中的名篇经典绝句。

清明

清明时节雨，
纷纷路上行人，
欲断魂。
借问酒家何处？
有牧童，
遥指杏花村。

同一首诗，在后人的演绎下，并不加减一个字，只是把标点符号变化了位置，就改成了一首元人小令，写景、记事，节奏变化更加鲜明，生动有趣：

清明

（清明时节，雨纷纷）

路上行人：（欲断魂）借问，酒家何处有？

牧童：（遥指）杏花村。

同样，在原诗的基础上，又有后人加以场景、说明等注解式变化，把七绝《清明》变化成了一个杂剧小品的脚本：

这首经典唐诗七绝《清明》，只是博大精深中华文学海洋中的一滴色彩绚丽水珠，但是，品味其中的变化，不仅妙趣横生，更是能让人增加对于语言文学的神奇魅力的领会和赞叹。

第36周

营养胎教：缓解胃灼热的饮食

到怀孕晚期，随着内分泌发生变化以及胎宝宝的不断长大，孕妈妈腹部的空间会越来越小，胃部受到挤压会导致胃酸被"推"回食道，形成胃部反酸，造成烧灼的感觉，这就是胃灼热，这时孕妈妈在饮食上要注意：

1. 在发生胃灼热期间，应避免食用容易引起胃肠不适的饮料和食物，如碳酸饮料、巧克力、酸性食物、肉类熟食、薄荷类食品、味重、油炸或脂肪含量高的食品。

2. 白天应尽量少食多餐，不要使胃过度膨胀，减少胃酸的逆流。睡前2小时不要进食，饭后半小时至1小时内避免卧床。

3. 放慢吃饭的速度，细嚼慢咽。不要在吃饭时，大量喝水或饮料，以免胃胀。吃东西后嚼块口香糖，可刺激唾液分泌，有助于中和胃酸。

4. 孕妈妈临睡前喝一杯热牛奶，也有不错的效果。

音乐胎教：《两只老虎》，快乐动起来

又到了准爸爸表现的时候了。孕妈妈哼唱着这首耳熟能详的儿歌，准爸爸滑稽地扮演着小老虎的角色，胎宝宝一定能感觉到自己生活的很快乐、很幸福呢！

两只老虎
两只老虎
跑得快
跑得快
一只没有眼睛
一只没有耳朵
真奇怪
真奇怪

运动胎教：有助顺产的产前运动

为了迎接分娩，孕妈妈最好在孕产期之前14天开始练习分娩促进运动，这样将有助于顺产。

划腿运动

用手扶椅背，右腿固定，左腿做360度转动画圈，还原，换腿做。早晚各做5~6次。

腰部运动

用手扶椅背，慢吸气，同时手臂用力，脚尖立起，腰部挺直，然后慢慢呼气，手臂放

松，脚还原。早晚各做5~6次。

抬腿运动

自然站立，将一条腿用力提至离地面45度，脚腕稍微向上翻。换腿，重复做。

美育胎教：《舞蹈》，生命的呐喊

田地之间，被涂成土红色的人体在尽情舞蹈，舞者的姿态具有无限的张力，充满了激情。这不仅是生命的舞蹈，更是生命的呐喊。

知识胎教：《二十四节气歌》

春雨惊春清谷天，夏满芒夏暑相连。　秋处露秋寒霜降，冬雪雪冬小大寒。

每月两节不变更，最多相差一两天。　上半年来六廿一，下半年是八廿三。

二十四节气

立春：2月4日至5日，谓春季开始之节气 。

雨水：2月18日至20日，此时冬去春来，气温开始回升，空气湿度不断增大，但冷空气活动仍十分频繁。

惊蛰：3月5日（6日），指的是冬天蛰伏土中的冬眠生物开始活动。惊蛰前后乍寒乍暖，气温和风的变化都较大。

春分：每年的3月20日（或21日），阳光直照赤道，昼夜几乎等长。我国广大地区越冬作物将进入春季生长阶段。

清明：每年4月5日（或4日），气温回升，天气逐渐转暖。

谷雨：4月20日前后，雨水增多，利于谷类生长。

立夏：5月5日或6日，万物生长，欣欣向荣。

小满：5月20日或21日，麦类等夏熟作物此时颗粒开始饱满，但未成熟。

芒种：6月6日前后，此时太阳移至黄经75度。麦类等有芒作物已经成熟，可以收藏种子。

夏至：6月22日前后，日光直射北回归线，出现"日北至，日长至，日影短至"，故曰"夏至"。

小暑：7月7日前后，入暑，标志着我国大部分地区进入炎热季节。

大暑：7月23日前后，正值中伏前后。这一时期是我国广大地区一年中最炎热的时期，但也有反常年份，"大暑不热"，雨水偏多。

PART

11

孕10月（37~40周）：
瓜熟蒂落的感动

做产前检查的时候医生说，

如果能保持这个胎位到预产期，顺产没问题。

我好高兴啊！宝宝，听见了吗？

你要和妈妈一起加油啊！

胎宝宝：做好了出生的准备

　　妈妈，我的头盖骨变硬啦，头发都有2～3厘米长了呢，而且指甲都超过指尖了，妈妈见到我的时候就能够帮我剪指甲了哦。

　　现在我已经有48～56厘米高了，重量在2700～3300克，怎么样，我长得很棒吧？现在的我，可是一个发育成熟的宝宝了，而且我已经做好了充分的准备等待着降生呢。妈妈，你现在紧张吗？我会一直陪在你身边的，妈妈，加油哦！

孕妈妈：期待温暖的对视

　　到了10月，也是最难熬的一个月。因为让孕妈妈等待了9个月，历经了太多的艰辛，此时孕妈妈的心情是可想而知的，既紧张又开心。兴奋的是用不了多久就可以与自己怀胎十月的宝宝正式见面了，尤其不知道生产会有多痛，紧张是难免的。

　　再看看这个月孕妈妈的身体有哪些变化呢？

● 耻骨至子宫底的长度为32~34厘米	● 手腕可能疼痛、无力
● 接近足月时，胎儿下降，子宫底的位置也会下移	● 阴道流出大量黏液分泌物
● 大腿根部有压迫、酸痛或抽筋的现象，腹部常因子宫收缩而有变硬的感觉，腰部会酸痛	● 腹部常感到疼痛，如果有规则阵痛，表示已经进入产程，必须与医生联络
● 由于子宫下降，胸部的压迫感减轻，会感觉比较轻松	● 小便次数增加，常觉得解不干净
● 手指经常肿胀、发麻，甚至疼痛	● 下肢静脉曲张，痔疮变得较严重

本月胎教重点

营养胎教，为临产储备能量

孕妈妈随时都有可能面临分娩，所以此时营养胎教的重要任务就是为临产贮备能量。孕妈妈这个阶段应该多吃富含蛋白质、糖类等能量较高的食品。保证足够的营养，不仅可以供应宝宝生长发育的需要，还可以满足自身子宫和乳房增大、血容量增多，以及其他内脏器官变化所需求的"额外"负担。

抚摸胎教，不宜多进行拍打和抚摸

孕妈妈在孕中期和孕晚期常会出现不规律宫缩，即腹部一阵阵变硬，这时不宜再继续做抚摸胎教，以免引起早产，可多采用音乐或语言胎教。

如有习惯性流产、早产史、产前出血及早期宫缩的孕妈妈，最好不要进行抚摸胎教了。

音乐胎教，继续听音乐吧

10个月的等待，只为这"瓜熟蒂落"的一天。孕妈妈是不是迫不及待？与其在坐立不安中迎接胎宝宝，不如放松下来继续听听音乐吧。也许以后这些胎宝宝在妈妈肚子里听过的音乐，就是你哄他入睡时最好的摇篮曲。

情绪胎教，平静地等待

最后一个月，情绪胎教的首要任务就是要学会平静地面对即将到来的分娩，不要过分期待，也不要过分焦虑，不要把分娩看做是很困难的事情，这是成为一位母亲必然要接受的历练。在感到焦虑的时候，进行深呼吸，缓慢地呼气、吸气，慢慢地用呼吸帮助自己恢复平静。

优生孕事ABC

本月孕妈妈身体反应

90%以上初产妇，在预产期前2~6周，胎头先露部位会下降到骨盆入口平面以下，由此，先前那种胸腹憋闷的症状得以缓解，食欲会变好。子宫较宽，宫底降至脐与剑突之间。子宫变得柔软而富于弹性，在为胎儿的出生做准备，外阴分泌物会增多，有些人还会出现宫口提前张开的现象。要充分保持心神稳定，注意观察身体的细微变化。

时常会有腹部收缩性疼痛，如果属于不规则性的疼痛，就应当判定并非临产前的阵痛，而是身体为适应生产而出现的正常状况。

快到结束整个妊娠期，最后冲刺的时候了，不要以行动不便为借口，放纵自己海吃酣睡，适量运动有助于顺利分娩。

到安排家事的时候了，因为从现在起，随时可能突然发生临产征兆而住医院。物质准备要做得充足一些，有备无患、有益无害。不要因为突发情况，使家人措手不及。

预产期前后两周左右，随时都可能临产，所以，应该把需要的东西准备好，临产做到"来之能走"，免得手忙脚乱。最好去产前检查的医院分娩，不要临时变动，否则，其他医院不了解情况，遇到意外会不利于处理。

每周一次产前检查

孕妈妈在怀孕的最后一个月应每周去医院检查一次，以便在第一时间了解胎儿变化，据此推测分娩日期。在孕晚期要认真数胎动，可以及时发现问题。

预防过期妊娠

妊娠达到或超过42周（即超过预产期2周）称为过期妊娠，发生率为8%~10%。有人认为，胎儿在母体内多待一段时间，可以长得更大一些，更成熟一些，对胎儿更好，其实过期妊娠有很多危害。严重时可能会造成胎儿宫内窘迫而胎死腹中。

孕妈妈应做到以下几个方面来积极预防过期妊娠：

★ 按时做产前检查，听从医生的建议。

212

★ 核对末次月经及以往月经周期是否规律，以准确计算胎龄及预产期。

★ 孕36周之后要适当地运动，多做一些对分娩有利的准备练习。

★ 预产期过期1周应入院待产，对胎儿在宫内健康状况、胎盘功能进行监测，必要时进行引产。

★ 过期妊娠有一定的遗传倾向，建议孕妈妈问问自己的母亲有没有过期妊娠的经历，如果有，则要引起注意。

为新生宝宝准备物品

宝宝家居用品及玩具

婴儿床	可选择带围栏和床幔的床。围栏可防止宝宝跌伤；床幔可保护宝宝免受蚊虫叮咬。此外，宝宝成长速度快，最好选择较大一点的、可折叠组合的床，可以使用久一些。床单等床上用品选择棉、麻等天然材质的织物为好
音乐铃	会旋转摆动的音乐铃，色彩比较鲜艳，除了可以训练宝宝的视觉和听觉，还可以促进颈部活动
床头吊饰	摆设在婴儿床上，可吊挂可爱的玩偶或色彩鲜艳的气球（不要吹得太大，也不要让宝宝抓到，以免因气球爆裂，惊吓宝宝），伴随宝宝入睡
手摇铃	供宝宝把玩，训练听力及手部运动能力
布偶	摆放在婴儿床上或宝宝游戏间，以不起棉絮、不易弄脏的为宜
固齿玩具	供宝宝长牙时啃咬，可经常清洗、消毒

洗浴用品

婴儿澡盆	1个	塑料或树脂等安全无毒的材料
大小毛巾	2~3块	大毛巾用于包裹洗完澡的婴儿，小毛巾用于婴儿洗澡时擦拭身体
婴儿洗澡用的系列用品	浴液、无泪配方洗发露、爽身粉、乳液、棉球	新生宝宝皮肤稚嫩，对于清洁用品极为敏感，最好选择温和的婴儿配方产品；若非必要，也可以不用清洁用品，只用清水冲洗即可

213

衣物

内衣	4~6件	棉质；穿、脱方便，最好是前开口的和尚衫，或领口侧面开口的套头衫
弹性连衣裤	4~6件	棉质；前面开口，而且一直开到腿部的，穿脱时不用把孩子转过来，易于换尿布
羊毛衫或棉上衣	2~4件	棉质，易清洗；前面开口，或领口侧面开口，便于穿脱
袜子和毛线鞋	4双	夏天用棉线制品，冬天用毛线制品；袜口不要太紧，鞋面要高一些，以免紧绷孩子脚部，导致血液循环不畅
尿布	40块	新生儿最好用棉质的长方形尿布，满月后再用一次性尿布；可用纱布，或旧床单、旧内衣洗净、消毒后使用，商场有裁好的尿布出售
包巾（小毯子）	2条	腈纶棉或纯棉；根据气候选择不同的厚薄
围兜	2~3条	棉质；可用小毛巾代替，吃奶或流口水时使用
帽子	2~3顶	棉、麻材质；兼顾透气性、保暖性、安全性，软帽檐，无绳子、带子
外出服	1~2件	易清洗、穿脱方便；尽可能选择纽扣而非拉链的接合，以免拉链误伤宝宝

哺乳用品

奶瓶	大奶瓶3~5个，小奶瓶1个。分为玻璃和塑料材质两种，选择可以反复煮沸、耐热、易清洗的奶瓶；大奶瓶可供吃奶使用，小奶瓶可供喝水使用
奶嘴	分为奶瓶奶嘴和安抚奶嘴两种，外形上以接近乳头的为好；有破损应及时更换
奶瓶消毒锅	可以准备1个不锈钢锅用来煮沸、消毒奶瓶，也有蒸汽式消毒锅，使用更方便
奶粉	母乳是宝宝最佳的食物，若要选购奶粉最好详细阅读奶粉的适用年龄、成分及保存期限

宝宝外出用品

手推车	分为椅式和平躺式两种，新生宝宝脊椎发育未全，以平躺式手推车为宜；好的手推车有舒适的扶手、柔软的安全带、防震装置及安全锁
学步车	宝宝学走时使用，注意安全性能
背带	外出时可以把宝宝背在胸前或后背，便于亲子交流和照顾宝宝
摇篮	可以用于哄宝宝入睡，可根据需要和喜好选购

保健用品及药品

温度计	测量体温使用。市场有专门用于婴儿测量体温的非水银温度计，可方便读数，而且使用更安全
冷热敷袋	宝宝发生烫伤、跌打伤等意外时使用。一般没有破损流血的情况下，先冷敷，24小时后热敷
纱布、棉花棒	新生宝宝的脐带护理用
清凉油、绿药膏	蚊虫叮咬后擦抹
紫药水	皮外伤或口腔溃疡时使用，有收敛作用

215

临产的3大征兆

孕妈妈如今已怀胎第10个月了，随时面临生产，一般有3个征兆会提示孕妈妈临产。

宫缩：子宫收缩，一开始是不规则的，强度较弱，以后逐渐变得有规律，且强度越来越大，持续时间延长，间隔时间缩短。如果宫缩间隔时间在5~10分钟，持续20秒，就要考虑到医院看医生。

破水：阴道突然流出水来，这是羊水，是因为羊膜破裂从阴道流出的，是一种无色的液体，孕妈妈即使用力憋尿也不能控制。

见红：当子宫颈慢慢张开时，阴道会排出少量带血的黏液。

如果出现生产的征兆，孕妈妈应及时到医院等待分娩，有了生产征兆，还不是临产，还有一个过程和一段时间，每个孕妈妈进入临产时间长短不一。

Tips 如果怀孕超过40周还未生产，孕妈妈要及时到医院做胎心监护。

分娩的三个产程

自然分娩经历三个阶段，称为三个产程。

第一产程为宫口扩张期，是指从产妇出现规律性的子宫收缩开始，到宫口开大10厘米为止。这一阶段时间很长，一般初产妇8～12小时，经产妇6～8小时，宫口扩张的速度不是均匀的。开始时（宫口扩张3厘米之前）较慢，随着产程进展宫缩越来越频、越强，宫口扩张速度也会加快。产妇应做的心理准备是，正确对待宫缩时的疼痛，因为宫缩带来疼痛也带来希望，应该想到每次宫缩就是胎儿向目的地前进了一步。

第二产程为胎儿娩出期，是指从宫口开全到胎儿娩出为止。这一阶段初产妇约需1～2小时，经产妇1小时以内。此时产妇会感觉宫缩痛减轻，但在宫缩时会有不由自主的排便感，这是胎头压迫直肠引起的。应做的心理准备是，学会宫缩时正确屏气向下用力，调动腹直肌和肛提肌的力量帮助胎儿顺利娩出。宫缩间歇时停止用力，抓紧休息。当胎头即将娩出时要张嘴哈气，避免猛劲使胎头娩出过快，造成会阴撕裂。

第三产程为胎盘娩出期，是指从胎儿娩出到胎盘娩出的过程，一般在10～20分钟。胎儿娩出后不久，随着轻微的疼痛胎盘剥离排出。胎盘排出后，医生会检查产道有无裂伤并缝合伤口。

216

识别真假分娩

有的孕妈妈会时而出现分娩的假象，或子宫无规律的宫缩。一般来讲，真假分娩不易分辨。不过还是有一定的规律可循，假分娩宫缩无规律，且宫缩度不如真分娩剧烈。

下表是真假分娩之间的差别，供参考：

鉴别类型	假分娩	真分娩
宫缩时间	无规律，时间间隔不会越来越小	有固定的时间间隔，随着时间的推移，间隔越来越小，每次宫缩持续30~70秒
宫缩强度	通常比较弱，不会越来越强。有时会增强，但随后就减弱了	宫缩强度稳定增加
宫缩疼痛部位	通常只在前方疼痛	先从后背开始疼痛，而后转移至前方
运动后的反应	孕妈妈行走或休息片刻后，有时甚至换一下体位后都会停止宫缩	不管如何运动，宫缩照常进行

临产妈妈贫血吃啥好

临产妈妈要保证血量充足，在饮食上要注意多吃对补血有益的食物，多补充铁和叶酸。

多吃富铁的食物。瘦肉、家禽肉、动物肝、蛋类及血，如鸭血、猪血等都是富铁食物。主要多吃面食，面食较大米含铁多，肠道吸收也比大米好。

多吃有助于铁吸收的食物。水果和蔬菜不仅能够补铁，所含的维生素C还可以促进铁在肠道的吸收，因此，最好将水果和蔬菜与富铁食物一同吃。

待产体检不可免

孕妈妈入院后，进入待产室等待分娩。

待产时，产科医生要查阅临产孕妈妈的产前检查纪录，了解妊娠期间的情况，然后询问病史。包括妊娠期间的情况、月经情况、婚育情况、既往身体健康情况、现在阵发性腹痛情况、阴道流血及流水情况，等等。并要进行全身性检查，包括内科检查和产科检查。

产科检查要测腹围、宫高，估计胎儿大小，测骨盆大小，观察骨盆形态，查宫颈口开大的程度，先露的高低，观察宫缩持续时间、强度，并要听胎心音。通过检查，医生对孕妈妈能否经阴道分娩会有大体的估计。

有些临产的孕妈妈因为阵痛和不适感，会对这些产科医生要求做的检查显示出不耐烦。但要知道，只有通过这些检查，医生才能防止和发现异常情况，采取相应措施，确保分娩顺利进行。所以，临产孕妈妈和家属在临产前和分娩过程中，一定要密切配合医生。医生在检查过程中发现的问题，处理意见会与新妈妈和家属说明，也期望得到新妈妈和家属的理解与合作。

待产体检，是产科医生为保障母子平安健康经历分娩而进行全面检查和对以往健康状况的了解，一定要密切配合医生。

导乐式分娩

导乐式陪产是指在分娩过程中雇请一名有过生产经历、有丰富产科知识的专业人员陪伴产妇分娩全程，并及时提供心理及生理上的专业知识，而这些专业人员就被称为导乐。通常情况下，导乐在分娩中的主要工作如下：

待产陪护

从入院待产开始，导乐就会向产妇提供全方位的、全程的"一对一"护理，为产妇讲解分娩常识及生理特性，消除产妇的恐惧、焦虑心理；随时观察产妇出现的各种情况，并及时通知医生；为丈夫或其他家属解释各种问题。

协助医生

进入第二产程，导乐会先向医生介绍产妇的基本情况，并协助医生做好各项分娩准备工作。

给予产妇支持与照顾

在整个产程中，导乐会不断给予产妇心理上的支持。在宫缩间隙时喂产妇喝水、进食，以帮助产妇保持体力。

指导产妇用力及呼吸

指导产妇如何用力、如何呼吸能避免阵痛，并有效分娩，协助指导产妇参与到分娩过程中，有条不紊地等待胎儿的降生，还要帮产妇擦汗。

温柔的一刀，会阴侧切

会阴是指阴道口到肛门之间的长2～3厘米的软组织结构。会阴侧切术是指在会阴部做一斜形切口，它是产科最为常见的一种手术。下列情况的孕妈妈一般会进行会阴侧切：

避免裂伤　初产妇会阴紧，分娩时常有不同程度撕裂，切开会阴是为防止不规则撕裂和损伤肛门。而在进行产钳术、胎头吸引术及臀位助产等手术助产时，为了便于操作防止会阴裂伤，也会进行会阴侧切。

加速分娩　胎儿过大、胎头或者胎肩自然娩出受阻、胎儿宫内有缺氧的情况存在，或者新妈妈患有严重的妊娠高血压综合征或合并心脏病，为预防分娩时发生"抽风"或心衰及早结束第二产程，尽快娩出胎儿时，也会实施会阴切开手术。

只要宝宝不是很大，从怀孕32周开始按摩会阴，增加会阴肌肉组织的柔韧性和弹性，分娩时又与医生积极合作，侧切完全可以避免。

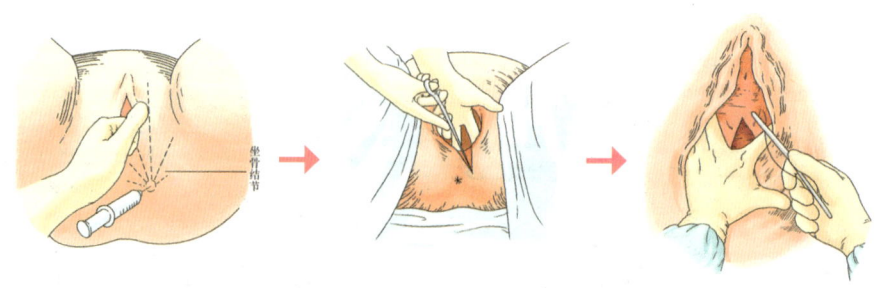

准爸爸，你好

缓解临产阵痛的准爸爸按摩法

准爸爸有针对性地轻轻按摩，可以大大缓解临产妈妈的痉挛式产痛和坠酸式产痛。

按摩脊椎

1. 先将两手张开，顺着脊椎两侧下滑数次。

2. 改用拇指指腹沿着脊椎两侧下滑数次。

3. 拇指指腹贴着临产妈妈的背部，沿着脊椎两侧，一节一节轻轻按压。

其他部位

1. 临产妈妈的阵痛来临时，以手掌贴住尾骨部位。

2. 抵紧片刻，以轻轻画圆的方式按摩尾骨部位。

3. 在阵痛间隙，可以让临产妈妈趴在床边，由准爸爸替孕妈妈轻轻按摩臀部。

4. 然后仰卧放松，用从外向里的打圈方式轻按腹部或大腿内侧。

5. 还可以轻柔地按摩头颈、上臂和浮肿的双脚。

这些按摩对于临产妈妈恢复体力迎接下一波阵痛很有帮助。

 Tips 可以依次按摩临产妈妈的脊椎、尾骨、大腿内侧、腹部、臀部、头颈、上臂，以及双脚。

一起参加产前训练班

孕妈妈在接受产前检查的同时，医院卫生保健部门还会定期对孕妈妈进行产前宣传教育，内容包括：计划生育、优生优育、卫生保健常识、孕产期知识等。

准爸爸和孕妈妈不妨一起上产前教育培训班，可以更多地学到孕期保健常识，除个别课程外，大部分都建议带配偶参加。通常周末白天晚上都上课，以方便孕妈妈选择，每堂课1~2小时不等。这些课程基本涵盖了所有妊娠问题，包括孕妈妈营养保健、孕期心理健康、骨盆操、分娩止痛选择、胎宝宝发育、母乳喂养、新生儿护理、产后保健、防止产后忧郁等。

育儿知识提前学

据不完全统计，准爸爸们自认为的那些育儿词汇的含义，70%是含有某种误解的，比如，很多准爸爸以为脐带是连接孕妈妈肚脐和胎儿肚脐的带子，而事实上脐带是将胎儿肚脐与胎盘相连的血管束，而孕妈妈的肚脐并没有与胎儿的任何内脏器官相连。

因此，在孕妈妈们努力学习孕期知识的同时，准爸爸们最好也能同样努力地学习一下，这样才不会在必要的时候出现差错，也有助于准爸爸合理地安排孕期时间和帮助孕妈妈。

219

220

准爸爸可以并同孕妈妈一起阅读一些孕产期保健及育婴方面的书籍，有条件的话还可以参加准爸爸学习班，了解相关的孕期保健及育儿新知识，学习一些基本的保健及婴儿护理方法，比如为婴儿洗澡、学习做婴儿辅食等。

孕妈妈产后的一个月内需要安心休养，可能无法全力照顾婴儿，准爸爸一定要提前做好心理准备，并安排好月子里的诸多繁杂事项。

给孕妈妈准备临产食物

临产期间，由于宫缩的干扰及睡眠的不足，孕妈妈胃肠道分泌消化液的能力降低，蠕动功能也减弱，吃进的食物从胃排到肠里的时间（胃排空时间）也由平时的4小时增加至6小时左右，极易存食。因此，最好不吃不容易消化的油炸或肥肉类油性大的食物。

建议准爸爸给孕妈妈准备一些富于糖分、蛋白质、维生素、易消化的食物。根据孕妈妈自己的爱好，可选择蛋糕、面汤、稀饭、肉粥、藕粉、点心、牛奶、果汁、苹果、西瓜、橘子、香蕉、巧克力等多样食物。每日进食4~5次，少吃多餐。

身体需要的水分可由果汁、水果、糖水及白开水补充。注意既不可过于饥渴，也不能暴饮暴食。

若孕妈妈发生恶心、呕吐、进食过少时，应及时报告医生。

在宫缩间歇期间，孕妈妈可以吃点巧克力，因为它营养丰富，含有大量的优质碳水化合物，而且能在很短时间内被人体消化吸收和利用，产生出大量的热能，供人体消耗。

准爸爸陪产，见证新生命诞生的喜悦

面对临产的妻子，准爸爸最重要的工作，就是在精神上支持临产的孕妈妈。应当及时反映新妈妈愿望和需求，最简单的比如向医务人员额外要一个枕头垫在腰下；请护士等到阵痛结束后再做检查或询问感觉等等。

对妻子的支持，也意味着懂得胎动情况和新妈妈的血压、血红蛋白指数、阵痛间隔时间、宫口开到几指等。

如果属于顺产，在生产过程中准爸爸也会有机会在场。

这种机会值得珍惜——因为准爸爸陪产的方式，只是最近几年才出现的事情。

陪产期间，要毫不犹豫地说出新妈妈想法，因为她需要把精力全部集中在产程中。应当相信，产房中在场的每一个人都会真心善待自己，但是却不一定能准确无误地了解到新妈妈的全部需求。通常医务人员只是遵循常规，哪些地方需要调整，应该由陪护在产房的准爸爸来明确指出和提出要求。同时要注意，为了新妈妈和即将降生的宝宝，千万不要和医务人员采取对抗的态度，准爸爸特别应该注意保持自信，避免过激和被动。

孕10月饮食原则与食谱推荐

孕10月饮食原则

1. 如果维生素B_1不足，容易引起孕妈妈呕吐、倦怠、体乏，还会影响分娩时子宫收缩，使产程延长，分娩困难。因此，孕妈妈要多吃一些含维生素B_1丰富的食物（如：豆类、酵母、坚果、动物肝、肾、心及瘦猪肉和蛋类等），食用大米、面粉时选择标准米面也可以满足需要。

2. 这个阶段孕妈妈应该吃一些富含蛋白质、糖类等能量较高的食品，为临产积聚能量。注意食物要易于消化，预防便秘和水肿。适当地吃些坚果、巧克力之类的食物，可增加体力，以应付随时可能来临的分娩。

3. 除非有医生建议，孕妈妈在产前不要再补充各类维生素制剂，以免引起代谢紊乱。

4. 为了缓解水肿、下肢肿胀的情况，孕妈妈应该多吃一些低盐食物及米粥、红豆汤、绿豆汤，来改善症状。

在临产前，孕妈妈要注意以下五个进食原则

1. 找准时机，在宫缩间歇期进食。

2. 饮食应富含糖分、蛋白质、维生素，妈妈可根据自己的爱好，选择蛋糕、面汤、稀饭、肉粥、藕粉、点心、牛奶、果汁、苹果、西瓜、橘子、香蕉、巧克力等多样饮食。

3. 注意补充水分，多喝红糖水或含铁丰富的稀汤，如牛奶、猪肝汤、菠菜汤、鱼汤等，为分娩时将失去过多水分和血液做准备。

4. 以少量多餐的形式，增强营养的补充。避免暴饮暴食，以免加重了胃肠道的负担，还可以在生产中引起"停食"、消化不良、腹胀、呕吐，甚至更为严重的后果。

5. 饮食要清淡易消化，忌油腻，最好不吃不容易消化的油炸或肥肉类油性大的食物。

221

孕10月一周食谱推荐

餐次	周一	周二	周三	周四	周五	周六	周日
早餐	米粥1碗，香菇肉包100克，蔬菜适量	红枣粥1碗，蒸饺100克，蔬菜适量	皮蛋瘦肉粥1碗，慢头50克，蔬菜适量	烧麦100克，蛋花汤1碗	瘦肉粥1碗，奶酪面包2片	紫苋菜粥1碗，花卷50克	花卷80克，肉松30克，鸡蛋1个
加餐	百合莲子羹1碗	水果沙拉100克	牛奶250毫升，核桃糕适量	绿豆粥1碗	牛奶250毫升，饼干2片	花生红枣羹1碗	牛奶250毫升，苹果1个
午餐	米饭100克，宫保肉丁150克，虾肉冬草汤、蔬菜各适量	面条150克，猪肉焖扁豆100克，西红柿胡萝卜汁1杯，蔬菜适量	紫菜包饭100克，冬笋拌豆芽150克，莲藕章鱼猪蹄汤、蔬菜各适量	米饭100克，鲶鱼炖茄子150克，西红柿培根汤、蔬菜各适量	香菇肉丝面150克，清炒茼蒿100克，猕猴桃拌酸奶适量	米饭100克，薏米炖鸡100克，丝瓜金针菇80克，蔬菜适量	西红柿鸡蛋面150克，豆豉牛肉片100克，牛奶香蕉木瓜汁、蔬菜各适量
加餐	牛奶250毫升，猕猴桃1个	鸡蛋羹1碗，奶酪50克	红枣枸杞粥1碗	酸奶水果布丁150克	水果沙拉150克	牛奶250毫升，面包1片	小米粥1碗，水果适量
晚餐	花卷100克，清炒茼蒿100克，米粥1碗，水果适量	米饭100克，金钩芹菜100克，绿豆薏米粥1碗	黑芝麻饭团100克，奶油白菜100克，虾皮紫菜汤、蔬菜各适量	南瓜饼80克，香干拌青芹100克，米粥1碗，蔬菜适量	米饭100克，海米炒洋葱100克，芹菜茼蒿汁1杯，蔬菜适量	小馄饨150克，三丝木耳100克，蔬菜适量	米饭100克，白萝卜炖羊肉100克，豆干拌青芹、水果各适量

孕10月美味营养餐

预防产前抑郁症——水晶猕猴桃冻

材料：猕猴桃400克，琼脂30克。

调料：白砂糖50克。

做法：1.取300克猕猴桃，去皮切块，放入榨汁机中榨汁。将剩余的猕猴桃去皮，切成小块。

2.将锅置于火上，加入猕猴桃汁、琼脂、白糖，烧至琼脂溶化，撇去浮沫。

3.取20只模具，在每个模具中放几块切好的猕猴桃块。

4.将熬好的猕猴桃汁分别倒入模具，冷却后，倒入盘内即可。

缓解疲劳——牛奶花蛤汤

材料：花蛤300克，鲜奶100克，姜2片。

调料：鸡汤半碗，干辣椒1个，盐、糖各半小匙，胡椒粉少许。

做法：1.将花蛤放入淡盐水中浸泡半个小时，使其吐清污物，然后放入沸水中煮至开口，捞起后去壳。

2.红椒洗净切成细粒。

3.锅内加入植物油烧热，放入干辣椒、姜片爆香，加入鲜奶、鸡汤煮滚后，放入花蛤用大火煮1分钟，加入盐、糖、胡椒粉调匀即可。

滋养心肺——栗子炖羊肉

材料：羊里脊100克，栗子（鲜）30克,枸杞1大匙，姜2片。

调料：料酒1小匙，盐半小匙,鸡精少许。

做法：1.将羊肉洗净，切块；栗子去皮洗净。

2.将锅置于火上，加入适量清水，放入羊肉块，用大火煮开后，改用小火煮至半熟。

3.加入栗子、枸杞，继续用小火煮20分钟，加入料酒、盐、鸡精拌匀即可。

凉血平肝——三鲜红茄

材料：番茄3只，冬菇100克，黑木耳少许，葱花、姜末各适量。

调料：生粉适量。

做法：1.将冬菇洗净，泡软后切成粒状。

2.黑木耳水发后洗净，切成粒状。

3.番茄挖盖，去籽备用。

4.锅内放植物油，置火上用旺火烧热，放入葱、蒜爆香。

5.将木耳、冬菇粒投入锅中，炒熟后调味，用生粉勾芡，放入番茄中，盖上盖放盘中隔水蒸8分钟左右取出即可食用。

香脆嫩滑——日式炸豆腐

材料：豆腐1块,姜汁1小匙，白萝卜泥、海苔丝、面粉各少许。

调料：日本味淋酒半杯，酱油1大匙，白糖1小匙。

做法：1.将豆腐切成8小块，沾上面粉。

2.把酱油、味淋酒、姜汁、白糖和适量清水兑成汁，煮沸备用。

3.起锅热油，把沾好面粉的豆腐下油锅炸至呈金黄色捞出。

4.豆腐上放少许白萝卜泥，淋上调好的汁，加少许海苔丝即成。

养血安神——红枣黑豆炖鲤鱼

材料：鲤鱼1条，黑豆30克，红枣8颗，葱半根，姜2片。

调料：盐、料酒各2小匙。

做法：1.将鲤鱼洗净切段；红枣洗净去核；黑豆淘洗干净，用清水浸泡1个小时。

2.锅中放入适量清水和鲤鱼段，用大火煮沸。

3.加入黑豆、红枣、葱段、姜片、盐和料酒，用小火煮至豆熟即可。

223

情绪胎教：望云减压

当你情绪不安时，你可以坐在窗口或是坐在公园的长椅上，抬起头来，看看天空中的云，看看它们像什么？像一只船，还是像只小熊？

望云的心情是怡然的。

天，那么蓝，离我们那么近，好像一伸手就能触摸到那润滑的天空。

望云，心灵无比纯净。

当你望着天空的朵朵白云，会觉得那云永远那么纯洁，不曾有过污染似的。

望云会让你的头脑暂时清闲下来，生活中所有的烦恼，都随着云慢慢地飘走了。

音乐胎教：《爱之梦》，让你时时快乐

钢琴名曲《爱之梦》，由匈牙利作曲家李斯特谱写。曲子的主旋律的表达是：爱吧，能爱多久就爱多久。这是不是也是你现在最想表达的？亲爱的宝贝，我爱你，能爱多久就爱多久。

怎样听这首曲子

乐曲一开始就呈现了甜美的主题，满含着爱的柔情和愉悦。只要你有心情，在任何时间——无论是早起、午睡前或是晚饭后，你都可以打开音响，让这甜美的旋律飘扬起来。当你听着这旋律重复一遍后，乐曲随着情绪的波动变得更加热情，会让整个空间充满幸福的味道。

知识胎教：读图画书给宝宝听

和胎儿的交流非常有趣，唱唱歌、说说话、读读图画书等。按照发音顺序一个字一个字地读给他听，把又有文字又有图画的页面指给他看，跟肚里的宝宝进行交流。妈妈的声音给肚里宝宝带来的声音刺激能使胎儿心情舒畅。

语言胎教：妈妈读美文——《致凯恩》

因为你，我的生命才会如此璀璨，我的生活才能有这般生机，没有什么语言能够表达我的爱意，唯有献上一首情诗，让你知道，我有多爱你，我亲爱的宝贝！

致凯恩

普希金

我记得那美妙的一瞬：
在我的面前出现了你，
有如昙花一现的幻想，
有如纯洁之美的天仙。

在那无望的忧愁的折磨中，
在那喧闹的浮华生活的困扰中，
我的耳边长久地响着你温柔的声音，
我还在睡梦中见到你可爱的倩影。

许多年过去了，暴风骤雨般的微笑
驱散了往日的梦想，
于是我忘却了你温柔的声音，
还有你那天仙似的倩影。
在穷乡僻壤，
在囚禁的阴暗生活中，

我的日子就那样静静地消逝，
没有倾心的人，没有诗的灵感，
没有眼泪，没有生命，也没有爱情。

如今心灵已开始苏醒：
这时在我面前又重新出现了你，
有如昙花一现的幻影，
有如纯洁之美的天仙。

我的心在狂喜中跳跃，
心中的一切又重新苏醒，
有了倾心的人，有了诗的灵感，
有了生命，有了眼泪，也有了爱情。

225

第38周

226

营养胎教：含锌食物有助于自然分娩

　　锌对分娩的影响主要是可增强子宫有关酶的活性，促进子宫肌收缩，把胎儿驱出子宫腔。孕妈妈补充含锌食物有助于自然分娩，而缺锌则会增加难产的几率。

含锌食物推荐

　　肉类中的猪肝、猪肾、瘦肉等；海产品中的鱼、紫菜、牡蛎、蛤蜊等；豆类食品中的黄豆、绿豆、蚕豆等；硬壳果类的是花生、核桃、栗子等，均可选择入食。特别是牡蛎，含锌最高，每百克含锌为100毫克，居诸品之冠。

美育胎教：《喂奶的圣母》，激发母爱

　　看着这幅画，是不是激起强烈的母爱之情，是不是正为即将当妈妈而感到无比的幸福呢？等不了多久，这个动作，这个眼神就会在你的生活中真实地出现，万分期待吧。

语言胎教：亲子互动——《对数儿歌》

　　哇，这个对数儿歌很长哦！没关系，你可以分成两段，一至五为一段，六至十为另一段。数字后面的知识部分，如：哪个最爱把脸洗，小猫最爱把脸洗等。在读唱的时候可以多重复几遍，这样可以加深胎宝宝对其的印象。

我说一，谁对一，哪个最爱把脸洗？	我说四，谁对四，哪个圆圆满身刺？
你说一，我对一，小猫最爱把脸洗。	你说四，我对四，刺猬圆圆满身刺。
我说二，谁对二，哪个尾巴像扇子？	我说五，谁对五，哪个蹦跳上大树？
你说二，我对二，孔雀尾巴像扇子。	你说五，我对五，猴子蹦跳上大树。
我说三，谁对三，哪个跑路一溜烟？	我说六，谁对六，哪个扁嘴水里游？
你说三，我对三，兔子跑路一溜烟。	你说六，我对六，鸭子扁嘴水里游。

我说七，谁对七，哪个叫人早早起？
你说七，我对七，公鸡叫人早早起。
我说八，谁对八，哪个鼻子长又大？
你说八，我对八，大象鼻子长又大。
我说九，谁对九，哪个天天沙漠里走？
你说九，我对九，骆驼天天沙漠里走。
我说十，谁对十，哪个耕地有本事？
你说十，我对十，黄牛耕地有本事。

知识胎教：准爸爸讲百科

自然界中抚育后代的任务，也有由雄性来完成的呢！帝企鹅就是这样一种生物。这到底是怎么回事呢？准爸爸来为胎宝宝揭示这个神奇现象吧！

帝企鹅是企鹅家族中个头最大的种类，它们的独特之处不但在于绅士般的外表，更重要的是，孵化企鹅宝宝的任务是由企鹅爸爸来完成的。

当企鹅妈妈产下一枚企鹅蛋之后，就到海里找食物去了，企鹅爸爸把蛋拨弄到双脚脚背上，站立着孵蛋，一直不吃不喝地站上60多天，直到小企鹅出生之后，企鹅妈妈从海里回来，自己再到海里找食。

在孵蛋和照料小企鹅的这段时间，企鹅爸爸的体重要减少将近一半。不但如此，企鹅爸爸还要经受饥饿、严寒、自然灾害、天敌等种种考验。

运动胎教：腰部训练助顺产

以下小动作可以帮助孕妈妈增加腰部力量，缓解腰部的酸痛：

1. 双手扶椅背，在慢慢吸气的同时使身体的重心集中在双手上，脚尖立起，抬高身体，腰部挺直，使下腹部靠住椅背，然后慢慢呼气，手臂放松，脚还原。每日早晚各做5~6次，可减少腰部的酸痛。

2. 仰卧，双腿弯曲，腿平放床上，利用脚和臂的力量轻轻抬高背部，可以减轻怀孕时腰酸背痛。怀孕6个月后，开始做，每日5~6次。

3. 俯卧，双膝弯曲，双手抱住膝关节下缘，头向前伸贴近胸口，使脊柱、背部及臀部肌肉成弓形，伸展脊椎然后再放松，怀孕4个月后开始做，每天练数次。这是减轻腰酸背痛的最好方法。

4. 双膝平跪床上，双臂沿肩部垂直支撑上身，利用背部与腹部的摆动活动腰背部肌肉。在怀孕6个月后开始做，可放松腰背肌肉。

为了减轻腰部负担，建议准妈咪穿柔软轻便的低跟鞋或平跟鞋，避免经常弯腰或长久站立，可有效缓解腰痛。

227

第39周

营养胎教：产前促进乳汁分泌的7道菜

🍅 奶油娃娃菜

材料：娃娃菜2棵，牛奶100克。

调料：高汤适量，盐、味精、淀粉各少许。

做法：1.娃娃菜洗净切段，锅上火入油烧热。

2.加娃娃菜翻炒后入高汤，煮沸至菜熟后，入盐和味精调味。

3.淀粉用水调匀后，加入牛奶混合加入菜中收汁即可。

🍅 松仁核桃小米粥

材料：核桃仁、松子仁、小米各适量。

调料：冰糖、高汤各适量。

做法：1.起锅热油，将核桃仁、松子仁用油炸熟，备用。

2.另起一锅，加入高汤，放入冰糖、小米，用小火熬煮至熟，撒上核桃仁和松子仁，即可出锅食用。

Tips 核桃是丰胸的理想食物，与松子仁一样，都富含胸部发育所需的油脂，尤其是亚麻酸，可刺激体内雌激素的合成，从而达到催乳效果。

🍅 香菇鸡丝拌面

材料：宽条生面100克，口蘑50克，鸡丝50克，葱白半根，姜、葱花适量。

调料：鸡精、淀粉、白糖各1小匙，酱油、蚝油各1大匙，香油、盐各半小匙。

做法：1.宽条生面放半锅滚水内氽熟，取出沥干；口蘑切好；葱白、姜洗净切丝。

2.油锅烧热，爆香姜葱丝，加鸡丝和口蘑兜炒，倒入调料煮滚。

3.把面放入做法2中兜炒均匀，撒上葱花即可。

🍅 腐香鸡汤

材料：豆腐乳1汤匙，海带30克，胡萝卜1/4条，鸡腿2只。

调料：葱、姜段适量。

做法：1.将鸡肉、胡萝卜切块备用。

2.将油锅烧热，葱、姜等切段爆香，加入豆腐乳、海带、胡萝卜和鸡块，炒到变色之后，继续炒5分钟。

3.加水淹过鸡肉，大火煮开后，转小火继续煮约15分钟即可。

Tips 豆类制品富含蛋白质、钙、铁等物质，具有促进乳汁分泌的作用。胡萝卜素可防止韧带疲乏，避免产生乳房下垂的现象。

🍅 丝瓜蛤蜊

材料：丝瓜1条，蛤蜊0.5千克。

调料：蒜末、姜丝各适量，酒1茶匙。

做法：1.先将蛤蜊泡水吐沙。

2.丝瓜去皮切块。

3.热锅后，加少许油，姜、蒜爆香，放入丝瓜，炒五分熟后放入蛤蜊、酒和2汤匙水。

4.焖煮至开锅，再继续煮2分钟即可。

Tips 丝瓜含有多种维生素，且有清热、凉血、解毒和增加乳汁的作用。

🐔 鸡肉酿豆腐

材料：油炸豆腐8块，虾仁10尾，鸡肉30克，大蒜1颗，小白菜1把。

调料：盐、香油各适量。

做法：1.先将虾仁和鸡腿剁碎，与大蒜、盐和香油一起，拌成肉馅备用。

2.将油炸豆腐中间挖空，再将准备好的馅料填入，以电锅蒸熟。

3.将小白菜以开水烫熟，摆在盘边，豆腐蒸熟装盘即可。

Tips 鸡肉可提供乳房发育所需的营养，而鸡肉的脂肪含量和热量都比较低，对于产后急于瘦身的妈妈来说最为合适，即可促进乳汁分泌，又不用担心出现肥胖问题。

🥜 花生炖猪脚

材料：花生100克，猪蹄3块。

调料：米酒1杯，老姜片10片左右。

做法：1.先将猪脚去毛、切块、洗净，花生洗净备用。

2.将准备好的材料及调味料放进容器中，再将容器放入电锅中，锅中加水。

3.将材料煮熟即可。

Tips 花生能保持乳腺畅通，养血止血，可治疗贫血出血症，具有滋养作用。猪脚含有大量胶质，可使胸部更结实、有弹性，兼有补血通乳的功效，可解决产妇缺乳的问题。

音乐胎教：欣赏美丽的《四季》

胎宝宝满37周就可以称为足月儿了（胎龄满37~42周都称为足月儿），这意味着，你的胎宝宝随时可能降临人间，你们母子很快就要见面了！

只要胎宝宝一天没出生，孕妈妈就仍要坚持听胎教音乐，所以，每天早上不要忘了打开音响。这首《四季》也像其他曲子一样，是供你和胎宝宝选择的，孕妈妈可以选在春风拂面的清晨聆听。当然，重要的是你喜欢听。

孕妈妈先静静地坐下来，告诉胎宝宝："宝贝，我们听一首关于四季的曲子，这可是大作曲家维瓦尔第的作品。"然后用心听着音乐，与胎宝宝一起静静地感受。

感受胎教音乐之美：听琴声中的《四季》

《四季》的标题分别为《春》《夏》《秋》《冬》其中以《春》的第一乐章（快板）最为著名，音乐展开轻快愉悦的旋律，使人联想到春天的郁郁葱葱；《夏》则出乎意料，表现出的夏天略显疲乏；《秋》描写的是收获季节中，农民们饮酒作乐、庆祝丰收的快活景象，曲调欢快活泼；《冬》描写人们走在冰上滑稽

229

的姿态，以及由炉火旁眺望窗外雪景等情景，其中第二乐章非常出名，曾被改编为轻音乐而广为流传。

情绪胎教：给胎儿讲准爸爸的童年糗事

还有1个星期宝宝就要出生了，他将要开始他的童年生活。孕妈妈是不是情不自禁地想起了自己小时候那些和一大群小朋友一起玩到天黑的日子；那些跳皮筋、丢沙包的故事……不妨将你记忆中的这些美好情景讲出来，和胎宝宝一起分享。

讲讲准爸爸的糗事

孕妈妈可以将从宝宝的爷爷奶奶那听来的关于准爸爸小时候的事情讲给宝宝听，很可能这会带给宝宝很多的惊喜哦，你可以告诉宝宝，比如："宝宝，你听到了吗？爸爸小时候可爱哭鼻子呢。"

音乐胎教：《维也纳森林故事》

听一曲《维也纳森林故事》，宛如饮一杯自然之茶，身为孕妈妈的你，在假日的清晨，敞开你的心扉，迎接这美丽的森林吧。

怎样听这首曲子

在听这首曲子的时候，可以想象自己在春天的早晨，身处美丽的蓝色多瑙

河畔，远处群山起伏，田野一望无际。晨曦透过大树茂密的叶子洒在挂满露珠的草地上，山边小溪波光粼粼。羊儿在草地上吃草，小鸟在林间婉转啼鸣，牧童吹着短笛，猎人吹响号角，马蹄"嗒嗒"……

美育胎教：饮料瓶变身美丽花瓶

教你一招变废为宝，不妨用家里大大小小的废弃饮料瓶做些漂亮的花瓶，这些出自你手的美丽花瓶不仅可以让你和胎宝宝大展插花的手艺，而且还会令你们的心情非常不错的。

花瓶的制作方法

1．将饮料瓶从距离上口1/3处剪开，取下面的部分，共剪三个，一个大的，两个稍小的。

2．取一个小瓶子，将彩色胶带顺着瓶子竖直贴出若干条纹，如果有几种颜色的话，可以将几种颜色错开来贴。

3．再取一个小瓶子，将彩色胶带按第二步转圈贴出若干条纹，颜色可根据自己的喜好选择。

4．最后一个大瓶子将开口部分沿着圆周剪成0.5厘米宽的细条，长5厘米左右，然后将所有细条弯曲，用彩色胶带绕圈固定在细条底部。

5．三个漂亮花瓶就做好了，插花时，可以在花瓶底部放一些小石块，这样花瓶就不会因为太轻而倒下了。

第40周

营养胎教：凝血将军——维生素K

维生素K有凝血功能，对形成凝血酶原等与凝血有关的蛋白质是必需的，维生素K缺乏时将会发生凝血障碍；维生素K在骨钙代谢中还发挥重要的作用，特别是与骨质疏松有密切的关系。

缺乏维生素K对妈妈和宝宝的影响

维生素K是正常凝血过程所必需的。维生素K缺乏与机体出血或出血不止有关。因此，维生素K有"止血功臣"的美称。它是经肠道吸收，在肝脏能生产出凝血酶原及一些凝血因子，而起凝血作用的。若维生素K吸收不足，血液中凝血酶原减少，易引起凝血障碍，发生出血症，妊娠期如果缺乏维生素K，其流产率增加，即使存活由于其体内凝血酶低下，易出血，或者引起胎儿先天性失明和智力发育障碍及死胎。

孕妈妈对维生素K的需求量

孕妈妈对维生素K适宜摄入量为每日120微克。

怎样补充维生素K

绿色蔬菜是维生素K的最好膳食来源，例如菠菜、菜花、莴苣、萝卜等；某些烹调油，主要是豆油和菜籽油，也含有一定量的维生素K。孕妈妈在预产期一个月，尤其要注意每天多摄食富含维生素K的食物，必要时每天口服维生素K_1毫克。

语言胎教：告诉胎宝宝这个世界很美

宝宝一定也在期待着快点来到这个他从未见过的世界，这个世界里每天都会见到什么呢？它们漂亮吗？那么给宝宝讲一讲吧，做他的眼睛，帮他提前看一看他即将看到的世界，相信宝宝一定会很开心的。

跟宝宝描述一下这个世界

描述一下美丽景色，比如，太阳公公是什么样子的，花儿草儿现在看起来怎样，天空是什么感觉，有没有漂亮的云朵做伴，天气好不好……

描述一下所见所闻，比如，路上的行人，公园里飞过的小鸟，街角的花店等，告诉宝宝它们是什么，在做什么等，不管是生机勃勃的大自然，还是人们快乐的话语，这些多姿多彩的片段都会在宝宝小小的大脑里留下些印痕，让

231

他感受到世界的丰富和美丽，并充满期待。

情绪胎教：期待宝宝的第一声啼哭

这个月，你的胎宝宝因为对你一直以来为他描述的这个世界太好奇，所以迫不及待地想要冲破阻碍，睁开眼睛看世界了。10个月的等待，只为这"瓜熟蒂落"的一天。孕妈妈是不是迫不及待？与其在坐立不安中迎接胎宝宝，不如放松下来继续听听音乐吧。

总而言之，不要因为在这个时候停止你对他的良好信息的传递，时刻记住，你塑造了他，你将要奉献给这个世界的一定是最优秀的宝宝。

安静地等待，宝宝的第一声啼哭……

运动胎教：爬楼梯

准妈妈爬楼梯的确有助于分娩，产科医师非常赞同孕妈妈做此项运动，即使在产前一两周进行也是有益的。因为在爬楼梯的时候，可活络筋骨，使腿部肌肉牵扯到腹部下部，刺激子宫收缩，促进分娩过程，其运动量和活动度比散步要大。

意念胎教：一起期待未来

经过漫长的十个月之后，终于要跟宝宝见面了。相信在这十个月中，孕妈妈已经对一家三口幸福的场景想了千百遍，此刻，孕妈妈在等待中对未来的期待一定更加迫切。那么，在那令人激动的一刻到来之前，孕妈妈不妨静下心来，亲自为自己幸福的一家画一幅画像吧，将你对宝宝的期望和祝福都融入这画笔中。留着这幅画，将来给宝宝看，这将是宝宝收到的最珍贵的礼物。

232

PART
12

坐好月子：

秀出女人第二春

新妈妈产后调养

调养身体是月子里最重要的课题，可以说它决定了女人下半生的幸福和健康。我们的月子生活也要过得有滋有味！

产后一周在医院应该怎样安排

在多数情况下，女性在产后可以在医院住院7天左右，有的只住4天，拆线（侧切伤口）后就出院，这要根据新妈妈的具体情况而定。住院期间要按医院的日程表生活，以7天为例，看看新妈妈应怎样安排比较妥当（以正常分娩为例）：

产后8小时的生活安排

分娩、产后处理等程序结束后，新妈妈需安静休息两小时，确定无事以后，可将自己准备住院的衣服由护士或护理人员帮助穿上，然后被送到自己的病房充分休养，恢复体力。分娩后休息8小时即可下床。一般是由护士陪同上洗手间排小便，并指导如何更换恶露垫。对阵痛和侧切伤口的疼痛，一般不需要用止痛剂，如疼痛难忍时，可在医生指导下服药。为了避免空腹和口渴，新妈妈可以吃一些简单的食品，要及时排尿，必要时进行人工排尿。

产后第1天的生活安排

从怀孕37～38周起，就要进行乳管疏通工作，分娩30分钟后即可首次喂奶。产后一般由护士指导喂奶与乳房按摩，试验初次哺乳，即使不出乳汁，只让宝宝含吮乳头也行。几乎所有新妈妈此时乳房并没有肿胀的感觉，只是练习让宝宝吮吸。此时可以擦浴，注意切勿过劳；排尿、排便可以自己做。在医院分娩处理恶露，前3天由护士帮助清洗消毒外阴，第4天后多数由自己清洗。

产后第2天的生活安排

身体恢复到精神较佳时，要注意多补充营养。医院的伙食都已计算好热量，务必吃完。在乳房真正肿胀时，要多花些时间按摩乳房，但胸罩不可过紧，用可支持较丰满乳房的胸罩来保护乳房。允许洗头，注意保暖，洗后立即擦干，可请人帮助洗发。

产后第3天的生活安排

此时母乳分泌开始多了，让宝宝吮吮母乳的同时也能促进子宫收缩。并将多余的乳汁吸空，以保护乳房。可进行产褥体操，紧缩下腹部，使子宫与腹壁迅速恢复。此时，有的新妈妈可在医生的指导下使用产褥束腹带，可压制腹部的脂肪。会阴切开的新妈妈下床或上洗

234

手间时会有不适感。如有便秘可请医生解决。

产后第4天的生活安排

会阴侧切伤口已恢复，可以拆线了（也有的医院所用缝线不必拆除）。如果母婴同室，母亲可用一个专用笔记本记录婴儿哺乳、排便、排尿等情况。此时可以自己清理恶露。

产后第5～6天的生活安排

医务人员指导如何给婴儿洗澡、换尿布，如何照顾婴儿等出院准备，以及出院检查。母亲可向医护人员咨询育儿等知识，以求出院后育儿、产褥生活比较顺利。这点很重要，新妈妈应在医院多学会一些常识，包括产褥生活、育儿等多方面知识。产后6天，一般新生儿脐带会脱落。

产后第7天的生活安排

准备出院，归纳整理、办手续缴费、领母子健康手册、申请出生证明、拍纪念照，出院当天会相当忙碌。迎接的亲人尚未来之前，先将衣物整理妥善。母亲要穿准备好的衣服，打扮一下自己，穿戴整洁合体，愉快地带上小宝宝回家。

产后第一周注意事项

这一周新妈妈已可以适当活动自己的身体，可做产后体操，也可以适当照料婴儿，但应尽量请丈夫及亲人帮助，

除此之外，还可以到月子中心坐月子，请专门月子护士或月嫂帮助照顾新妈妈和婴儿。新妈妈这周可以淋浴。

出院的第一周，是新妈妈最易出现忧郁情绪的一周，如果自己在家坐月子，要由新妈妈来处置自己和婴儿的许多事情，又无经验，加之易疲劳，体力有限，24小时都会处在忙乱中；另一方面，婴儿刚刚回到家中，与医院的环境有所不同，母亲的心情也会传给婴儿，婴儿也常常哭闹，会加重新妈妈的烦恼，建议丈夫应在妻子出院的第1～2周休"产假"为好，以照顾妻子安定情绪，为妻子减轻负担，心情愉快。

顺产妈妈的护理

产后的生理变化有很多，在自然产方面，需要特别照顾产后有恶露、排便、感染、胀奶、产后痛与下床晕眩等的新妈妈。

恶露的护理

1. 多用环形方向按摩腹部子宫位置，让恶露能够顺利排出。

2. 大小便后用温水冲洗会阴，擦拭时务必记住由前往后擦拭或直接按压拭干，勿来回擦拭。

3. 冲洗会阴时水流不可太强或过于用力冲洗，否则会造成保护膜破裂，建议采用卫生护垫，不宜用棉球，刚开始约1小时更换1次，之后2～3小时更换即可。更换卫生护垫时，由前向后拿掉，

235

以防细菌污染阴道。

4. 手不要直接碰触会阴部位，以免感染。

5. 食用猪肝、甜点均有助排出恶露。

子宫恢复的护理

目前新妈妈住院期间所开的药物，大多已包括子宫收缩剂在内。因此，不宜同时服用生化汤，免得子宫收缩过强造成产后痛。

指导新妈妈采用侧睡，避免长时间站立或久坐，以减少该部位的疼痛，坐时臀部垫一个坐垫也会有帮助。

自然分娩新妈妈可以在肚脐下方触摸到一个硬块，就是子宫的位置，可用手掌为新妈妈稍微施力作环形按摩，一直到感觉该部位变硬即可，如果子宫收缩、疼痛厉害时，应暂时停止按摩，并用俯卧姿势来减轻疼痛。

排尿的护理

1. 为刺激排尿以及避免使用导尿管，指导新妈妈每15～20分钟收缩和放松骨盆肌肉5次。

2. 下床排尿前，鼓励新妈妈要先进食一些食物才能恢复体力，以免晕厥。

3. 如果使用导尿管，产褥垫要经常更换，3～4小时更换一次，同时清洗会阴部。

4. 鼓励新妈妈多饮水，多吃蔬菜水果、高纤维食物。

排便的护理

1. 为了避免排便时用力过度，鼓励新妈妈多喝水、多吃新鲜水果，有条件的话，吃全麦或糙米食品。

2. 新妈妈下床行走可帮助肠胃蠕动，促进排便。

3. 避免忍便，或延迟排便的时间，以免导致便秘。

胀奶的护理

1. 如果胀奶严重，乳头变硬，每次喂奶前应先协助新妈妈热敷乳头，挤出一些奶水，使乳晕周围较柔软，方便宝宝吸吮。

2. 宝宝如果吸吮情况不佳，是因为新妈妈哺喂的方法不当，应指导新妈妈让宝宝含住整个乳晕，而不是只有乳头的部分。

3. 如果哺喂母乳后，仍感觉乳房胀痛，非常不适，可用挤奶器挤出过多的乳汁，防止过度肿胀。

4. 在两次喂奶的间隔时间，可以用冷敷或冰敷来减轻新妈妈因奶胀引起的疼痛。

5. 如果无法直接哺喂宝宝，应指导新妈妈用吸奶器吸出乳汁，以维持泌乳功能。

6. 如果发现有乳头破皮或起水泡，可在伤口涂抹乳汁，保持干燥并调整新妈妈喂乳姿势，以免再受伤；如破皮严重，可提醒新妈妈停喂一两餐，但要挤出乳汁。

7. 如果宝宝吃奶次数较频繁且又暂时不在身边，挤奶的次数就要更多，才不会胀奶，挤奶的间隔时间最好不要超过4小时。

8. 要退奶的新妈妈应少吃鱼、汤汁，减少水分摄取，并可穿紧一点的胸罩，以免胀奶。

9. 若不能母乳喂养，可以用冰敷，并服用医生嘱咐的止痛剂，或服用韭菜、麦芽水，不可再按摩、刺激乳房。

自然产伤口的调养和护理

1. 注意伤口清洁，每日用加碘温水清洗会阴。

2. 多下床行走，帮助肠蠕动，促进排便。

3. 产后24小时行热水坐浴，帮助血液循环。

4. 若发生伤口感染，则禁忌坐浴，宜用淋雨方式洗澡。

5. 若有尿意立即排尿，禁忌憋尿以防加重感染。

6. 养成每天检查伤口的习惯，一直到产后2周为止。爸爸可帮助新妈妈检查，新妈妈也可用镜子自查。

7. 加强营养，增强机体抵抗力，促进康复。

剖宫产妈妈的护理

剖宫产伤口养护

1. 密切关注伤口变化，剖宫产后，要特别注意腹部伤口愈合及护理。剖宫产伤口分为两种，直切口与横切口。不管哪种切口，术者在缝合时要特别注意对齐伤口，术后伤口要压置沙袋6小时。剖宫产的伤口愈合约需1周，因为伤口较大，发生感染的概率也相对提高。

2. 协助新妈妈术后多翻身。麻醉药物可抑制肠蠕动，引起不同程度的肠胀气，发生腹胀。术后知觉恢复后，就应该进行肢体活动，术后12小时，为新妈妈泡一些番泻叶水喝，帮助减轻腹胀。24小时后帮助新妈妈练习翻身、坐起，并下床慢慢活动，这样能增强胃肠蠕动，尽早排气，还可预防肠粘连及血栓形成而引起其他部位的栓塞。还可以按摩足三里、合谷、内关等穴位促进胃肠功能的恢复。

3. 保持腹部刀口的清洁，术后2周内避免使腹部切口沾湿，清洁身体宜采取擦浴。在此之后可采取淋浴，但在恶露未排干净之前禁止盆浴。每天冲洗外阴1～2次，不要让脏水进入阴道。如

237

果伤口发生了红、肿、热、疼痛，不可随意挤压敷贴，提醒新妈妈及时就医。

4. 鼓励新妈妈尽早下床活动，只要体力允许，产后尽量早下床活动，并逐渐增加活动量。这样，不仅可促进肠蠕动和子宫复位，还可避免发生肠粘连、血栓性静脉炎。

5. 进食不宜过饱，剖宫产手术时肠道不仅要受到刺激，胃肠道正常功能也被抑制，肠蠕动相对减慢。如多食会使肠内代谢物增多，在肠道滞留时间延长，这不仅可造成便秘，而且产气增多，腹压增高，不利于康复。所以，术后6小时内应禁食，以后逐步增加食量。

剖宫产术后的瘢痕养护

在手术刀口结疤2～3周后，瘢痕开始增生，此时局部发红、发紫、变硬，并突出皮肤表面。瘢痕处有新生的神经末梢，但其是杂乱无章的。瘢痕增生期持续3个月至半年，纤维组织增生逐渐停止，瘢痕也逐渐变平变软。颜色变成暗褐色，这时瘢痕就会出现瘙痒，特别是在大量出汗或天气变化时常常感到刺痒到非抓破瘢痕表皮见血才肯罢休的程度。

夏日，新妈妈出汗较多。汗水是由水、盐(氯化钠、氯化钾)、蛋白质和尿素等成分组成，出汗时瘢痕被汗液浸湿，汗液中的盐分会刺激瘢痕内部的神经末梢，于是就产生了疼痛和奇痒。当天气变化时由于冷热温差和干湿的变化比平时强烈得多，瘢痕内的神经末梢能敏感地测出这种变化，并以痒和疼为信号告诉当事人。对于这样极其规律且对天气变化的敏感性，人们诙谐称之为"天气预报"。不过，年轻的妈妈不要恐惧，瘢痕的刺痒会随着时间的延长逐渐自行消失。其注意事项如下：

1. 手术后刀口的痂不要过早地揭，过早硬行揭痂会把尚停留在修复阶段的表皮细胞带走，甚至撕脱真皮组织。

2. 涂抹一些外用药如肤轻松、去炎松、地塞米松等用于止痒。

3. 避免阳光照射，防止紫外线刺激形成色素沉着。

4. 改善饮食，多吃水果、鸡蛋、瘦肉、肉皮等富含维生素C、维生素E，以及人必需氨基酸的食物。这些食物能够促进血液循环，改善表皮代谢功能。切忌吃辣椒、葱、蒜等刺激性食物。

5. 保持瘢痕处的清洁卫生，及时擦去汗液，不要用手搔抓，更不要采取用衣服摩擦瘢痕或用水烫洗的方法止痒，以免加重局部刺激，促使结缔组织炎性反应，引起进一步的刺痒。

新妈妈生活细节

"捂月子"给细菌滋生创造条件

我国民间素有"捂月子"的风俗。认为这样才能保护好新妈妈和新生儿，其实这样做对新妈妈和婴儿都极其不利。

新妈妈分娩后身体虚弱，需要有新鲜的空气，以尽快改变身体虚弱状况，恢复健康。宝宝出生后，生长发育很快，不仅需要充分的营养，也需要良好的环境，应当在空气新鲜、通风良好、清洁卫生的环境中生活，否则容易得感冒、患肺炎等疾病，有碍健康。屋子捂得过严，室内通风不好，必然造成室内潮湿，产生细菌，侵害人体。新妈妈和婴儿都处于身体虚弱时期，抵抗力差，经不起细菌的侵蚀，极易得病。更重要的是，无论新妈妈还是婴儿，都需要阳光的照射。只有在阳光照射下，身体才会正常发育。

完全卧床休息没必要

医生指出，一般产后第1天，新妈妈疲劳，应当在24小时内充分睡眠或休息，使精神和体力得以恢复。正常女性，如果没有手术助产、出血过多、阴道撕裂、恶露不尽、身痛、腹痛等特殊情况，24小时以后即可起床作轻微活动。

早期适量活动，还可促使消化功能增强，以利恶露排出，避免褥疮、皮肤汗斑、便秘等产后疾病的发生，并能防止子宫后倾等症。因此，单纯卧床休息对新妈妈来讲是有害无益的。但鼓励新妈妈产后要及早下地活动，要根据新妈妈身体情况，因人而异。应适当做一些产后体操，使肌肉、腹壁和体形尽量恢复到孕前状态。如第1天至第3天，开始做抬头、伸臂、屈腿等活动，每天4~5次，每次5~6下；1周后可在床上做仰卧位的腹肌运动和俯卧位的腰肌运动，将双腿伸直上举，行仰卧起坐，头、肩、腿后抬等运动项目；半月后，可做扫地、烧饭等家务和一般体操，以利肌肉收缩，减少腰部、腹部、臀部等处的脂肪蓄积，避免产后发胖，保持体态美。

坚持梳头有益无害

我国传统习惯认为坐月子不可以梳头，说梳头会出现头痛、脱发甚至留下"头痛根"，主张1个月内不梳头。

实际上，梳头与坐月子里的病状没有直接关系。医生认为，坐月子期间完全可以

239

照常梳头。梳头不仅仅是美容的需要，作用分为两个方面：一方面梳头可去掉头发中的灰尘、污垢，可以使头发清洁，起到卫生的作用；二是通过木梳刺激头皮，可振奋人的精神，使人心情舒畅，促进头皮血液循环，以满足头发生长所需的营养物质，防止脱发、早白、发丝断裂、分叉等。因此，产后梳头有益而无害。

Tips　自制天然护发素——蛋黄酱·酸奶

蛋黄酱能补充脂肪，使头发滋润。将一大勺蛋黄酱和50毫升酸奶混合，均匀涂抹在头发上，然后用蒸汽毛巾包好。20分钟过后，用水洗净。最后一遍冲洗时，可在水中滴几滴食醋或柠檬汁，这样洗出来的头发会更有光泽。

户外活动要适宜

分娩顺利的新妈妈为了促使身体早日复原，于产后8～12小时，就可以自己到厕所排便，并在室内行走、活动，但应以不疲劳为度。

1周后如果天气晴朗，可到户外活动。在户外呼吸新鲜空气，晒晒太阳，会使精神愉快，心情舒畅。天气不好如刮风或下雨，就不要出去。应该注意的是不要着凉或过度疲劳，要量力而行，开始每天出屋1～2次，每次10～15分钟，最多不超过半小时，可以根据身体的情况逐渐增加。

240

暂缓探望新妈妈

新妈妈刚刚分娩后，抵抗力很弱，婴儿也是十分娇嫩的。婴儿从依赖母亲胚胎生活，到出生后的独立生活，需要一个适应过程，对外界的反应能力与抵抗力较差，很容易得病。如果探望的人太多、声音嘈杂、病室环境条件有限，加上新妈妈不太愿意开窗通风，这样势必造成室内空气污浊。若患有感冒等病的亲友进入休养室内看婴儿，那么细菌和病毒将会传染给新妈妈和婴儿，影响母婴健康。

新妈妈心理保健

自测产后忧郁症

如果刚生产过孩子，可以做以下的测验，来确定自己是否有产后抑郁症状存在。

1. 不开心，变得容易哭；
2. 情绪低落，易发脾气；
3. 有失败及挫折感；
4. 失眠、早醒；

5. 胃口差，食欲大减，体重下降；
6. 极度疲倦，难以集中精神；
7. 曾患抑郁症；
8. 感到内疚及自责；
9. 疑神疑鬼，出现幻觉，恐惧有人伤害自己；
10. 对未来没有希望，甚至认为继续生存，是对自己和婴儿的折磨；
11. 想伤害自己或婴儿，情绪狂躁，胡言乱语。

现将答案分析如下

如新妈妈的情况与上面所述吻合，可能出现了不同程度的产后心理问题，具体陈述如下：

问题1～3均答"是"，则为：产后轻度情绪低落。

这种情况常发生在分娩后的2～4天，过半数的产后女性都会有这种情绪不安、闷闷不乐或易哭等现象。此时若能得到家人适当的照顾，症状可在短期内消失，对健康没太大影响。

问题1～8均答"是"，则为：产后抑郁症。

分娩后6个星期至6个月内，约有10%～20%的新妈妈会感到容易疲倦、失眠、精神萎靡、食欲不振、月经失调、缺乏自信，或觉得哺育婴儿是一种负担。病情严重时，更可能会有自杀或伤害婴儿的倾向。

问题1～11均答"是"，则为：产后癫狂症。

极小部分的新妈妈会在分娩后2～3星期内，有恐惧、严重抑郁、幻觉、幻听，或感到被人迫害的恐惧感，生活在疑惑的日子里。

产后瘦身动起来

产后塑身日程

在产后6个月内，母体的激素会迅速恢复原有的状态，同时新陈代谢的速度也会逐渐恢复正常，甚至会加快，使身体自然进入到最佳状态，所以，产后6个月普遍被视为"减重的黄金时期"。

产后第1周：子宫和体内机能复原

为了迎接艰巨的分娩任务，全身的关节与骨盆都会变得松弛，加上怀孕期间内脏的挤压，以及在生产的过程中，肌肉与韧带难免多少受到拉伤，再加上剖宫产后伤口的压迫，身体会有种种不适感。因此，在产后初期选择瘦身产品时，应该避免把自己缠束得太紧。

建议尽量挑选轻柔、舒适并可以24小时穿着的束腹产品，搭配弹性适中、穿脱容易的紧缩裤，给予子宫适度压力，帮助体内机能慢慢恢复。同时，配合适度的产后运动，让骨盆、阴道恢复正常。

产后第2周：收缩腹部，恢复腹壁

经过一段时间的调适和休息后，体内机能与体力大多已渐渐恢复正常，但产后腹壁的恢复速度，却远不如子宫收缩得快，因此，容易在腹部形成空间，让脂肪能"乘虚而入"囤积在空隙中，

加上产后吃得脂肪类食物多，运动量小且不宜做过多运动，鼓鼓囊囊的肚腩会飞快地凸起来。

这时候，如果只想依靠原有的力量来恢复身材，得耗费更大精力才行。建议在白天的时间，可以在腹部位置使用束缚力较强的束腹品，借助强劲的紧缩力度，贴紧腹壁，消除囤积在下腹部脂肪的空隙。同时，帮助腹直肌和左右骨盆恢复原状。到了晚上，建议还是要换回较舒适的穿着。

Tips　**束腹产品选购方式**

仔细看一看包装上的说明，挑选适合自己的束腹产品。并且拉一拉看，感受一下产品是否具有很好的伸缩弹力，这样穿着时才会合身而不产生束缚感。另外，因束腹产品是要长时间穿着的，产品材质是否舒适、透气、闷不闷热等，都会影响到穿着时的舒适感。

产后第3周到产后6个月：加强、塑造完美曲线

到了这个阶段，原本受到子宫压迫而往上挤的内脏，会渐渐回复到原位，产后的恶露也减少了，可以开始针对自己体型的要求，加强身材曲线的塑造。

建议在白天时，换上功能性较强的束身裤，借助专业的塑身剪裁成品，达到下半身收腹、束腰、提臀，并让大腿

紧实的强化作用，同时加速脂肪细胞的代谢，达到瘦身效果。

此外，怀孕时容易因为钙质流失及产后调适不良，造成驼背、乳房松弛、小腹微突的现象，会使下胸围到腰间的赘肉难以消除。可以穿着注重功能的调整型连体束身衣裤，或者长筒型的防驼背挺胸衣，搭配专业设计、高腰剪裁的束身裤，使下胸围到腰部完整束缚规范，重新塑造消失的腰线和臀型。

产后瘦身计划的进行，应该配合均衡营养的饮食习惯，搭配适当的运动，同时依体型的变化逐一挑选适当的产后瘦身产品，千万不能为了恢复身材，就有意去穿太紧的束腹或束身裤，这样臀部与腹部的脂肪会因受到过度的压迫，产生排挤效果，造成身体的变形，使血液循环不良而影响到健康、得不偿失。

产后体操轻松做

产后体操从分娩后24小时即可开始。每日清晨起床前和晚上临睡前做，每次15分钟左右。具体的产后保健体操做法如下：

呼吸运动

仰卧在床，双脚平放床上，两腿并拢，屈膝深吸气，然后收腹部肌肉呼气，稍停放松。重复4次，每天运动两次。可加强腹部肌肉的力量。

足部运动

仰卧，双腿并膝伸直，做屈伸足趾运动，然后以踝部为轴心，两脚做内外活

动。收缩腿部肌肉，将双膝向床面下压，重复4次，每天运动两次。可加强腿部肌肉的力量。

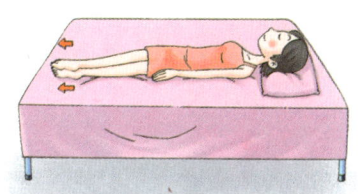

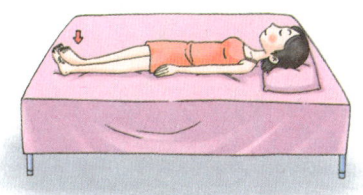

提肛运动

仰卧，屈膝，双脚并拢。收缩肛门，如控制排便样，重复3～4次，每天运动两次。如果会阴疼痛，可减至1～2次，或推迟一天做。提肛运动有利于会阴部及阴道肌肉张力的恢复。

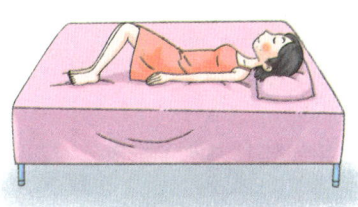

舒展运动

俯卧，在头部、腹部和小腿下垫枕头。采用此种姿势放松休息30分钟。可使全身肌肉放松。

243

腹背运动

保持"呼吸运动"中的姿势，收缩，两臂伸直，两手触碰双膝，保持数秒钟，然后放松。重复3～4次，每天运动两次。腹背运动可增强腹肌力量，消除臀部、腿部的脂肪。

下肢运动

仰卧，双腿伸直，左下肢平举，大腿与身体成90°角。然后屈膝，使小腿与大腿成90°角，再伸直放下，交换右下肢。重复数次，每天运动两次。下肢运动有利于下肢肌肉力量的恢复和腿部脂肪的消除。

凯格尔运动

收缩会阴的运动，又称骨盆腔运动，即凯格尔运动，有助于阴道、骨盆底等组织的恢复，对于性生活质量能有帮助。

凯格尔运动的目的，是锻炼和强化支撑膀胱、子宫和大肠的肌肉，运动包括伸张和收缩肌肉锻炼，防止肛门失禁。通过正确和定期的锻炼，能达到停止漏尿的效果，对促进性生活质量会有一定的帮助。

具体做法分为两个阶段：

阶段一：站立

双手交叉置于肩上，脚尖呈90度，脚跟内侧与腋窝同宽，用力夹紧。保持5秒钟，然后放松。重复此动作20次以上。

简易的骨盆底肌肉运动可以随时随地进行，以收缩5秒、放松5秒的规律，在步行时、乘车时、办公时都可进行。

阶段二：进行有效的每天自我训练

平躺，双膝弯曲；

收缩臀部的肌肉向上提肛；

紧闭尿道、阴道和肛门(同时受到骨盆底肌肉撑)，这种感觉如同尿急，却无法到厕所去，必须闭尿时的动作；

保持骨盆底肌肉收缩5秒钟，然后慢慢地放松，5~10秒以后，重复收缩。

Tips 运动的全程，照常呼吸、保持身体其他部分的放松。可以用手触摸腹部，如果腹部有紧缩的现象，则运动的肌肉群为错误。

244

产后10天塑造美臀

　　刚生产完的妈咪不要因为怕痛而不敢乱动。其实，从产后第1天就可以开始做运动。你可以从深呼吸开始入手，逐渐增加运动量，千万不要因为娇气和偷懒让自己变成一个胖妈咪哦！

　　下面提供几个产后可做的下肢运动，每日勤做，除可促进循环，测量身体状况外，也可借出汗将"囤积"体内的水分排泄掉，使臀部肌肉恢复弹性。

腿部运动

1. 身体平躺，双手平放。

2. 左右足配合呼吸轮流向上举起30°，吸气时脚上举，吐气时脚放下。

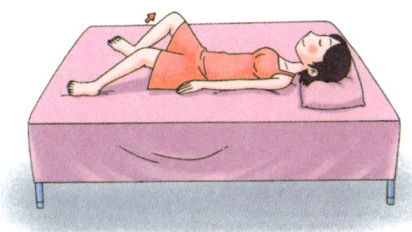

 做时需注意膝与脚尖均需放平，不可弯曲，刚开始时速度宜慢，然后可根据身体状况逐渐加速。

转臀运动

1. 身体躺卧，双脚合并，屈膝。

2. 手肘平放于地，双膝向左下压地板，再向右下压地板。

 下压双膝时，脚尖应尽量定足不动，这样功效较佳。

爬行运动

手撑起上半身，屈膝，趴于地，类似擦地状。

 妈咪可用护膝，避免受伤。

美臀运动

1. 平躺，双手抱左膝，将左膝靠向腹部，再换右膝。

2. 或以手抱双膝，同时靠向腹部。

 两腿可交换做，也可以同时做，可美化臀部并收缩小腹。

臀部按摩

站立时，将手置于臀部，由上往下推臀部，或由下往上推。

 由上往下推有助于局部细胞活化，可增进肌肉弹性；由下往上，则可美化臀部曲线，可双轨进行。

245

产后经典月子餐

营养主食

🍅 荔枝山药莲米粥

材料： 干荔枝5枚，粳米30克，山药20克，莲米20克。

调料： 白糖30克。

做法： 1.干荔枝去壳，粳米淘洗干净，莲米去心；山药去皮，洗净，切成片状或小丁块。

2.锅中放水约500克，加入食材，置火上煮，先用大火烧开，再改中火，煮至米烂、汁黏稠时放入白糖，稍搅拌片刻后离火即可食用，每日可食1～2次。

☕ **功效**

　　健脾开胃、温养脾肾、滋阴养血、养心安神，既具开胃增食之功，又有补益之效。对于产后"胃口不开"有良好的增进食欲作用，同时还是用于阴血不足、产后贫血、体质虚弱的补益之品。

🍅 猪肚粥

材料： 猪肚100克，白米100克。

调料： 调味料适量。

做法： 1.猪肚洗净，切成细丝，先放入水中煮开捞出。

2.白米洗净，与猪肚丝加水适量，用小火煮至猪肚烂、汤汁稠为止，加入调味料即可。

☕ **功效**

　　猪肚粥有补虚损、健脾胃之功效。新妈妈常食猪肚粥，可增进食欲，补中益气。

🍅 鲜藕粳米粥

材料： 鲜藕120克，粳米80克。

做法： 1.将藕洗净，切成块；米淘洗干净。

2.锅置火上，放入藕块、粳米，加清水600毫升，煮粥，煮至米烂藕熟汁黏即成。

☕ **功效**

　　藕含有丰富的钙、磷、铁及维生素。此粥有开胃健脾、补益气血的功效。新妈妈食之，能补益健体，又有利于子宫复旧。

246

美味月子菜

🍅 菠萝枣泥甜山药

材料：山药750克，枣泥250克，菠萝半个。

调料：白糖250克，淀粉10克。

做法：1.洗净山药，上笼蒸熟，剥去皮，加工成6厘米长的段，用刀拍扁，整齐地排在碗内，放入枣泥后，上面再放一层山药，上笼蒸15分钟后翻扣盘中。

2.锅内注入清水及白糖，烧开后用淀粉勾芡，浇入盘内，将菠萝切小块点缀周围即可。

☕ **功效**

益气健脾、开胃和中、生津养液、清热解渴、消食止泻，新妈妈食用可增加食欲。与其他"月子里"补品配伍食用，则有防止食物积滞之效。夏季食用，可解暑消渴、化湿和胃，能有效防治新妈妈月子里的暑伤之症。

🍅 莲子荷包鲫鱼

材料：鲫鱼1条（约350克），猪肉馅（肥三瘦七）100克，莲子15克，荷兰豆20克。

调料：葱段、姜、冰糖各10克，料酒20克，生油、生抽5克，盐适量。

做法：1.把鲫鱼收拾干净，莲子用清水泡发，去心，荷兰豆撕去老筋，取一半切片，另一半切末。

2.肉馅放入姜末、生抽、部分料酒，搅匀后腌制约10分钟，塞入鱼腹。

3.锅置火上，放油烧热，放入鲫鱼，用小火煎至两面微黄，烹入剩余料酒，放适量的水烹煮。

4.将莲子、荷兰豆放入锅内，加入葱段、姜片、冰糖和适量清水，用大火烧开后，改用小火加盖炖约2小时，加入适量盐调味即可。

☕ **功效**

催乳下奶。

247

🍅 山药红枣炖排骨

材料：山药250克，红枣6颗，排骨250克，生姜2片。

调料：盐适量。

做法：1.山药去皮、切小块；排骨洗净，汆烫，去血水备用。

2.锅中加清水煮滚后，加入排骨、山药煮数分钟。

3.待其快煮好时，放入红枣、姜片及盐，再稍微煮一下即可。

☕ **功效**

本品既易于消化，又可促进食欲，适合新妈妈食用。

248

🍅 鲫鱼炖木瓜

材料：鲫鱼1条，木瓜半个，红枣10颗，姜2片。

调料：料酒、盐、味精各适量。

做法：1.将鲫鱼处理干净，撕去腹内黑膜，再彻底清洗干净；木瓜去皮，切成块，红枣去核，冲洗干净。

2.锅置火上，放油烧热，放入姜片煸香，加入鲫鱼稍微煎一下，去腥。

3.另起锅加油烧热，加入水烧开后放入鲫鱼、木瓜、红枣、料酒，烧开锅后用小火煲两个小时，加盐、味精调味即可。

☕ **功效**

木瓜有催奶的效果，乳汁缺乏的新妈妈食用此汤可增加乳汁。

🍅 豌豆虾仁炒鸡蛋

材料：虾仁200克，鲜豌豆50克，鸡蛋2个，葱1根。

调料：盐、淀粉各1小匙。

做法：1.先把1个鸡蛋打入碗中，留蛋清。再把蛋黄和其余鸡蛋打入另一碗中，加入盐和葱末搅拌均匀。把葱洗净切末，豌豆洗净。

2.将虾仁挑去泥肠洗净沥干，放入碗中加入淀粉、盐和蛋清搅拌均匀并腌5分钟。

3.起锅热油，放入虾仁和豌豆炒至半熟盛出。

4.另起锅热油，爆香葱末，加入蛋汁炒至半熟，再加入虾仁、豌豆、炒匀即成。

☕ **功效**

豌豆中富含粗纤维，能促进大肠蠕动，保持大便通畅，另外所含有的优质蛋白质，可以帮助新妈妈提高身体的抗病能力和康复能力。

超级靓汤

🍅 酒酿豆腐汤

材料： 豆腐200克。

调料： 红糖、酒酿各50克。

做法： 1.将豆腐洗一下，切成小块。

2.将豆腐、红糖、酒酿放入锅内，加清水适量，置火上煮约15分钟后即可食用。

☕ 功效

含有丰富的蛋白质、铁、钙、B族维生素，有养血活血、催乳发奶、清热解毒的功效。

新妈妈食之能增加乳汁的分泌，又能促进子宫复原，有利于产后恶露的排出。

🍅 鲤鱼丝瓜汤

材料： 鲤鱼1条（500克），丝瓜50克。

调料： 葱段、姜片各少许，精盐适量。

做法： 1.鲤鱼去鳞、鳃，剖肚去内脏，洗净；丝瓜去皮，切小片。

2.将鲤鱼放入锅中，加水约1000克，煮至肉快烂时，加入丝瓜、葱、姜、食盐，继续煮至肉烂后，即可离火食用。

☕ 功效

健脾生血、行水利尿、通行乳络、下乳生奶。新妈妈食之，既能促进肌体康复，又能通络利乳、消肿利尿。

🍅 猪蹄黄豆汤

材料： 猪蹄2只（约700克），大青黄豆100克。

调料： 姜、葱、料酒、精盐各适量。

做法： 1.将猪蹄刮洗干净，每只猪蹄剁成4块，放入开水锅内煮开，捞起用清水再洗一次；葱一半打结，一半切末；生姜切片。

2.黄豆拣净杂质，冷水浸泡膨胀，淘净后倒入沙锅内，加水1000毫升，盖好盖，用小火煮2小时左右，放入猪蹄烧开，撇去浮沫，加入姜片、葱（打结）、料酒，改用微火炖至黄豆、脚蹄均已酥烂时，放精盐并用旺火再烧约5分钟，拣去葱结、姜片即成。

☕ 功效

生精养筋、健脾生乳、养血益体、壮骨充饥，对于母体康复有极好的促进作用，可使母乳源源不断分泌。

水果也疯狂

🍅 橘枣饮

材料： 大红枣10枚，鲜橘皮10克（或干橘皮3克）。

做法： 1.先将大红枣入锅炒焦。

2.与橘皮一并放入保温杯内，冲入沸水浸化10分钟即可服用。

☕ **功效**

此品具开胃、消食之功，饭前代茶。适用于新妈妈食欲不振、消化不良等症。

🍅 香蕉苹果酸奶汁

材料： 香蕉2根，苹果半个，酸奶200克。

做法： 1.香蕉去皮，切成小段，苹果切成小丁。

2.将香蕉段、苹果、酸奶一起放入搅拌机内搅成稠汁状即可。

☕ **功效**

营养丰富，防便秘。

🍅 夹沙香蕉

材料： 香蕉2根，豆沙50克。

调料： 面粉、干淀粉各适量，发酵粉少许。

做法： 1.将香蕉去皮，每根香蕉切成三段，把每段对半切成两半，在每一半的中间挖出凹槽，酿入豆沙，然后两半合成一段裹上干淀粉备用。

2.将面粉放在容器中，加入适量清水调匀，再放入适量食用油和发酵粉搅匀，制成细滑的发粉糊。

3.锅置火上，放油烧热，把裹好淀粉的香蕉段蘸匀发粉糊，逐段放入热油中炸至金黄色，捞出沥油，装盘即可。

☕ **功效**

此菜可补气健脾，即富有营养又可开胃。

PART
13

新生儿期：
早教是胎教的延续

新生儿的生理特征

足月新生儿的特征

从宝宝出生到出生后28天，为新生儿期，共4周。这段时间是宝宝的脆弱期，因为胎儿一直在母体内生活，自剪断脐带的一瞬间，新生儿的呼吸、排泄等一切为了能生存下去的所有事情都必须婴儿自己去做。

足月新生儿有如下特征：

头部

头比较大，头发多少不一定。头部奇怪的形状，通常是由于分娩过程中的挤压造成的，两周后头部的形状就会变得正常。在头顶部有一块软的区域，称为囟门。该处的颅骨组织尚未连接在一起。

眼睛

两个眼球呈黑褐色，由于分娩的挤压，眼睑有些浮肿，数天后即可消退。正常新生儿出生后对光亮就有反应，当用强光照射新生儿时，宝宝会立即闭上眼睛。

听力

当新生儿身后突然发出声响时，闭着的眼睛会睁开，或者眨眼，说明听力正常。

四肢

四肢较短，取外展和屈曲的姿势，颜色略呈青紫，这是因为婴儿的循环系统尚未充分地发挥作用。待正常呼吸后不久，青紫即消退。指甲较长。会有规律地呼吸，四肢活动有力。

乳房

不论男婴还是女婴，出生时两侧乳房都显肿胀，甚至渗出少量乳汁，几天后肿胀可消退。

生殖器

男婴和女婴出生时，其生殖器都显得比较大。男婴的阴囊大小不等，睾丸可降至阴囊内，也可停留在腹股沟处或摸不清，阴茎、龟头和包皮可有松弛的黏膜。女婴的小阴唇相对较大，大阴唇发育好，能遮住小阴唇，处女膜微突出，可能有少许分泌物流出。

皮肤

皮肤细嫩而有弹性，呈粉红色，外覆有一层奶油样的胎脂。在鼻尖、两鼻翼和鼻与颊之间，常有因皮脂堆积而形成的黄白色小点。胎毛于出生时已大部分脱落，但在面部、肩上、背上及骶尾部仍留有较少的胎毛。斑点及皮疹是很常见的，几天后会自动消失，在一些新生儿身上常见胎痣，如红色斑点、莓状痣、青斑等，但不久会消失。

粪便与尿

新生儿第一次排出的粪便为墨绿色、黏稠状物，几乎无臭味，称作"胎粪"。一旦开始喂奶，粪便颜色就会改变，2～3天后渐渐变成棕黄色的乳儿粪便。很多新生儿第1天就排尿，个别的在出生后第2天排尿。如果两天仍未排尿，就要查找原因。

哭声

正常新生儿出生后就会哭，而且声音洪亮、有力。

神经反射能力

正常新生儿具有维持生存的神经反射力，如用手指或衣物碰触到婴儿脸颊部或嘴角时，婴儿立即把头转向碰触的一侧，并张口寻找。这种表现医学上称为"觅食反射"，如将手指放进婴儿嘴里就会引起吸吮动作，这称为"吸吮反射"。

通过上述检查，可以发现新生儿有无先天性异常、缺陷，一切表现正常说明新生儿健康良好，符合正常新生儿的特征。

凡是胎龄在37～42周（259～294天），出生体重2500～4000克，身长在45厘米以上的宝宝，为足月（或成熟）新生儿。如果胎龄已足，但体重不足2500克的，只能称为成熟不良儿或低体重儿。初到人间的足月胎儿，身上皮肤粉红、细嫩，头显得很大，呼吸微弱得听不见，四肢屈曲在胸前，似乎还像在子宫里一样，几乎整天都在熟睡之中。

253

新生儿心理发育特点

新生儿的感觉能力发育

新生儿出生后就要通过感官接受来自外界的刺激。下面具体陈述新生儿的各种感觉功能的发育情况：

听觉

新生儿出生后对突然的响声有反应，会受惊，会停止手脚乱动。两周后出现明显听觉。如果用持续、温和的声音在离宝宝耳朵10～15厘米处进行刺激，宝宝会转动眼球甚至转过头来。当然，宝宝最喜欢听的还是妈妈的声音，听到母亲的声音能停止哭声，安静下来，这是因为在母体内时听惯了妈妈的声音。

视觉

新生儿出生时，视觉模糊，但有光感反应。以强光照射会引起瞬目，但眼的运动尚不协调，可有一时性斜视及眼球震颤，生后3～4周即消失。由于眼肌控制能力差，虽然睁开眼，但视线不会停留在任何物体上。

经过光和物体的刺激感受后，视觉开始集中注视眼前的物体。满月时，目光能注视近距离缓慢移动的物体。新生儿喜欢注视色彩鲜艳的物体，对红色和蓝色有不同的反应，喜欢注视轮廓线多和曲线物体的图像。

味觉

新生儿的味觉很敏感，他能感受到什么是甜、酸和咸，并能做出不同的反应。喜欢甜味，尝后出现吸吮动作，不喜欢苦、酸、咸味，尝后会出现闭眼、皱眉、苦脸而转头避开。

嗅觉

新生儿嗅觉发育较早，能区别不同的气味，能通过嗅觉寻找母亲的乳头。喜欢妈妈身上的那种奶味，喜欢闻果香味，不愿闻臭气。另外妈妈也能通过气味确定自己的宝宝。这样，宝宝喜欢妈妈的奶香味，于是嗅觉就成了母婴之间相互了解的一种方式。

触觉

新生儿从生命一开始就已有触觉。习惯于被包裹在子宫内的新生儿，生出后自然喜欢紧贴着身体的温暖环境。当抱起宝宝时，喜欢紧贴着妈妈的身体，依偎着妈妈。当宝宝哭时，父母抱起来并且轻轻拍一拍，宝宝就不哭了。新生儿喜欢妈妈怀里的那种温暖的接触，喜欢被轻柔地抚摸身体，对这种接触能感到安全。新生儿对不同的温度、湿度、物体的质地和疼痛都有触觉感受能力。就是说，宝宝有冷热和疼痛的感觉。嘴唇和手是新生儿触觉最灵敏的部位。

新生儿出生后就要通过感官接受来自外界的刺激，因此，感觉能力的发育最早。如通过听觉听声音，通过视觉看光亮，通过嗅觉闻气味，通过味觉尝奶味，通过皮肤感受冷暖、疼痛等。这些都是各种感觉现象。感觉是新生儿的最初心理活动，是一切认识活动的基础。开发智力首先要重视的是感知功能的发育。

新生儿的动作发育水平

动作的发育，是以骨骼、肌肉、神经系统的生理发展为前提。发展的顺序是从上部到下部，从中间到边缘，从整体到分解。

新生儿出生时全身只会无规律地乱动，动作不协调，也不能改变自己身体的位置。仰卧在床上时，头仅能向左右转动，四肢会伸缩、弯曲，做拥抱姿势。俯卧时四肢呈游泳状态，头不能抬起。到满月时试着抬头但无力，只能使鼻部离开床面，将头转向一侧便于呼吸。竖抱时头不能竖立，由于本能的反应，小手会抓握成拳头状。

婴幼儿全身动作发展的顺序，依次是：抬头、撑胸、翻身、坐、爬、站、走、跑、跳。新生儿的动作发育是从头部开始的。

新生儿的情感发育水平

新生儿出生后，就具有愉快和不愉快的情感。不过，这些情感都是与生理需要联系在一起的。如新生儿吃饱穿暖睡好，就愉快；当需要不能满足，如饥饿、疲倦、未睡好，就要哭闹。哭闹时间和次数在新生儿期最多。

哭声是宝宝表示需要的语言，用哭声和大人们交流，以引起成人关注他在生理和心理上的需要，提醒大人不要忽视他的存在，这是一种无条件反射。另外，新生儿在哭的同时，呼吸及语言发音器官也自然地得到锻炼和发展。

新生儿虽然在出生到满月的一个月中，能通过感觉、动作、情感的发育，对外界的刺激作出各种不同的反应，这说明宝宝已开始了心理活动，但与成人相比，这种心理反应是低级的，只是个人意识活动的开端，还处于原始的状态、刚开始起步的阶段。新生儿出生后，作为一个幼小的生命是十分脆弱的，需要得到母亲的保护，情感的交流是不可缺少的。如果宝宝没有活动的自由，没有适当的玩具，也不跟大人交往，即使充分满足了他的生理需要（如吃、睡等），也不会有良好的情绪，会出现表情呆滞或爱哭等情况，对宝宝的身心发展很不利。

新生儿个性发育水平

新生儿出生后，父母马上就会发现孩子在个性上存在着差别。有的宝宝非常老实、非常安静、较好带养，睡眠时间长，肚子不十分饿就不会醒，肚子饿了就咕噜咕噜地吃奶，也不怎么哭。若是吃母乳，就会把两侧奶全部吃空，若是喝牛奶也能轻松地喝掉100多毫升。新生儿吃完奶就要小便，换尿布时显得很高兴，然后又不知不觉地睡着了。在夜里一般再醒一两次，每次换完尿布吃完奶又马上睡了。每天大便一般1～2次。这样的小儿称为易抚养型。

有的新生儿就不那么老实，带养起来比较费劲。宝宝对外界刺激很敏感，有一点儿声响马上会醒，醒来后如果尿布湿了就哭，表现出不高兴，即使换了尿布，如果肚子饿了仍然哭个不停。这种孩子如果是吃母乳，吃了6～7分钟后饥饿感一消失就不再吃了，此时孩子肚子并未饱。如果再硬塞奶给孩子吃，就会把吃进去的奶全部吐出来，待过去10多分钟又会因饿而啼哭，再吃5～6分钟才能睡去。如果是喂牛奶，奶嘴稍有不通畅就哭，甚至把奶嘴吐出来不吃了。有时喂完了奶，刚过20来分钟又把奶给全吐出来，这种情况多见于男孩子。由于每次吃奶量和吐奶量均不同，饥饿的时间也就不同，所以喂奶时间也就没有规律了。这样的新生儿称为抚养困难型。

新生儿的原始神经反射种类

一般来说，新生儿常见的原始神经反射有以下几种：

觅食反射

用手指或乳头轻触新生儿的口角或面颊部，新生儿就会将头转向被触摸的这一侧，并有张嘴和吸吮动作。这个重要的反射，能使宝宝找到和吃到食物。该反射正常，在出生后3～4个月时消失。

吸吮反射

将乳头或手指放在新生儿两唇之间或口内，即会出现有力的吸吮动作。该反射正常，在出生后4个月时消失。

握持反射

将手指或笔杆触及新生儿手心时，会马上握紧不放。该反射正常，在出生后3个月时消失。

拥抱反射

当用手托起新生儿，其中一手托住新生儿背部，另一手托住新生儿头部和颈部，然后突然放低头部3～4厘米（手仍然托住其头部和颈部），使头及颈部后倾10°～15°，此时新生儿出现两上肢向两侧外展伸直、手指伸开、两下肢伸直，然后两上肢向胸前屈曲内收，呈拥抱状姿势，此即为拥抱反射。该反射正常，一般在出生后4～5个月时消失。

踏步反射

用两手托住新生儿腋下扶持直立并使身躯向前略倾，足底与床面或桌面接触，就会自动地出现踏步动作或开步走的姿势，即为踏步反射。该反射正常，在出生后2个月时消失。

交叉伸腿反射

新生儿仰卧，在膝关节处用手按住使腿伸直，再刺激同侧足底，则另一侧下肢会出现先屈曲，然后伸直并内收，内收动作强烈时可将腿放在被刺激的腿上。该反射正常，在出生后2个月时消失。

新生儿早教方案

如何进行新生儿视觉训练

为训练新生儿的视力，首先可以吸引孩子注视灯光，进行视觉的刺激，然后让孩子的眼睛跟踪有色彩、发亮和移动的物体，由此而训练视觉能力。另外，还可进行以下几种视觉训练游戏：

看亮光游戏

新生儿出生后已有光感，可在房内挂光亮适度、柔和的乳白色灯或彩灯，光线不要直射孩子的脸，可以一会开灯，一会关灯，以锻炼瞳孔扩大与缩小的功能。两周后可用红布包住手电筒，将亮光对准新生儿眼上方15～20厘米处，沿水平线向左右或前后方向慢慢摇动数次，进行视觉训练。训练时视角仅限于正前方45°范围，注视时间仅可几秒钟。满月时，视角可扩大到正前方90°范围，注视时间可适当延长。

看彩球游戏

将彩球悬挂在新生儿胸上方，距离眼部20～25厘米，逗引新生儿注视。一周后，将彩球在新生儿眼前从左到右移动，再从右到左移动，训练视线随物移动。2周后将球放在新生儿眼前上下移动，并继续向左右移动。满月时，将球放在新生儿眼前作360°转圈，训练视线随球转动360°。

看黑白游戏

将黑纸与白纸各一张出示在出生后10天左右的新生儿面前，眼与纸的距离为15～20厘米。先看黑纸，然后再看白纸，各注视半分钟。再将黑白纸同时出示，让新生儿同时注视两种不同颜色的纸，训练眼球在两张纸之间来回移动。

Tips 新生儿醒后，可以抱着看室内墙壁上的大幅彩色画。婴儿床边可以挂些玩具，空中可悬挂彩球。家长还可以经常和宝宝面对面，在短时间内宝宝会专心致志地注视，这样的训练能促进新生儿视觉功能发展。

怎样进行新生儿听觉训练

新生儿出生后就已有听觉，出生后2周能集中听力，会把头或眼睛转向发出声音的方向，形成初步的听觉反应。对新生儿进行听觉的训练，主要是听声音接受听觉刺激，开始在大脑中储存各种声音的信息，以促进听力发展和智力的发育。

257

新生儿最喜欢妈妈的说话声，所以在每日的每次接触和护理中，要与宝宝谈话，轻轻地叫宝宝的名字，让孩子熟悉妈妈的声音及自己的名字，逐渐对妈妈的声音及自己的名字建立条件反射。给宝宝聆听不同的音乐，可用小型录音机播放优美悦耳的音乐，要固定听1～2首优美的乐曲（提倡选用古典名曲）。每天在新生儿醒时播放，要定时，以5分钟为宜。要时常改变录音机的放置位置，以训练追寻声源及倾听能力。也可以由父母唱歌给孩子听。这样不仅进行了听觉训练，而且也培养了宝宝愉快的情绪与音乐兴趣。

可以让新生儿听八音琴声、铃声、玩具动物叫声，每次训练时只听一种声音以训练听觉。另外，新生儿居室的环境要安静，不要过于嘈杂，但又不能是无声无息，连一点声音都没有，否则对新生儿听力的发育不利。适量、适当的环境声音刺激，会提高新生儿听觉的灵敏性，有利于促进孩子的智力发展。

进行新生儿触觉训练的游戏

新生儿触觉灵敏，特别是唇、面颊、眼睑、手掌、足心等处皮肤尤为明显，触动时立即有反应。因此，应从出生后就开始进行触觉训练。新生儿觉醒时，妈妈用手轻触左脸颊和右脸颊，训练宝宝向左或向右转头。若在触动后有这样的反应，妈妈可以在宝宝脸颊上亲吻一下鼓励。

要经常轻柔地抚摸新生儿的每个手指，使紧握的小手放开，并在每次抚摸后用不同材质的物体去触碰手掌心，如硬、软的东西，或热、或冷的东西，让宝宝感觉到触觉刺激。

在喂奶前，妈妈握着宝宝的小手抚摸自己的乳房，然后再喂奶。经常这样触摸乳房，使新生儿知道"饿了可在此处觅食"，但要在宝宝摸乳房后、喂奶前要洗擦奶头，注意保持清洁。另外，还可利用给新生儿洗澡前后或换尿布后，新生儿全裸或半裸时，父母用手抚摸宝宝身体，进行轻柔的按摩，使其皮肤感觉到触压的刺激。

如何进行新生儿的嗅觉和味觉训练

嗅觉训练

新生儿出生后就能对各种气味产生各种反应。妈妈可利用这一特点进行嗅觉训练。进行嗅觉训练时，不管什么气味都可让他闻，如喂奶时闻妈妈的乳香，洗澡时闻肥皂的芳香，揩脐部时闻酒精的酒味等，及早接受各种气味的刺激。

味觉训练

新生儿一出生就会对甜酸苦辣等味道做出不同的反应，如对甜味会做出吸吮动作，出现愉快的表情；对苦、酸、咸的东西会皱眉闭眼，有不愉快的表情。根据这一特点，有意识地让宝宝品尝各种味道，如用消毒过的筷子蘸上酸、甜、苦、咸的各种味道，感受到不同的刺激以促进味觉发育。

如何进行新生儿动作训练

转动头部游戏

将新生儿仰卧在床上，妈妈手持色彩鲜艳、会发出声响的玩具，在距离宝宝眼睛30厘米远的地方慢慢地移到左边，再慢慢地移到右边，让小儿的头随玩具转动，朝左朝右各转动90°。

手指抓握能力游戏

父母将自己洗净的食指塞进新生儿手掌里，使宝宝抓握，然后抽出来再塞进去，反复数次，以训练宝宝的抓握能力。也可以换用圆形光滑的小木棍抓握。

收缩脚掌游戏

父母用手指或其他物体触碰新生儿脚心，使自动作收缩脚掌反应，反复进行4~6次，以活动宝宝腿部的肌肉。

进行游泳活动

新生儿脐带脱落后，恢复得很好时，可在2或3周时做游泳活动。在新生儿洗澡时，放在较大的浴盆里，用一手掌托住腹部，另一手托住下颌，让宝宝平趴在水中，露出头部，四肢自由活动，推动身体在水中移动。

要和新生儿多交谈

宝宝出生后，父母要多和新生儿交谈和沟通，千万不要以为初生的宝宝听不懂话而不去和宝宝交谈。

宝宝比人们通常想象的要聪明得多。孩子的语言能力应该从还听不懂、说不出的时候即开始培养。在宝宝清醒、精神兴奋的时候，应抓住时机尽可能多的和宝宝说话。

新生儿醒后躺在床上，然后父母面对面用柔和的声音和宝宝说话，内容可以涉及各个方面，比如认识爸爸妈妈、爷爷奶奶、穿衣、吃饭，常用物体的名称、形状、颜色等。

与宝宝交流时，环境要安静，说话的速度要慢，最多不要超过5分钟。跟新生儿说话时父母要带有笑容，语调要温柔、亲切。在说话的同时，要逗宝宝发声，出生后2~3周，宝宝就能发出"哦哦"的声音来回应。父母讲得越多，孩子应答得越勤。

与宝宝说话的机会是很多的，如换尿布、喂奶、洗澡时都可以进行。如在吃奶时可以说："宝宝，吃奶了"，玩耍时说："宝宝，开始做游戏了"，洗澡时说："宝宝，要洗澡了"等。要很好地抓住这些时机，多和宝宝交谈，对新生儿的语言发展、大脑的发育均十分有益。另外，可以有意识地给孩子讲故事，唱儿歌，以训练宝宝的语言能力。

259

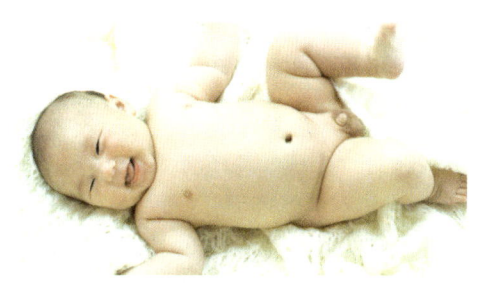

唱给宝宝的儿歌

娃娃洗澡

娃娃洗澡，
肥皂变泡泡，
泡泡散开喽，
娃娃干净喽。

点点窝窝

点点窝窝，
宝宝笑一笑，
两个小酒窝。

如何开发新生儿大脑潜能

人的大脑分为左右两个半球，左右脑的功能无法完全分开，两者在功能优势及功能发展上均存在着分工和差异。左脑拥有语言优势，右脑拥有感觉优势。大脑发育的时间差异，主要指在人体生长发育早期，大脑功能的发展主要集中在右脑半球，而右脑半球的发育又将决定左脑半球功能的发展。这就为早期教育提供了重点和目标。

介绍几种早期促进右脑半球功能发育的简单办法，可以根据新生儿的实际情况选试：

1. 轮换对着左、右耳说话，声音不要太大，声音要轻柔缓慢，不要太靠近耳部，保持一定距离。每日2～3次，每次1～3分钟。

2. 听没有歌词的古典音乐，音律要舒缓、音响要适量、曲调要轻柔。

3. 按紧左鼻，用右鼻呼吸，时间要短，仅几秒钟。然后替换按右鼻。

4. 进行早期感官教育，包括视、听、嗅、触等感觉训练。

5. 和宝宝交谈时，母亲的话语要简单、简短，速度要慢，音调要高一些，抑扬顿挫一些，关键词要多重复几次。这样的交谈方式，宝宝才会有兴趣的。

哪些玩具适合新生儿

给新生儿选择的玩具一定要有颜色、有声响的，要小型的、柔软光滑、无棱角的，且分量要轻的玩具。下面的玩具可供选用：

1. 悬挂的彩球、彩灯、脸谱画、大幅人像画、红色玩具等悬挂玩具，用这些玩具促进视觉的发育。

2. 八音琴、响铃棒、拨浪鼓、能捏出声音的塑料娃娃或动物等音响玩具，用以促进听觉的发育。

3. 小皮球、小木棒、塑料圆环、布娃娃等触摸玩具，以促进触觉的发育。

玩具是孩子最好的伴侣，也是教育与训练不可缺少的教具。新生儿虽然小手还不会抓握玩具，更不会玩弄玩具，但眼睛会看、耳朵会听、小手会去触摸，所以选择玩具要根据这一特点，选择色彩鲜艳、有声响能活动的，可以使新生儿能看、能听、能触摸的，并能引起兴奋情绪的玩具，以发展视觉、听觉、触觉。

适合新生儿玩的12款游戏

小宝宝，抱抱你，我爱你

★ 把宝宝抱在怀里，轻轻地左右摇着。

★ 边摇边说，"搂搂你，抱抱你，我爱你。"

★ 当说出"你"这个字时，亲亲孩子身体的某一个部位——额头，小鼻子，小肚子。

★ 孩子再大一些时候，就会要求自己也玩这个游戏了。

这个游戏能使你和孩子之间的关系更加亲密，更加牢固。

游戏魔方　经常能得到搂抱、和父母依偎在一起，孩子在长大一些的时候，会更有安全感，更加独立。

平时多跟宝宝用儿语

★ 讲一些这样的话："我家的小宝宝多可爱哦！"或者"瞧瞧这10个小脚趾，真好玩啊。"

★ 当你用"父母式的语调"说这些话时，抱着孩子，让她凑近你的面部，保持与她的眼神接触，有时在宝宝兴致好的时候，可以用脸贴一下他的脸。

当我们用"父母式的语调"和宝宝说话时，这是在和他们交流，要鼓励孩子用语言做出反应。这同时也是在开发孩子的语言潜能。

游戏魔方　成年人对新生儿讲话的时候，声调较高——婴儿能对这种"父母式的语调"做出反应。

怀念子宫里面的声音

★ 把一台卡式的小型录音机放在宝宝身边。

★ 播放轻柔的器乐曲或摇篮曲。

★ 旋律重复的乐曲对宝宝有安抚的作用，因为这跟她在子宫里听到的声音很类似。

★ 你可以把洗碗机和洗衣机的声音录在磁带上，然后播放给孩子听，因为这样的声音也和子宫里的声音类似。

游戏魔方　即使是新生儿，当他们听到熟悉的音乐时也会安静下来。宝宝在母亲的子宫里孕育时，就会对节奏声音和运动产生条件反射。因此新生儿已具备了对乐曲的一些本能反应。

261

拥抱和亲亲

★ 当你拥抱、亲吻自己的宝宝时，可以唱唱这样的歌谣：

"拥抱，拥抱，我爱你，

我爱你，我爱你。

亲亲，亲亲，我爱你。

你是我的宝贝儿。"

★ 给宝宝换尿布时，也可以唱这类自编的歌谣，同时亲他的鼻子、额头、手指。

游戏魔方　我们如何对待孩子，如何抚摩和养育他们，对他们将来成为什么样的人有长远的影响。该游戏可以使宝宝产生安全感。宝宝控制情绪的能力取决于早期的经历及早期的情感交流。

东西不见了

★ 在宝宝面前拿起一个颜色鲜亮的物体。

★ 慢慢地转动这一物体，告诉宝宝，这是什么颜色。

★ 当你发现孩子确实是在注视这个物体的时候，把物体慢慢地向旁边移动。

★ 向前、向后移动这一物体，鼓励宝宝用眼睛去看移动的物体。

在平常的生活中，父母可以经常和宝宝玩这个游戏，因为它有助于增强宝宝的智力，还可以训练宝宝的视力。

无论玩哪种游戏，都要关注宝宝的身心状况：孩子是否玩累了，该休息了；或者，你们是否要玩另外一种游戏。

游戏魔方　宝宝在诞生后的几个月内，视觉神经元就开始形成。刺激宝宝视觉的游戏活动可以保证视觉的良好发展。

面部表情逗乐游戏

★ 做出不同的面部表情，发出不同的声音，以此方式开发宝宝的视觉和听觉能力。

★ 可以使用这样一些办法：

● 用夸张的嘴唇动作说一段儿歌。

● 对宝宝眨眨眼睛。

● 宝宝伸小舌头的时候，你也伸伸舌头。

● 宝宝吃饱后，你可以用嘴巴做出一些扭曲的怪相。

● 宝宝高兴的时候，你用嘴唇发出声音。

● 小宝宝最喜欢听人咳嗽或打喷嚏，在宝宝高兴地时候，可以逗他乐。

游戏魔方　婴儿喜欢注视人的面部，尤其是喜欢看自己喜欢的人的脸。婴儿两个月大的时候，就已经能够辨别一张脸的面部特征。

摇铃游戏

★ 在宝宝面前拿起一个摇铃，轻轻地摇。

★ 轻轻摇动摇铃的时候，可跟着摇铃的声音节奏唱：

"摇铃摇呀，嘎嘎响，

咿唉咿唉噢，

摇铃摇呀，嘎嘎响，

咿唉咿唉噢。"

★ 当你发现宝宝确实是在注视摇铃的时候，慢慢把摇铃向旁边移动，继续唱歌。

★ 把摇铃向房间不同的地方移动，让宝宝顺着声音的方向扭头看摇铃。

★ 把摇铃放在宝宝的手里，再唱一遍。

★ 婴幼儿都会喜欢唱歌。等他们稍大一些，他们就会模仿声音了。

游戏魔方

将视线和声音结合起来，鼓励宝宝建立视觉和听觉的联系。婴幼儿大脑的健康发育有赖于周围环境给予的反馈。有了早期的经历，大脑才逐渐成长为一个理性和感性的器官。

这是谁的手指呢

★ 把宝宝放在你的大腿上，抱着他；或者让他仰面躺在床上。

★ 把你的大拇指放在他嘴角边上，他会去寻找，而且准备吃。

★ 在他开心的时候，也可以将食指放在他的手心里面，他很可能抓住你的手指，因为这是新生儿自然、本能的反应。

★ 她每次抓住你的手指，你就说一些鼓励的话，比如："我的宝宝真乖啊！"

游戏魔方

这项游戏在开发宝宝视觉跟踪技能的同时，也可以增强宝宝的手和手指的力量。伸手抓物体可以帮助大脑开发手眼协调的能力。

感觉训练

★ 宝宝满月以后，可以让宝宝见见外面的世界是什么样子的。

★ 试着用不同质地的布料摩擦你宝宝的手臂。开始时，可以使用缎子、毛料或毛巾布料。

★ 给宝宝提供机会，让他感受不同的气味。到户外去，让他闻一闻鲜花的香味，尝一尝苹果的味道。

游戏魔方

让宝宝拥有许多不同的感官体验，会增强宝宝的自我意识以及对世界的认识。婴儿看见的东西，闻到的气味，都可以使大脑中的神经元建立联系。如果宝宝是在充满爱的、和谐的、有安全感的氛围中享受这种味觉、嗅觉和视觉的多重体验，效果会更好。

263

小·腿动起来

★ 让宝宝仰面躺着，用手轻轻地拉他的双腿，把腿拉直。

★ 当宝宝的双腿伸直时，用手轻轻地拍他的脚跟。

★ 他的脚趾就会向下绷紧，同时膝盖弯曲。

★ 可以自编曲子唱道：

"屈膝，屈膝，屈膝，

小小的膝盖要弯曲，

屈膝，屈膝、屈膝，

哦，我家的宝宝就是棒极！"

★ 无论你编的是什么曲子，在结束时都要有欢呼、赞美语，这样宝宝逐渐地就会期待这些赞美语，同时也增添了游戏的乐趣。

> **游戏魔方**
>
> 宝宝在出生后两个月左右，大脑中的视觉神经元开始形成。刺激宝宝的视觉有助于视觉神经元之间建立联系。

亲亲我的乖乖

★ 你的脸凑近宝宝的脸，念念下面的诗：

"乖，乖，我很爱乖乖。

乖，乖，我的手指能摸到乖乖。

乖，乖，小鼻子乖乖。

（摸宝宝的鼻子）

乖，乖，我亲亲小鼻子乖乖。

（亲吻宝宝的鼻子）"

★ 把这首诗重新念一遍，更改最后的两行中提到的身体部位——如耳朵、眼睛、面颊、嘴唇等。

> **游戏魔方**
>
> 宝宝看见你的脸时，会感到满足。刚刚诞生的婴儿能看清楚距离眼睛20~30厘米以内的东西。

肢体游戏

★ 注视着宝宝的双眼，跟他进行眼神交流。

★ 抱着宝宝，让宝宝贴近你的身体，对他发出的声音作出反应。

★ 抱着宝宝在房间里踱步，家里的每一样东西都可以给他介绍。

★ 停下脚步，注视着他的眼睛，对他微笑，用你的鼻子去摩擦他的鼻子。

★ 继续走，然后再停下来。依次重复这些动作。

> **游戏魔方**
>
> 抱着宝宝，让宝宝贴近你的身体，这样，宝宝就拥有安全的情感依恋。抚触、拥抱宝宝，和宝宝依偎在一起，不仅可以抚慰宝宝，还可以促进宝宝大脑的发育。

附录

FU LU

产检项目和时间安排

	孕早期	孕中期				孕晚期		
月份	1～3	4	5	6	7	8	9	10
周数	12周内	13～16	17～20	21～24	25～28	29～32	33～36	37～40
检查次数	早孕建卡	初查	每4周1次			每2周1次		每周1次
常规检查	妇科检查	身高、体重、血压、宫高、腹围、浮肿检查、胎心多普勒听诊	体重、血压、宫高、腹围、浮肿检查、胎心多普勒听诊			体重、血压、宫高、腹围、浮肿检查、胎心多普勒听诊		体重、血压、宫高、腹围、浮肿检查、胎心多普勒听诊
化验检查	血常规、尿常规、白带、梅毒筛查	尿常规、血常规（筛查唐氏儿）、内诊（子宫颈防癌涂片检查）	尿常规、血常规（根据医生的建议）			尿常规、血常规（根据医生的建议）		尿常规、血常规（根据医生建议）
辅助检查		心电图	B超（20周、23周左右）			骨盆内诊、心电图、B超（36周左右）		胎儿监护

胎宝宝器官发育周周看

器官	发育时间（怀孕周数）	器官	发育时间（怀孕周数）
脊髓	3周开始～出生	肾	4周开始～出生
大脑	3周开始～出生	四肢	4周开始～8周末
心脏	3周开始～6周末	耳朵	5周开始～出生
肠胃	3周开始～出生	呼吸系统	5周开始～出生
肝	3周开始～出生	生殖腺	5周开始～7周末
眼睛	3周中～出生	上下颌	6周中～8周中
脸	3周开始～8周末	男性生殖器官	7周开始～出生
神经	4周开始～出生	女性生殖器官	8周开始～出生
嗅觉器官	4周开始～出生		

0~6岁计划内免疫接种计划

年　龄	疫苗名称	次　数	可防的疾病
出生时	乙肝疫苗	第一次	乙型病毒性肝炎
	卡介苗	第一次	结核病
1月龄	乙肝疫苗	第二次	乙型病毒性肝炎
2月龄	脊髓灰质炎疫苗	第一次	脊髓灰质炎（小儿麻痹）
3月龄	脊髓灰质炎疫苗	第二次	脊髓灰质炎（小儿麻痹）
	百白破三联疫苗	第一次	百日咳、白喉、破伤风
4月龄	脊髓灰质炎疫苗	第三次	脊髓灰质炎（小儿麻痹）
	百白破三联疫苗	第二次	百日咳、白喉、破伤风
5月龄	百白破三联疫苗	第三次	百日咳、白喉、破伤风
6月龄	乙肝疫苗	第三次	乙型病毒性肝炎
	流脑疫苗	第一次	流行性脑脊髓膜炎
8月龄	麻疹疫苗	第一次	麻疹

266

年 龄	疫苗名称	次 数	可防的疾病
9月龄	流脑疫苗	第二次	流行性脑脊髓膜炎
1岁	乙脑减毒疫苗	第一次	流行性乙型脑炎
1.5岁	甲肝疫苗	第一次	甲型病毒性肝炎
	百白破三联疫苗	第四次	百日咳、白喉、破伤风
	麻风腮疫苗	第一次	麻疹、风疹、腮腺炎
2岁	乙脑减毒疫苗	第二次	流行性乙型脑炎
	甲肝疫苗（与前剂间隔6~12个月）	第二次	甲型病毒性肝炎
3岁	A+C流脑疫苗	加强	流行性脑脊髓膜炎
4岁	脊髓灰质炎疫苗	第四次	脊髓灰质炎(小儿麻痹)
6岁	百白破三联疫苗	加强	百日咳、白喉、破伤风
	麻风腮疫苗	第二次	麻疹、风疹、腮腺炎
	乙脑减毒疫苗	第三次	流行性乙型脑炎

图书在版编目（CIP）数据

胎教40周完美方案 / 艾贝母婴研究中心编著. -- 成都 ：
四川科学技术出版社，2016.11
ISBN 978-7-5364-8392-7

Ⅰ. ①胎… Ⅱ. ①艾… Ⅲ. ①胎教—基本知识 Ⅳ. ①G610.8

中国版本图书馆CIP数据核字（2016）第221736号

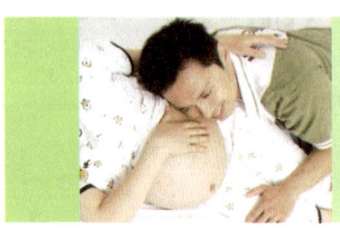

胎教40周
完美方案

书名：胎教40周完美方案
TAIJIAO SISHIZHOU WANMEI FANG'AN

出 品 人：钱丹凝
编 著 者：艾贝母婴研究中心
责 任 编 辑：梅 红
封 面 设 计：秦 冬
责 任 出 版：欧晓春
出 版 发 行：四川科学技术出版社
　　　　　　地址：成都市槐树街2号　　邮政编码：610031
　　　　　　官方微博：http://weibo.com/sckjcbs
　　　　　　官方微信公众号：sckjcbs
　　　　　　传真：028-87734039
成 品 尺 寸：170mm×230mm
印　　　张：18
字　　　数：380千
印　　　刷：北京毕氏风范印刷技术有限公司
版次/印次：2016年11月第1版　2016年11月第1次印刷
定　　　价：32.80元

ISBN 978-7-5364-8392-7
本社发行部邮购组地址：成都市槐树街2号
电话：028-87734035　邮政编码：610031